纪检监察专业方向系列教材
西安文理学院精品教材培育项目

纪检监察公文写作

主编◎周桂英　　副主编◎刘　晨　　刘丽群

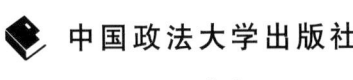

中国政法大学出版社

2019·北京

声　明　　1. 版权所有，侵权必究。

2. 如有缺页、倒装问题，由出版社负责退换。

图书在版编目（ＣＩＰ）数据

纪检监察公文写作/周桂英主编. —北京：中国政法大学出版社，2019.3（2025.2 重印）
ISBN 978-7-5620-8944-5

Ⅰ.①纪… Ⅱ.①周… Ⅲ.①中国共产党－纪律检查－公文－写作②行政－监察－公文－写作－中国 Ⅳ.①D262.6②D630.9

中国版本图书馆 CIP 数据核字（2019）第 055870 号

出 版 者　　中国政法大学出版社

地　　址　　北京市海淀区西土城路 25 号

邮寄地址　　北京 100088 信箱 8034 分箱　　邮编 100088

网　　址　　http://www.cuplpress.com（网络实名：中国政法大学出版社)

电　　话　　010-58908285(总编室) 58908433 (编辑部) 58908334(邮购部)

承　　印　　固安华明印业有限公司

开　　本　　720mm×960mm　　1/16

印　　张　　22.75

字　　数　　420 千字

版　　次　　2019 年 3 月第 1 版

印　　次　　2025 年 2 月第 2 次印刷

定　　价　　73.00 元

前　言
PREFACE

党的十九大后，党中央针对反腐倡廉建设提出了一系列新思想、新观点、新要求、新举措。习近平总书记多次就反腐工作作出重要指示，要求以壮士断腕、刮骨疗伤的勇气，既打苍蝇又打老虎，对腐败行为坚持标本兼治。这些新思想、新观点、新举措，对纪检监察工作和纪检监察干部提出了新的更高的要求。而纪检监察工作的每个环节和步骤几乎都离不开纪检监察公文，所以纪检监察公文是做好纪检监察工作的重要手段。纪检监察公文作为纪检监察机关在履行本机关职责过程中所使用的文字工具，伴随着整个纪检监察业务活动，对于纪检监察工作制度化、规范化，提高工作效率，完成好纪检监察任务具有重要的意义。

当前我国反腐倡廉形势进一步发展，各级监察机关对人才的需求急剧增加，随着我们纪检监察方向学科的建设及不断完善，也迫切需要编写高质量的教材，这也是本书编写的另外一个背景。纪检监察公文写作对于培养学生的公文意识，提高其政治素养与业务素养，最终实现学生综合素质的提升具有重要的价值和意义。

准确规范撰写纪检监察公文是做好纪检监察工作的基础，在纪检监察方向的培养方案中，纪检监察公文写作课程属于必修课程，在人才培养中占有十分重要的地位，对于学生的实习、今后的工作和各级公务员考试也十分重要。纪检监察工作从受理群众的信访举报到案件的执纪审查审理，各项工作过程中都有不同类型公文的产生和运转。也就是说，纪检监察业务的各项工作最终都通过文字反映出来，纪检监察工作的开展离不开纪检监察公文。而公文的规范性又很强，所以，《纪检监察公文写作》的编写就显得尤为必要。

　　纪检监察公文写作课程是一门操作性较强的课程。本教材以最新的党政机关公文处理要求为指导进行编写。2012年新的《党政机关公文处理工作条例》施行以来，从格式到内容都发生了很大变化，我们教材就是以最新的要求为依据进行编写的，同时密切与纪检监察的业务实际相联系，希望有助于学生和广大读者业务能力的提升。本教材紧贴发展着的纪检监察公文工作实际，具有较强的可读性、实践性，通过各种公文的格式、样式及附例展示增强了教材自身的可读性，从而使广大学生和实际工作者获得教益。教材从公文的基本知识开始，从格式到内容作了系统介绍，以便于读者理解掌握。教材包括了纪检监察公文概述、执纪审查公文、案件审理公文和纪检监察信息写作四部分，对纪检监察工作中涉及的公文做了详尽的梳理。教材对公文写作的基本要求及各类纪检监察公文从格式到内容作了系统的介绍，同时较为全面地收集介绍了纪检监察工作实践中涉及的最新的常用公文。教材的编写注重了实用性和可读性，适合作为纪检监察专业的大学生和相关工作者的学习工具来使用。

　　由于纪检监察公文的特殊性，有关这方面的教材很少，国内相关的研究成果也不多。通过查阅相关图书资料，我们发现，国内相关的教材或读本也并不多，且集中在业务处理等方面，内容与形式明显陈旧，不能很好地适应实际需要。非常希望能借此推进纪检监察的基础教育工作，帮助提升纪检监察人才队伍的业务素质。但由于编写时间仓促、水平有限，加之实践情况的不断发展，所以书中难免存在不足和漏洞，诚恳希望各界专家和读者在使用当中批评指正，以便再版时及时修订。

CONTENTS

目 录

第一章

纪检监察公文概述

公文是"公务文书"的简称，是公务活动的产物和工具，是法定组织或个人在公共事务活动中依据规范的体式形成并固定使用，以直接发挥其社会管理效能和特定效能的、用途广泛的文书。新中国成立之后，公文是党和国家机关在领导党的事业和治理国家方面，用以表达意志、传递命令、沟通信息的文字工具和手段。纪检监察公文是纪检监察机关在履行本机关职责过程中所使用的文字工具，伴随着整个纪检监察业务活动。制作好纪检监察公文对于促使纪检监察工作制度化、规范化，提高工作效率，完成好纪检监察任务具有重要的意义。

第一节 公文的含义、特点与作用

一、公文的含义及其源起

（一）公文的含义

公文有广义和狭义之分，广义的公文，是指按照一定程序和格式处理各种公务的行文。其中包括 2012 年 4 月 16 日中共中央办公厅、国务院办公厅印发的《党政机关公文处理工作条例》（中办发〔2012〕14 号）（以下简称《公文条例》）中规定的 15 种公文，又泛指各级党政机关在处理各种日常事务性工作中所形成并使用的常用文书，又称事务文书、规章文书。因此，广义的公文是指在公务活动中用以上传下达、处理问题、反映情况、联系事务、商洽工作的具有特定效力和惯用体式的文书。狭义的公文，则专指党政机关正式规定的文种，是党政机关在党政管理过程中所形成的具有法定效力和规范格式的公务文书，是依法管理、依法行政和进行公务活动的重要工具。

（二）公文的起源及其历史演变

公文是国家及地方行政机关对国家和管理地域内有关事务进行管理的重要工具，具有漫长的历史渊源。一般认为，从国家和文字产生的时候开始，统治者为了管理的需要，行政公文作为行政管理的重要工具，就开始在管理过程中发挥着很大的作用。中国是具有五千年历史的文明古国，殷商时期就已经有了成熟的文字——甲骨文。我国行政公文可考的历史，可以追溯到3000多年前的商代。根据文字专家对出土的甲骨文进行的研究，那些龟甲和兽骨都出自王宫内的典藏，上面所镌刻的文字，绝大多数是对当时重大事件及君王活动的记载，以及君王发布的政令。在当时，我国的行政公文，如诰、命、誓等，已经非常成熟且有固定的格式。

随着时代的发展，行政公文从种类到格式都在不断地发生变化。在整个封建社会时期，我国先后出现的行政公文种类，大致有以下几种：

1. 朝廷公文。包括：下行的诏令类，有诏、策、制、诰、谕、敕、命、玺书、批答、赦文等；上行的奏议类，有章、表、奏、议、疏、封事、札子、驳议、对策、射策、弹文、题本、揭帖等。

2. 一般官府公文。包括下行的令、教、宣、帖、符、札、牌、指挥、照会、案验、解由等；上行的公文包括：牒、刺、申、状、呈、详文、揭帖、禀帖、辞等；平行文有：书、简、牍、移、刺、关、咨、咨报、平牒、签、簿、盟书、照会等。

3. 军事公文。有檄文、露布、军帖、战书、免战牌等。

在奴隶社会时期与封建社会时期，由于最高行政长官——皇帝处于至高无上的地位，因此，朝廷诏令公文也特别发达，种类繁多。

诏令是帝王朝廷下告诸侯臣民文书的统称。《春秋》载周天子"谕告"诸侯，这"谕告"一词虽指使人传言，不假书翰，但因出自经典，且又最早，故又以"谕告"统称此类公文。《汉书》《文心雕龙》统称为"诏策"。《新五代史》中称为"诏谕"。从汉代开始，俗称"圣旨"。唐代名"敕旨"，元代习惯于称为"谕旨""上谕"。明代规定：凡皇帝之命叫"圣旨"，皇后之命称"教旨"，太子则用"令旨"。清代基本沿用明制。

随着帝制王权的演变发展，这类文书的品种由简而繁。夏商周三代之时，大体已有诰、命、誓等；诰用以发布政令，教谕百姓，如《尚书·汤诰》。命用以封官加爵、饬职赏赐以及传布遗言等，如《微子之命》。誓，主要用于战争之时动员军队，如《甘誓》。春秋战国时期，有玺书、命、令等。玺书，此时尊卑共用，并非只有天子独用。命，给上层贵族的文书或有关国家制度的文书。令，即命令，大曰命，小曰令。但往往没有加以区分，好比现今我们某些基层行政单位在使用"公告"和"通告"两种公文文种时，不加区分一样。

到了秦代，改"命"为"制"，改"令"为"诏"，还规定皇太子用"令"。汉代的封建体制健全，诏令的各种形式齐备。

汉代，"汉天子正号曰皇帝，其言曰制诏，其命令一曰策书，二曰制书，三曰诏书，四曰戒书。"（蔡邕：《独断》）

策书，即册书，立皇后、太子、封诸侯用，兼及赐、谥、处罚、罢免等，其别名有"简记""策文"等。其种类有立册，又叫册命，封立太子皇后后妃用；封册，封诸侯用；玉册，祭告、封禅及命皇太子后妃用；祝册，郊祀祭享用；谥册，上谥、赠谥用；哀册，用于迁梓宫及闵伤帝、后、太子、大臣、诸侯薨逝；赠册，赠官、赠号用；祭册，又叫谕祭文，赐祭大臣用；赐册，报赐臣下用；免册，罢免大臣用。前九种用竹简，长二尺，篆书，免册用木板，长一尺，用隶书。诏令文书之策，就是"册""符命"的意思，其词义与奏议文书的"策"不同。后者之"策"，是策略、对策的意思。

制书，用于颁布赦令，诰示三公。诏书用于告示百官。戒书又叫诫命，用于诫约或赠封刺史、太守等地方官，使其自我警醒不敢懈怠。皇帝自我警戒的文字也叫戒书。这三种文体种类繁多，不一而足，在此不一一赘述。

自汉代以后，历代封建统治者在沿用汉代规定的公文种类的基础上，又根据实际情况，增加了一些新的诏令类公文种类。如明代，赐一品至六品爵位用"诰命"，赠封六品以下为"诰敕"。清代封一品至五品为"诰命"，六品以下的叫"敕命"。清代同时规定，天子晓谕中外之事，用"上谕"，又叫谕单，由军机处拟定。

除诏令公文外，群臣使用的上行文，两宋时期主要有状、书、表、封事、答子、笏记等六种，平行文有关、移、刺、咨等四种。明清时期主要的上行文有题、奏、启、书状、讲章、揭帖、表、疏等，平行文主要有咨、关、牒等。清代的上行文中，一种名叫奏折的文种得到了非常普遍的应用，成为主要的公文文种，有严格的格式、书写规则和题奏本章、帖黄字数的限制。

民国时期的公文也有发展，辛亥革命后，南京临时政府颁布了我国历史上的第一个公文处理条例——《内务部颁发公文程式咨各部文》，规定使用令、咨、呈、示、状等 5 个文种，大大减少了公文种类，而且明令禁止和废除封建公文中的各种恭维话和套话以及其他一切带有封建色彩的格式和惯例。北洋军阀政府统治时期，1912 年底颁布的《临时大总统公布公文程式令》规定公文种类为令、布告、状、咨、公函、呈、批等 7 种。国民党政府统治时期，先后进行了三次公文改革，其中以第一次也就是 1927～1933 年的改革最值得重视。在此期间，国民党政府公布了《公文各式条例》，规定公文文种共有令、训令、指令、布告、任命状、呈、咨、公函、批等诸种，后又发文规定，公文文面分别列为事由、附件、拟办、备考栏。在《暂行公文革新办法》中，国民党政府对公文的行文提出了革新要求，内容包括摒弃套语、艰涩用语、虚伪誉词一律免除，布告等与民众直接见面者一律用白话的新式标点，等等。

新中国成立以来，国务院就非常重视国家机关行政公文的格式规范。1951 年 9 月 29 日，当时的政务院首次颁布了《公文处理暂行办法》，规定了我国行政公文为 7 类 11 种。具体是：报告、签报、命令、指示、批复、通报、布告、公告、通告、公函、便函。从此，国家机关公文处理有了统一的标准和明确的依据。1957 年国务院秘书厅又发布了《关于对公文名称和体式的几点意见》，对部分文种做了调整，但仍是 7 类 11 种。1981 年 2 月，国务院颁布《国家行政机关公文处理暂行办法》，将行政公文的文种重新规定为 9 类 15 种。

1987 年 2 月 18 日，国务院又颁布了《国家行政机关公文处理办法》，正式规定行政公文的种类为 10 类 15 种。包括：

1. 命令（令）、指令。发布重要行政法规和规章，采取重大强制性行政措施，任免、奖惩有关人员，撤销下级机关不适当的决定等，用"命令（令）"；发布指示性和规定性相结合的措施或要求，用"指令"。

2. 决定、决议。对重要事项或重大行动做出安排，用"决定"；经会议讨论通过并要求贯彻执行的事项，用"决议"。

3. 指示。对下级机关布置工作，阐明工作活动的指导原则，用"指示"。

4. 布告、公告、通告。公布应当普遍遵守或周知的事项，用"布告"；

向国内外宣布重要事项，用"公告"；在一定范围内公布应当遵守或周知的事项，用"通告"。

5. 通知。发布行政法规和规章，转发上级机关、同级机关和不相隶属机关的公文，批转下级机关的公文，要求下级机关办理和需要周知或共同执行的事项，用"通知"。

6. 通报。表彰先进，批评错误，传达重要情况，用"通报"。

7. 报告、请示。向上级机关汇报工作、反映情况、提出建议，用"报告"；向上级机关请求指示、批准，用"请示"。

8. 批复。答复请示事项，用"批复"。

9. 函。相互商洽工作，询问和答复问题，向有关主管部门请求批准等，用"函"。

10. 会议纪要。传达会议议定事项和主要精神，要求与会单位共同遵守、执行的，用"会议纪要"。

1993 年 11 月，国务院对《国家行政机关公文处理办法》进行修订，具体文种为 12 类 13 种。包括：

1. 命令（令）。适用于依照有关法律规定发布行政法规和规章；宣布施行重大强制性行政措施；奖惩有关人员；撤销下级机关不适当的决定。

2. 议案。适用于各级人民政府按照法律程序向同级人民代表大会或人民代表大会常务委员会提请审议事项。

3. 决定。适用于对重要事项或者重大行动做出安排。

4. 指示。适用于对下级机关布置工作，阐明工作活动的指导原则。

5. 公告、通告。"公告"适用于向国内外宣布重要事项或者法定事项。"通告"适用于在一定范围内公布应当遵守或者周知的事项。

6. 通知。适用于批转下级机关的公文，转发上级机关和不相隶属机关的公文；发布规章；传达要求下级机关办理和有关单位需要周知或者共同执行的事项；任免和聘用干部。

7. 通报。适用于表彰先进，批评错误，传达重要精神或者情况。

8. 报告。适用于向上级机关汇报工作，反映情况，提出意见或者建议，答复上级机关的询问。

9. 请示。适用于向上级机关请求指示、批准。

10. 批复。适用于答复下级机关请示事项。

11. 函。适用于不相隶属机关之间相互商洽工作、询问和答复问题；向有关主管部门请求批准等。

12. 会议纪要。适用于记载和传达会议情况和议定事项。

2000年8月24日，国务院以国发〔2000〕23号文件下发《国家行政机关公文处理办法》（以下简称《办法》），规定我国国家行政机关现行的公文种类为13类13种，从2001年1月1日起实行。这13类公文分别是：①命令（令）；②决定；③公告；④通告；⑤通知；⑥通报；⑦议案；⑧报告；⑨请示；⑩批复；⑪意见；⑫函；⑬会议纪要。

中共中央办公厅1996年5月3日印发《中国共产党机关公文处理条例》，规定党的机关公文文种为14种。分别是：①决议；②决定；③指示；④意见；⑤通知；⑥通报；⑦公报；⑧报告；⑨请示；⑩批复；⑪条例；⑫规定；⑬函；⑭会议纪要。

2012年4月16日，中共中央办公厅、国务院办公厅下发《公文条例》，将党的机关公文和行政机关公文合为一体，规定党政机关公文种类主要有15种：

1. 决议。适用于会议讨论通过的重大决策事项。

2. 决定。适用于对重要事项作出决策和部署、奖惩有关单位和人员、变更或者撤销下级机关不适当的决定事项。

3. 命令（令）。适用于公布行政法规和规章、宣布施行重大强制性措施、批准授予和晋升衔级、嘉奖有关单位和人员。

4. 公报。适用于公布重要决定或者重大事项。

5. 公告。适用于向国内外宣布重要事项或者法定事项。

6. 通告。适用于在一定范围内公布应当遵守或者周知的事项。

7. 意见。适用于对重要问题提出见解和处理办法。

8. 通知。适用于发布、传达要求下级机关执行和有关单位周知或者执行的事项，批转、转发公文。

9. 通报。适用于表彰先进、批评错误、传达重要精神和告知重要情况。

10. 报告。适用于向上级机关汇报工作、反映情况，回复上级机关的询问。

11. 请示。适用于向上级机关请求指示、批准。

12. 批复。适用于答复下级机关请求事项。

13. 议案。适用于各级人民政府按照法律程序向同级人民代表大会或者人民代表大会常务委员会提请审议事项。

14. 函。适用于不相隶属机关之间商洽工作、询问和答复问题、请求批准和答复审批事项。

15. 纪要。适用于记载会议主要情况和议定事项。

这 15 种公文，就是当前我国党政机关正在使用的公文种类。

二、公文的特点

（一）制发主体的法定性

公文与一般文章和文学作品不同。在制作主体方面，一般文章和文学作品，其主体具有随机性，不受任何限制，可以是集体或单位署名，也可以是个人或多人署名；同时，只要有这方面的爱好，并具备一定的写作能力，即可进行写作。其作品能否发表、得到社会承认，取决于其内容质量的高低和价值的大小。而行政公文则不同。它只能由党的机关或法定的行政机关制成和发布。其作者只能是党的机关或行政机关本身，即使是这个机关的最高负责人，也不能以个人身份制作与发布公文。命令（令）虽然很多时候是署名发布，但也是以职务身份发布，而不是以个人名义发布。除党的机关、行政机关及其他法定机关可以发布公文以外，其他任何非官方组织和个人都不得擅自制作和向社会发布公文。这一点，受国家法律和有关机关的组织纪律保护。根据我国《刑法》的相关规定，对于伪造国家行政机关公文的，要依法追究刑事责任。

（二）公文内容的权威性

行政公文与报纸杂志上所刊载的文章不同。一般文章和文学作品代表作者个人对客观事物的认识、评价和态度，其中所体现出来的观点、主张和见解对读者没有任何约束和指令性作用，仅是对其产生间接的影响或者潜移默化的作用，或陶冶性情，或启迪智慧，或增长见识，等等。但行政公文则不同。它是法定的党的机关和国家机关协调运转的工具，是推动国家、集体公共事务的中介。一经制作发布，即具有法定的权威性和效力，与之有关的组织和个人必须认真遵照执行，并根据公文规定的处理办法来处理党政机关的具体工作，任何接受其管理的组织和个人都不得违反，并受国家法律和有关组织纪律的保护。

（三）结构模式的程式性

在结构模式上，法定公文与一般文章和文学作品也有很大的区别。一般文章和文学作品在谋篇布局时，讲究的是"个性"，追求的是与众不同的结构特征，任何一篇其他文章在写作时，究竟需要采用何种结构形式加以体现，都是根据内容的表达需要和作者的写作经验、对文体的熟练程度来进行选择的，没有固定格式的限制，可谓多姿多彩，变化多端。而法定公文则不同。它是"文有定体"，有明确规范的格式，公文的制作者必须在规范格式的范围内进行写作，不仅在结构上必须按规范的格式，在行款规格、内容项目的排列乃至用纸规格、印制装订、字体选择、字号大小等方面都有固定的格式规范。就一般的应用文来说，也有一个大体的格式规范，但它也没有法定的行政公文要求的那么严格。法定行政公文的写作，必须在这个固定格式的规定之下写作，决不能标新立异。这是使公文办理和处理趋于准确、迅速、及时、有效的需要，也是公文规范化、科学化建设的必然要求。如果不对公文进行规范，就会直接影响到公文的写作质量与公文的办文速度和处理事务的效率。

（四）语言表达的特定性

法定行政公文以实用为目的，以传递治理国家的策令为内容，因而在语言表达上除具有一般文章的基本特点之外，还有其独有特性和要求。主要是：

1. 准确。准确是法定行政公文语言的生命线，是行政公文写作的最主要要求。毛泽东同志指出："文章和文件都应当具有这样三种性质：准确性、鲜明性、生动性。"（《工作方法六十条》）可以说，一则公文的准确性程度如何，直接关系到其内容质量的高低和价值的大小。俗语"一字入公文，九牛拔不出"就形象地说明了法定行政公文语言的准确性特点。

2. 明白。这是法定行政公文用语的又一个基本要求，也是由其自身的性质和特点所决定的。叶圣陶先生在《公文写得含糊草率的现象应当改变》一文中指出："公文不一定要好文章，可是必须写得一清二楚，十分明确，句稳词妥，通体通顺，让人家不折不扣地了解你说的是什么。"为此，在写作时就要做到观点鲜明，叙述清晰，逻辑分明，结构严谨，论述周密；贵用直笔，忌用曲笔；要直接显露，忌含混隐讳；也不要文白夹杂，拐弯抹角。

3. 简洁。法定行政公文重在实用，所以在语言表达方面，在准确、明白的前提下，还必须简洁。要用极省俭的文字，表达尽可能丰富的内容，做到以少胜多。为此，需要养成一种精雕细琢的写作作风，首先要在语言表达上认真推敲，反复锤炼，竭力删掉那些可有可无的字词句段，达到"句中无余字，篇内无赘语"的境界；其次，在允许的情况下，适当运用简称；再次，适当运用一些文言词语和文言句式，也可使公文的语言表达更简洁。

4. 庄重。法定行政公文是法定的国家行政机关处理公务的工具，具有高度的政策性和法定的权威性，因而要求其用语必须做到庄严、郑重。为此，在行文中就必须注意运用规范的书面语言，少用或不用口头语和习惯用语；要使用现代汉语通用的标准语言，不用方言土语以及表意模糊的社会流行语；要做到避"虚"就"实"，多用陈述性、叙述性语言，忌用抒情性语言，尽量不用描述性语言。此外，适当运用一些文言词语和文言句式，在使公文的语言表达趋于简洁的同时，还可使之显得庄重。

5. 生动。有人认为，法定行政公文以实用为本，其用语应当朴实无华，不失生动。其实，这是一种误解。实际上，行政公文也同样讲求生动，只不过在表现手段上，与文学写作中的生动不完全一样。我们在写作公文时，可以适当运用一些艺术上的修辞手法，包括适当地描绘，使语言具有立体感；适当运用惯用语和科学技术专门用语，使公文用语具有时代感；同时，注意公文用语的节奏感，做到声韵和谐，读来琅琅上口，抑扬顿挫，节奏分明；多用双音节词，在用句时要注意声音的协调，句式要富于变化，长句和短句，整句和散句要交替使用，努力增强语言的声律美和节奏美。

三、公文的作用

概括起来，公文具有以下作用：

（一）指挥管理作用

下级机关在工作中遇到问题，自己无法解决或无权解决时，需向上级机关请求指示或请求批准，还必须定期或不定期地向上级机关汇报工作、反映情况、提出意见或建议。上级机关的意图则通过下行文下达。大到国家机器的运转，小到一个企事业单位内部工作有秩序地开展，都跟公文的指挥管理作用密切相关，离开了公文的指挥管理，各方面的工作很可能陷入混乱状态。何况，公文的起草、定稿过程，本身就是管理思想的体现和管理工作的实施过程。

（二）交流协调作用

公文中的公告、通告、公报、通知、通报、报告、请示和函，都有交流信息的基本功能。交流信息，一方面是上情下达或下情上传，另一方面是友邻单位互通情报。而且，有很多工作，仅靠一个单位很难顺利完成，往往需要地区与地区、单位与单位、团体与团体之间，互相协商，互相帮助，这些都可以通过公文运行而起到沟通协调作用。

（三）宣传教育作用

传达贯彻党和国家的方针政策是公文所负的重要任务。一般情况下，公文在传达某一方针政策、规定人们应该怎么做的同时，还要说明为什么要这样做，这无疑就产生了宣传和教育作用。此外，针对现实生活中普遍存在的某些问题或认识偏差，摆事实，讲道理，进行启发诱导，倡导应该确立什么立场，应该坚持什么原则，应该做什么、怎样做，这也同样在产生宣传和教育作用。

（四）依据凭证作用

公文作为反映制发机关的意图的文字凭证，具有行政效力。下行文，是下级机关开展工作的依据；上行文，是上级决策的依据；一个机关制作的公文，是自己履行职能、开展工作的真实记录和凭证。在日常工作中常会遇到这样的情况：当对一个具体的事务该如何处理没有把握时，就查找相关的公文，看上级或有关职能部门在这方面有哪些规定，然后依之行事。要了解某次会议的有关情况，可查找那次的会议纪要。这些都是公文依据和凭证作用的具体表现。

四、公文写作的基本要求

公文是一种特殊的"文章"，因此，在撰拟文稿的过程中必须遵循特有的规律，达到特有的质量标准。根据相关规定，我们将公文写作的基本要求综合为十个方面：

（一）符合党和国家的路线方针政策和法律法规

党和国家的路线方针政策和法律法规，是我们进行各项工作的依据和准绳，也是起草公文的依据和准绳。制发公文的具体目的虽各有不同，但从根本上说都是为了贯彻落实党和国家的路线方针政策。要使公文真正具备"法定"的执行效用，使其受到"法"的有力保障，公文自身首先必须"合法"，符合国家法律法规和党内法规。这就要求起草公文的人员熟悉党和国家的路线方针政策和法律法规，具有较高的政策水平和较强的法律意识，学法、懂法、守法，严格依法行政、依法办事。

随着形势的发展和情况的变化，党和国家的有些具体政策规定需要适时作必要的调整，但这必须经过中央或有关的上级机关作出决定，下级机关无权在自己的行文中改变中央和上级机关的政策规定。至于涉及法律法规的修改，则只能按照法定程序由有关的权力机关或行政机关作出。

（二）符合上级机关的有关指示

我们党实行民主集中制原则，下级服从上级，全党服从中央。民主集中制既是党的根本组织原则，也是国家政治生活的重要指导原则。公文起草工作也必须贯彻这一原则。各级党政机关起草的公文，都必须符合各自上级机关的有关指示，而不能脱离更不能违背上级机关的指示。一般来说，上级机关更为熟悉党和国家的方针政策，更能把握全局，同时它也比较熟悉本地区、本部门、本系统的情况，因而它的指示具有较强的针对性。所以，各地区、各部门起草公文，不但需要了解和研究党和国家的有关政策和法律法规，而且还需要了解和研究自己的上级机关的有关指示。要善于把上级机关的指示同本地区、本部门的实际情况结合起来，使上级机关的指示在本地区、本部门得到贯彻落实。

（三）同现行有关公文相衔接

这包含两方面的意思。一是在同一个问题上，各有关公文可以从不同侧面作出某些规定，但它们之间应当相互配合而不能矛盾。比如对同一事项，这件公文认为可以办，那件公文认为不能办，或者对此项经费，这件公文认为应予以解决，那件公文认为不能解决。现实中确实有一些机关公文的规定相互"打架"，让执行者无所适从。这些相互矛盾的情况，在起草公文时是必须避免的。无论是本机关所发的公文之间，还是本机关公文与其他机关所发的公文之间，都应该相互呼应，保持政策的连续性、稳定性。二是当根据新的情况需要对现行公文的有关规定作出某些调整时，新制发的公文应当对此以适当形式有所交代或者以其他方式予以说明，以便使人了解新规定与原有规定的不同之处并非相互矛盾，而是为适应新情况所作的调整。为此，起草公文时，必须认真了解现行有关公文的情况，熟悉该公文涉及领域的路线方针政策，并同相关部门沟通协商，达成一致意见。

（四）完整准确地体现发文机关的意图

发文机关的意图，就是发文机关通过发文所要达到的目的和有关设想，是发文机关领导集体的意志。一件公文，即使以机关领导人署名发出，也不是领导人以私人身份，而是以机关代表的身份行文的，体现的仍然是发文机关领导集体的意图。可以说，能否完整准确地体现发文机关的意图，决定了一件公文的成败。为此，公文起草人员必须熟悉本机关情况，学会从工作大局出发认识和分析问题，注意了解和听取机关领导的意见和要求，特别是要善于"换位思考"，悉心体会和准确把握机关主要领导人的思想脉搏，设身处地从机关领导角度，用机关领导的"脑子"观察问题、思考问题、解决问题。

（五）全面准确地反映客观实际情况

全面准确地反映客观实际情况，是实事求是精神的具体体现。坚持实事求是的精神，是由我国公务机关的社会主义性质和党的全心全意为人民服务的宗旨所决定的。只有坚持实事求是，坚持全面准确地反映客观实际情况，才能很好地克服官僚主义、形式主义，杜绝浮夸、生搬硬套、妄下结论、草率从事、虚以应付的腐朽作风。

起草公文，要注意体现时代性、把握规律性、富于创造性，全面准确地反映客观实际情况，重实际、说实话、求实效。具体要求是：第一，保持全面性。公文的内容要涵盖事物的各个方面和各个部分的情况，包括历史情况和发展趋势，不能以偏概全，不能报喜不报忧；第二，保持准确性。公文的内容应力求体现事物的实质和规律性，不能只停留在事物的表面，不能作任何夸大、缩小，更不能反映虚假情况；第三，保持客观性。公文反映的应当是客观存在的实际情况，而不是主观臆想或故意编造的东西。只有全面准确地反映客观实际情况，才能对问题作出正确结论，找到解决问题的切实有效的办法。可以说，全面准确地反映客观实际情况，是公文的科学性和生命力的基础。做到这一点，公文才会充实有力，令人信服。一些典范公文中概述有关情况的段落，往往用字不多，但很有说服力。因为它可以帮助人们从中了解到有关问题的基本情况和关键所在，感受到解决有关问题的必要性和迫切性，从而很自然地认同公文中提出的观点和解决办法。

（六）提出的政策、措施切实可行

制发公文总是为了解决一定的问题，所以有关解决问题的政策和措施，就很自然地成为公文的主体和关键。总的来说，具体政策和措施大体上可以归纳为两大类：一类是属于行为规范方面的，主要是指什么事要怎样做，不能怎样做，违反了怎么办等。另一类是属于物质条件方面的，主要是解决人、财、物方面的问题。要妥善处理问题，离开必要的政策和措施是不行的，否则就成了空谈，但是如果提出的政策、措施要求过高，那也是不能实现的空中楼阁，于事无补。因此，在研究确定采取什么样的政策、措施时，"符合实际、切实可行"就成了一条最基本的标准。要坚持一切从实际出发，而不是只从良好的主观愿望出发；要求不能太低也不能太高，必须考虑可行性和可操作性；不能凭想当然办事，必须经过周密调查和充分论证。

（七）表述准确严密

起草公文表述必须准确、严密，主要有五个方面的要求：第一，观点明确。公文主题要鲜明突出，提出的各种主张、意见、要求、政策、措施等都要清楚明白，毫不含糊；第二，条理清晰。公文中涉及事项多、内容较复杂时，要按照事物内在的逻辑关系分层次、分要点进行表述，切忌交叉、重复；第三，内容充实。公文不但要有明确的观点，而且应当要素齐全，数据完备，以便于认识和解决问题；第四，结构严谨。公文开头、结尾和中间各部分的安排必须井然有序，严密紧凑，全文构成一个有机整体；第五，表述准确。公文对人们行为影响的直接性、强制性，以及它特殊的"物"（客观事物）-"意"（有关领导对事物的认识）-"意"（撰稿人的认识）-"言"（运用语言表达认识，形诸文字）的形成过程所带来的一系列特点，使准确无误成为公文质量标准中的重要指标。从对实际情况和公文制发意图的反映，到每项具体内容的表达，从概念、判断、推理的运用，到每一个语言符号的书写印刷，都必须准确无误，不允许有任何欠缺、失当或失真。

（八）文字精确简练

好的公文要开门见山，文字精练，用语简明，篇幅简短。"开门见山"是一种形象比喻，指的是在公文的开头处以极简单的文字表明全文的主旨或中心观点，先给人一个总的印象，以引导人们进一步阅看全文。不仅全文的开头应当采取这种方式，每一部分的开头也应适当采取这种方式。"文字精练""用语简明""篇幅简短"这几点，概括了公文语言表达的基本特点。要尽量用最简洁的文字顺畅而有条理地表达充实丰富的内容，做到言简意赅，切中要害，避免拖沓冗长的文风。对撰写者而言，短小精悍的公文往往便于及时表达思想，也往往更难写；对受文者而言，阅看和处理短公文或许比阅看和处理长篇大论更有积极性。一般说来，不能抽象地谈论公文长好还是短好，长公文和短公文都有精品。但是，在工作和生活节奏加快，而言之无物、套话连篇的长公文还在流行的今天，我们应该大力提倡写内容充实的短公文，短些、短些、再短些。长篇未必充实，短论亦可高深。

（九）文种使用恰当

不同种类的公文具有不同的功能和作用，文种在一定程度上体现着发文机关同受文机关之间的关系。有的文种具有指示功能，适用于上级机关向下级机关行文如决议、决定、指示、批复；有的文种具有陈述呈请的功能，适用于下级机关向上级机关行文，如请示、报告；有的文种具有周知功能，适用于公开发布或在一范围发布事项，如公报、通报；有的文种具有规范功能，适用于对特定范围的工作或事务制定具有约束力的行为规范，如条例、规定。公文必须正确地使用文种，否则就会影响公文效能，造成行文关系的混乱。

（十）公文结构和格式规范

公文的结构和格式是公文的外部特征。它的作用是以庄重的特有的形式引起人们对它的重视。公文结构和格式的规范化是公文的本质要求，也是公文的生命。要使公文能在最大程度、最大范围内实现有效沟通，不讲规范性、不坚持规范性是不可能的。只有规范才可以扫清沟通中的障碍，才可以使公文的写作、阅读、传递、处理更快捷，更有效。

以上十项，是公文写作一般的基本的要求。从第一项到第六项，是有关公文内容方面的要求，总的就是要求公文具有政策的正确性、情况的真实性和措施的可行性。第七、第八两项，是有关公文文字表达方面的要求，总的就是要求准确、严谨和精练。第九、第十两项，是公文形式方面的要求。这些要求都同公文质量密切相关，我们在工作中一定要认真遵守，努力做好。

第二节　公文的种类及其写作规范

一、决议

决议是党的领导机关和行政机关对重大决策事项，经过一定的会议讨论研究并表决通过，而后正式发表的一种需要强制执行的领导性、法规性文件。《公文条例》为其确定的适用范围：

"适用于会议讨论通过的重大决策事项。"

1993 年前，决议既是党的领导机关的文种，也是行政机关的公文文种。当时国务院办公厅对其功能的表述是适用于"经会议讨论通过并要求贯彻执行的事项"。1993 年国务院办公厅下发的《办法》中，删去了这一文种。只有党的领导机关继续使用这一文种。2012 年《公文条例》将这一文种作为 15 种党政机关公文文种之一，列在所有文种的首位。

值得注意的是，全国人民代表大会、全国人大常务委员会及各级人大机构经常使用决议这一文种。

（一）决议的特点

决议作为党政机关最重要的公文种类，具有以下特点：一是决策性。决议是针对重大问题和重大事项所做出的决策，一经形成，就会在较大范围内对党和国家的工作造成重大影响。例如"文革"结束后不久中央发布的《关于建国以来党的若干历史问题的决议》，就是对"文革"、对毛泽东同志的功过进行评价的重大政策性文件，对统一党内思想起了十分突出的作用；二是权威性。决议作为党政领导机关用于重要决策事项的公文，是在党和国家高级领导机构的会议上研究、讨论后形成的，代表着发文机关的意志，一经发布，其下属党政机关及全体党员、全体公务员必须严格遵守，认真落实，不得违背，具有很强的权威性；三是严格的程序性。决议必须经会议讨论，并经表决通过之后才能形成，有严格的程序性。

（二）决议的适用范围

决议被列为党政机关 15 个法定公文文种的首位，可知它在党政机关公文中居于突出重要的地位。《公文条例》指出：决议适用于会议讨论通过的重大决策事项。这一定义有两层含义：第一，必须是重大决策事项，一经形成决议，将在一定时期内在全国或在特定范围内，在政治经济生活等领域产生重大影响。一般的事项、非决策性事项不能采用决议这一公文文种；第二，这些重大决策事项，只有在党的会议或政府会议上，提交全体与会者认真讨论，并正式表决通过，形成的决议才合法、有效。

（三）决议的写法

1. 标题和成文日期

决议的标题有三种写法。

第一种是由发文机关、主要内容、文种组成，如《中共四川省委关于认真学习、坚决贯彻〈中共中央关于加强党同人民群众联系的决定〉的决议》。

第二种是由会议名称、主要内容、文种组成，如《中国共产党第十一届中央委员会第五次全体会议关于为刘少奇同志平反的决议》。

第三种是省略发文机关，由主要内容和文种组成，如《关于确认十一届三中、四中全会增补中央委员的决定的决议》。

决议的成文日期，不像一般公文那样标写在公文正文之后，而是加括号标写于标题之下居中位置。具体写法有两种情况：

如果公文标题中已包括会议名称，括号内只需写明"×年×月×日通过"即可。如果公文标题中没有会议名称，括号内要写明"××委员会第×次会议×年×月×日通过"。

2. 正文

决议的开头部分写决议的根据，一般要写明会议听取了什么、学习讨论了什么、审议了什么、批准或通过了什么、自何时生效等。如：

中国共产党第十四次全国代表大会通过十三届中央委员会提出的《中国共产党章程（修正案）》，决定自通过之日起，经修正后的《中国共产党章程》即行生效。

以上各项要根据会议的内容而定，不必面面俱到。

决议主体部分的内容比较复杂，写法也比较灵活多样。

如果是批准事项或通过文件的决议，相对比较简单，这部分多是强调意义，提出号召和要求。

如果是安排工作的决议，要写明工作的内容、措施、要求。内容复杂时，要明确分出层次并列出各层次的小标题，或者分条撰写。

如果是阐述原则问题的决议，主体部分要有较多的议论，多采用夹叙夹议的写法，把道理说深说透。所谓"夹叙夹议"，就是用概括叙述的方式介绍情况、提供事实，用议论的方式做公正的评价和精辟的论述。

3. 结尾部分

这部分可有可无。有时主体结束，全文也就自然结束了，不必再专门撰写结尾。有时需要写一个结尾，多以希望、号召收结全文。

二、决定

决定是典型的下行文。《公文条例》对决定的功能作了如下阐述：

"适用于对重要事项作出决策和部署、奖惩有关单位和人员、变更或者撤销下级机关不适当的决定事项。"

在党政机关公文合二为一之前，党的机关和行政机关都有决定这一文种。当时，作为行政机关公文的决定与作为党的机关公文的决定，其基本功能是一致的，那就是对重大事项做出安排。但也有一些区别。在奖惩以及变更或者撤销的功能方面，作为党的机关公文的决定这一文种没有被赋予。但在实际工作中，奖惩性的决定往往以党政联合发文的形式出现。如《克拉玛依市委、市人民政府关于表彰就业和再就业先进集体和先进个人的决定》就是党政联合发文，只是用行政机关的发文代字。现在，党政机关公文合二为一，作为党的机关公文的决定，同样被赋予了奖惩、变更或者撤销的功能。

需要特别指出的是，在 2012 年新的《公文条例》实施以后，作为省级及以上行政机关公文的决定，往往以行政首长令的形式出现。

（一）决定的特点

1. 权威性

决定虽然没有命令那样浓的强制色彩，但也是一种权威性很强的下行文。决定是上级机关针对重要事项和重大行动，经重要会议或领导班子研究通过后，对所辖范围内的工作所做的安排。决定一经发布，就对受文单位具有很强的约束力，必须遵照执行。如《国务院关于全面推进依法行政的决定》就要求：各省、自治区、直辖市人民政府和国务院各部门要根据全国依法行政工作会议精神和本决定的要求，结合本地方、本部门的实际，全面、深入、扎实地推进依法行政进程，保证改革开放和社会主义现代化建设健康、顺利发展。各地方、各部门要将贯彻实施全国依法行政工作会议精神和本决定的情况于今年 12 月 31 日前送国务院法制办公室，由国务院法制办公室汇总后向国务院报告（《中华人民共和国国务院公报》，2000 年第 1 号）。从内容到语气，都坚定确凿，不容置疑，体现了决定的权威性特点。

2. 指挥性

决定在对重要事项进行决策时，同时也提出工作任务、具体措施和实施方案，要求受文单位依照执行。如《国务院关于成立国务院西部地区开发领导小组的决定》中对西部开发领导小组办公室主要职责做了如下安排：研究提出西部地区开发战略、发展计划、重大问题和有关政策、法规的建议，推进西部地区持续快速健康发展；研究提出西部地区农村经济发展、重点基础设施建设、生态环境保护和建设、结构调整、资源开发以及重大项目布局的建议，组织和协调退耕还林（草）规划的实施和落实；研究提出西部地区深化改革、扩大开放和引进国内外资金、技术、人才的政策建议，协调经济开发和科教文化事业的全面发展；承办领导小组交办的其他事项（《中华人民共和国国务院公报》，2000 年第 6 号）。决定通过原则、任务、措施、方案的确定和安排，指挥下属单位统一思想、统一行动，从而保证工作的顺利开展，并取得预期效果。

3. 全局性

决定一般不是向某一个具体单位发出的，行文对象有一定的普遍性。这是由于决定所涉及的事项和解决的问题，都有全局性的意义。类似依法行政、西部开发，都是事关全局的重要问题。即使有时涉及的事件比较具体，其意义也必然是全局性的。如《中共中央关于接收宋庆龄同志为中国共产党正式党员的决定》，就不能简单地看作接受一个人入党的具体事务性文件，它表达了党中央对宋庆龄一生的评价，也传达了中央的统战政策和组织路线，在宣传党的路线、政策方面，有着相当普遍的意义。

（二）决定的适用范围

1. 如果是党政联合进行奖惩，用行政机关的发文代字。

2. 作为法规政策性决定，要注意决定与命令、通知的区别。决定是对重要事项或重大行动做出安排，相对于命令来说，它的权威性、强制性要轻一些，内容所涉及的范围也没有命令那么广，文种使用的范围更广泛。相对于通知来说，它的权威性、指挥性要强得多，所涉及的问题也更重要。在具体行文过程中，要注意三者之间的区别。

3. 作为奖惩性的决定，要注意区分其与嘉奖令、通报之间的区别，主要体现在程度与范围上。就程度来说，当用于奖励时，嘉奖令是最高层次的褒奖，决定次之，通报又次之。如果是单位内部的奖励、例行性的奖励或者县市以下的部门奖励，一般用通报；而县市以上的政府奖励和县市以上的党内奖励一般用决定；至于令，是省级以上的机关部门在进行嘉奖时才使用的文种，如国家主席嘉奖令、公安部嘉奖令。在用于批评和惩处时，也要注意决定和通报两者之间的程度深浅。就使用范围来说，令的使用范围小，通报和决定使用的范围更广泛。

（三）决定的写法

1. 决定写作格式要点

决定的标题一般采取"发文机关+事由+文种"的写法，如《国务院关于进一步加强产品质量工作若干问题的决定》。标题中有时可在主要内容部分加书名号，如《全国人民代表大会常务委员会关于批准〈中华人民共和国、俄罗斯联邦和哈萨克斯坦共和国关于确定三国国界交界点的协定〉的决定》，但标题中不得使用其他标点符号。如决定系会议通过或批准的，要用全标题，并在标题下写明日期和经什么会议通过或批准，用圆括号括入。

决定正文写法：①开头一般是写发布决定的背景、根据、目的、意义。如果是批准某一文件的决定，则写明批准对象的名称。如果是表彰、惩戒性的决定，开头部分则要叙述基本事实，也就是先进事迹或事故情况，篇幅要比一般决定长一些。②主体写决定事项。用于指挥工作的决定，这部分要提出工作任务、措施、方案、要求等，内容复杂时要用小标题或条款显示出层次来。用于批准事项的决定，这部分要表达批准意见，如有必要，还可对批准此事项的根据和意义予以阐述。用于表彰或惩戒的决定，这部分要写明表彰决定和项目，或处分决定、处罚方法。③结尾比较简单，主要用来写执行要求或希望号召。

决定落款，要标明制发机关和日期。

2. 决定写作要求

（1）要做好调查研究。在起草决定之前，要认真查找有关法律条款和政策规定，广泛听取各方面意见。在此基础上，考虑决定是否切合实际，能否妥善解决实际问题。

（2）要做到观点鲜明。决定中所提出的看法必须十分明确，便于受文者理解和执行。

（3）要切记语言鲜明。切忌含糊不清或使用有歧义和引起误会的语句。

（4）要注意区别决定和决议。

决定和决议是近似文种，在写作实践中，一定要区分二者的不同。这些不同大致表现在四个方面：①内容有所不同。决议涉及的内容宏观性、原则性、理论性较强，而决定涉及的内容相对比较具体，实践性更强一些。②形成程序有所不同。按规定，决议的形成必须经过正式会议或法定会议讨论通过；而决定，虽然有时也要经过会议讨论通过，但没有规定必须如此。③表达方式有所不同。决议的一个突出特点在于"议"，所以较多使用议论；决定则较多用来布置工作、提出要求，不一定要展开充分的议论。④成文日期标写有所不同。决议的成文日期，用括号标写在标题下方，有时还要包括会议名称；决定可以这样标写（党的机关公文多见），也可以像一般公文一样，将成文日期标写在正文之后（行政机关公文多见）。

三、命令（令）

命令（令）是党的领导机关、国家权力机关、国家行政机关、军事机关由其负责人颁布的、具有强制执行性质的领导性、指挥性下行公文。《公文条例》对命令的功能做了如下阐释：

"适用于公布行政法规和规章、宣布施行重大强制性措施、批准授予和晋升衔级、嘉奖有关单位和人员。"

2012年新《公文条例》实施之前，命令（令）没有被确立为党的机关正式公文，只列入行政机关正式公文。而在具体的公文实践中，除了党的机关、行政机关使用这一文种，全国人大、军事指挥机关也都经常运用这一文种。

（一）命令（令）的特点

1. 权威性强

命令（令）是行政公文中最具权威性的下行文。它的权威性首先体现在发布者的级别。命令虽是行政公文的主要文体，但并不是所有行政机关都有权发布。命令（令）发布机关的级别规格高，而且一般以发布机关领导人名义署名发布。根据《中华人民共和国宪法》（以下简称《宪法》）和《中华人民共和国地方各级代表大会和各级人民政府组织法》（以下简称《地方组织法》）的规定，只有中华人民共和国主席、全国人大常委会和委员长、国务院、国务院总理、国务院各部委及各部部长或主任、县以上各级地方人民代表大会和人民政府才可以依据法律规定的权限发布命令，除军事领导机关另有规定外，其他各种企事业单位、党组织和社会团体均没有权力发布命令，若用此文种，即为越权。而在实际工作中，各级地方政府其实很少使用命令这一文种，只有国家高级领导机关和主要领导人才较多他使用（省、部以上）。因此，命令（令）具有很强的权威性，命令（令）一旦发布，其他单位或个人都不得修改或歪曲，如果其他公文的内容与命令的有关精神相抵触的，也一律以命令的为准。

2. 强制性大

命令（令）是指挥性公文，集中地反映了领导机关的指挥意志。命令一经发布，受令者必须绝对服从，没有讨价还价的余地。下级机关不管是否同意，不管有什么困难或问题，都必须坚决地无条件地执行，没有丝毫可以商量、灵活运用的余地，不得随意变更和变通，在执行中不能有丝毫偏差。违反命令或抗拒执行命令，就要受到惩罚。用通常所说的"令行禁止"来概括命令的这一特点，是非常恰当的。在所有国家机关行政公文中，命令（令）是最具有强制性的。

3. 庄重性高

命令是一种庄重严肃的公文，使用必须慎重，既不能滥用职权，随意发号施令，也不能朝令夕改，使下级无所适从。写作格式单纯，主旨单一，文字简短明了；语气坚定、肯定，不容置疑，不能含糊其词，以便下级机关准确无误地了解执行。

（二）命令（令）的适用范围

《办法》规定，命令（令）"适用于公布行政法规和规章、宣布施行重大强制性措施、批准授予和晋升衔级、嘉奖有关单位和人员"。地方各级政府除处理特别重大的紧急事务如抢险救灾时可破例使用命令（令）外，一般的日常性事务不得随意使用。党团组织、群众团体和企事业单位不能使用命令。运用命令来奖惩有关人员，往往也是针对在全国或某一地区影响较大的情况。如果是一般性的表彰先进或批评错误，就不用命令而用决定、通报等别的公文文种。需要注意的是，2012 年新《条例》颁布后，在具体公文实践中，国务院令往往和决定一起使用，通过命令，发布决定或者条例等规章性文件。

（三）命令（令）的写法

1. 命令写作格式

（1）标题。命令（令）的标题有四种构成形式：一是由发令机关名称、主要内容、文种构成，如《中华人民共和国国务院关于发行新版人民币的命令》。二是由发令机关名称或发令人身份加文种组成，如《长沙市人民政府令》《中华人民共和国主席令》。三是由主要内容加文种组成，如《向西部进军的命令》。这种形式应用较少。四是只写文种，如《命令》。

（2）发文字号。命令（令）的发文字号的写法有两种：一是由"机关代字+年份+序号"组成；二是以令号（发文机关发布命令的顺序号）代替发文字号。

（3）正文。命令的正文一般由开头、主体和结尾等三部分组成。开头主要写发布命令的原因、根据、目的、意义等。作为开头部分，原则上不宜过长，但有时因原因复杂、意义重大，也可以用较多文字表述。如《向全国进军的命令》，开头部分就占了全文的二分之一左右。主体部分是全文的核心，主要写命令事项，也就是要求受命者做些什么、怎么做、做到何种程度等等。这部分内容复杂，层次较多，一般都需要分条表达，以便眉目清楚。结尾主要用来写执行要求。如由何单位负责执行，从何时起开始执行，执行的希望和要求等等。这部分内容单纯，篇幅短小。

（4）落款。在正文后右下方署上发文机关（或签署人姓名）和日期。

2. 命令正文写作要求

（1）行文要庄重。不能滥用职权，随意发号施令，也不能朝令夕改，使下级无所适从。

（2）目的要明确。应使大家明确命令的奋斗目标和重大意义。

（3）要求要具体。时间、地点、数量等要具体。

（4）语气要严肃。表达要坚决、肯定要有力。

（5）辞章要严密。结构严谨，易读易记，便于执行。

（6）文字要简练。篇幅短小，文字要简练，便于熟记。

四、公报

公报是党政机关公文中的一个重要文种。《公文条例》为其确定的适用范围是：

"适用于公布重要决定或者重大事项。"

在 2012 年党政机关公文合并在一起之前，公报只属于党的机关公文，而行政公文的主要文种中没有公报。但公报作为行政公文，也在政府的重大活动中特别是在外事活动中经常使用。

公报作为党的机关公文出现时，主要是党的中央机关用于发布重要决策。例如，《中国共产党第十一届中央委员会第三次全体会议公报》，向全社会宣布了全党全国的工作重点将转移到以经济建设为中心的社会主义现代化建设上来。这一决策产生了极其深远的影响，直到现在，人们在谈到改革开放时，还频繁地使用"三中全会以来"的说法。还有，《中国共产党第十四届中央委员会第三次全体会议公报》，公开宣布了中央关于建设社会主义市场经济若干问题的决定，这是实践邓小平"建设有中国特色社会主义"理论的重要一步，对于当代中国也是具有里程碑意义的一个文件。

公报作为行政公文使用时，主要是国家和政府用以通报外国元首或政府首脑来访时的情况以及双方形成的共识。例如《中华人民共和国政府和哈萨克斯坦共和国政府联合公报》（2015 年 12 月 14 日发布）、《中越联合公报》（2015 年 4 月 8 日发布）。同时，作为政府的公报，也可以是一段时期以来，当级政府各种法规和规章制度的汇总。如《天津市人民政府公报》（2016 年第 7 期，总第 1245 期）。

（一）公报的特点

1. 重要性

公报的发布机关级别很高，或者是以中央的名义，或者是以国家的名义，或者是以中央政府的名义。公报所涉及的内容，应是党内外、国内外普遍关心和瞩目的重大事件或重要决定。

2. 公开性

公报是公诸于众的文件，无需保密，一般也没有主送机关、抄送机关，而是普告天下，一体周知。

3. 新闻性

公报的内容都是新近发生的事件或新近作出的决定，属于人民群众关心、应知而未知的事项，要求制作和发布迅速、及时，因此又具有新闻性特点。

（二）公报的适用范围

公报"适用于公布重要决定或者重大事项"。它的使用范围为：

（1）党中央、国务院及全国人大、政协等最高领导机关。

（2）省、市领导机关有时也采用公报的形式发布重大事件或重大决定。

（3）大型会议或活动，有时也用公报的形式发布决定或活动内容。

其他级别的党政机关和场合一般采用会议纪要的形式。

（三）公报的写法

1. 会议公报的写法

会议公报的标题由"会议名称+文种名称"组成，如《中国共产党第十八届中央委员会第二次会议公报》。

会议公报的正文的写法大致如下：

开头部分，写明会议基本情况。包括会议的时间、地点、出席人员、主持人等。例如《中国共产党第十八届中央委员会第五次全体会议公报》开头由三个自然段组成。第一段说："中国共产党第十八届中央委员会第五次全体会议，于2015年10月26日至29日在北京举行。"第二段的内容是："出席这次全会的有，中央委员199人，候补中央委员156人。中央纪律检查委员会常务委员会委员和有关方面负责同志列席了会议。党的十八大代表中部分基层同志和专家学者也列席了会议。"第三段的内容是："全会由中央政治局主持。中央委员会总书记习近平作了重要讲话。"基本情况包括时间、地点、人物、事件等叙述要素，要写得简明扼要、清楚明白。

主体部分，介绍会议议定情况和主要精神。再以十八届五中全会公报为例：第四自然段写明"全会听取和讨论了习近平受中央政治局委托作的工作报告，审议通过了《中共中央关于制定国民经济和社会发展第十三个五年规划的建议》。习近平就《建议（讨论稿）》向全会作了说明。"这是会议的议定事项。下面概括阐述了会议主要精神，主要包括：牢固树立并切实贯彻创新、协调、绿色、开放、共享的发展理念；完善党领导经济社会发展工作体制机制，加强党的各级组织建设，强化基层党组织整体功能；坚持全面从严治党、依规治党，深入推进党风廉政建设和反腐败斗争等。这部分内容的表达要注意层次分明。

结尾部分，提出号召、希望和要求等。例如上文的结尾："全会号召，全党全国各族人民要更加紧密地团结在以习近平同志为总书记的党中央周围，万众一心，艰苦奋斗，共同夺取全面建成小康社会决胜阶段的伟大胜利！"

2. 新闻公报的写法

新闻公报的写法与新闻的主要文体——消息有相似之处。开头部分概括叙述最核心、最重要的新闻事实，接近消息的"导语"部分。接着具体地写明事件的过程以及与此有关的立场、态度、做法、评价等，可以按时间顺序和逻辑顺序来安排层次，类似消息的主体。最后的结语部分也类似消息的结尾，根据情况可写可不写。

例如《中华人民共和国和斐济群岛共和国新闻公报》，开头部分写了应中国总理朱镕基的邀请，斐济总理马亨德拉·乔杜里于1999年12月13日至20日对中国进行了正式访问。访问期间，江泽民主席会见了乔杜里，朱镕基总理与乔杜里总理举行了正式会谈。双方签署了《中华人民共和国政府与斐济群岛共和国政府关于经济技术合作的协定》等文件。主体部分，以"双方表示""双方认为""双方重申"等词语领起，分别从五个方面阐述了双方的共识。

3. 联合公报的写法

联合公报与新闻公报一样，也是分为三大部分撰写。

开头部分写基本情况，包括时间、地点、人物、事件等。

主体部分写双方议定的事项，必要时可分条列项撰写。

结尾部分，可补充意义、交代会议气氛或双方对会谈的肯定态度，以及受邀回访的意向等。也可不单独写结尾部分。

五、公告

公告是一种周知性文种。虽然公告的内容很重要，具有很高的权威性，但公告的目的在于知晓。往往是周知各级政府和社会公众及各国政府和民众，依照法律法规，做了什么或者将做什么，这些公告的事项，有些具有强制性，需要各级政府或社会公众执行，也有些并不需要执行，只需知道即可。重点在"宣布"。《公文条例》对公告的适用范围表述为：

"适用于向国内外宣布重要事项或者法定事项。"

在具体的行文实践中，公告通常是以国家的名义，向国内外宣布重大事件、重要事项或者法定事项时使用。某些部门经授权，也可以代表国家对内或对外发布公告，一些地方的权力机构公布非常重要的事项或法定事项，也往往使用公告。

从行文方向来说，公告原则上属于下行文。但它的受文者十分广泛而笼统，可以是机关单位，但更主要的往往是社会公众。如果是向国外发布，则没有隶属关系，只是一种周知。行文关系并不十分明确。

（一）公告的特点

1. 发布内容重要

公告宣布的内容是事关全局或在国内外能产生重大影响的重要事项或法定事项。公告的题材，必须是能在国际国内产生一定影响的重要事项，或者依法必须向社会公布的法定事项。公告的内容体现着国家权力和行政部门的威严，既要能够将有关信息和政策公之于众，又要考虑在国内国际可能产生的影响。如公布《宪法》、宣布我国将向太平洋发射运载火箭试验等。

2. 发布范围广泛

公告有的向全国或某一地区发布，有的甚至向全世界发布。公告的告知对象主要是社会公众，发布公告的机关和被告知对象之间一般无直接的隶属关系。

3. 制发机关级别高

公告一般是由较高级别的国家行政机关或权力机关及其授权机关制发。基层单位不能滥用公告。报纸上常见到"××单位迁移地址""××公司聘请×××为法律顾问"也用"公告"，都是滥用"公告"。

（二）公告的适用范围

首先必须要明确，公告是用来向国内外宣布重要事项的。在使用公告时，必须注意公告与通告的区别。某个事项是使用公告还是使用通告来发布，要看它的重要程度。公告的事项，往往具有重大性和庄严性，如《我国将进行向太平洋发射运载火箭试验公告》。很显然，对于"严禁乱倒垃圾"这一事项，是非常不适宜用公告这一文种的。

其次，作为公文的公告，还需要注意与一些经营性、专业性公告的区别。有一类公告，它是属于专业性的或向特定对象发布的，如经济上的招标公告，按国家《专利法》规定公布申请专利的公告，属专业性公告；也有按国家《民事诉讼法》规定，法院递交诉讼文书无法送本人或代收人时，可以发布公告间接送达，是向特定对象发布的，这些都不属行政机关公文。还有一些经营性的公告，如开业公告、停业公告，属于商业上的广告性质，也不属于行政机关公文。

（三）公告的写作要点

1. 公告格式的写作要点

（1）标题

①发文机关加事由加文种，如《中共中央、全国人大常委会、国务院关于宋庆龄副委员长病情的公告》。②发文机关名称加文种，如《中华人民共和国国务院公告》。③只写"公告"。

（2）正文

公告的正文一般由公告依据、公告事项和公告结语组成。开头要简明扼要地写出公告的依据，有时也可以不写。主体写公告事项，如果事项简单，用篇段合一写出。如果事项较多，可分条列点写出。公告的结尾一般用"现予公告""特此公告"作结语，也可以提出要求作结尾。也可不写结语。

（3）落款

公告日期有的注在标题下方，也可注在正文末尾落款处。重要的公告落款处除注明发文机关和日期外，还标明发布地点。

2. 公告写作要求要点

（1）文字简练，直陈其事，不加说明。

（2）篇幅短小，把要点公之于众即可，无需详述细节。

（3）内容集中，事项单纯，一事一告。

（4）正确使用公告文种。

目前，公告的使用比较混乱，主要有两种情况：一是把公告当作"启事""声明""广告"用，望文生义，以为"公告"就是公开告知有关事项，如声明某业务与本单位无关，揭露有人冒充某报记者行骗，也用"公告"；二是"公告"代行"通告"，凡公布性事项，事无巨细都用"公告"，甚至街道告知居民领取物价补贴也用"公告"。使用公告必须以"公告适用于向国内外宣布重要事项或者法定事项"的有关规定来衡量，避免公告滥用。公告与通告的区别：①发文机关不同。公告发布级别高；通告则不受单位级别的限制，一般机关单位都可以使用。②收文的对象不同。公告是面向国内外公布；通告常限于国内，且是在一定范围之内。③重要程度不同。公告内容必须是重要事项，在国内外有一定影响；通告所涉及的常是一般事项。④发布形式不同。公告通常由新闻媒体发布；通告可以通过新闻媒体发布，也可张贴。

六、通告

通告是党政机关常用的公文文种之一，在2012年新《公文条例》颁布之前，它不属于党的机关文种，而只属于行政机关公文文种。通告同时兼具执行性和周知性，但从性质上看，属于周知性文种的成分要多一些。《公文条例》规定的通告适用范围为：

"适用于在一定范围内公布应当遵守或者周知的事项。"

（一）通告的特点

通告主要有如下四个方面的特点：

1. 法规性

通告常用来颁布地方性的法规，这些法规一经颁布，特定范围内的部门、单位和民众都必须遵守、执行。例如，《××省无线电管理委员会办公室关于清理整顿无线电通信秩序的通告》对有关事宜作了八条规定；《××市人民政府关于坚决清理非法占道经营的通告》为改善交通秩序和市容环境，作了五条规定。

2. 周知性

通告的内容，要求在一定范围内的人们或特定的人群普遍知晓，以使他们了解有关政策法令，遵守某些规定事项，共同维护社会公务管理秩序。

3. 实务性

所有的公文都是实用文，从根本性质上说都应该是务实的。但它们之间还是有一些区别，有的公文只是告知某事，或者宣传某些思想、政策，并不指向具体事务。通告则是一种直接指向某项事务的文种，务实性比较突出。

4. 行业性

不少通告都具有鲜明的行业性特点，如税务局关于征税的通告，机动车管理部门关于机动车辆年度检验的通告，银行关于发行新版人民币的通告，房产管理局关于对商品房销售面积进行检查的通告等，都是针对其所负责的那一部分的业务或技术事务发出的通告。因此，通告行文中要时常引用本行业的法规、规章，也免不了使用本行业的术语、行话。

（二）通告的适用范围

通告通常用于发布就某一事项作出的规定，写入通告的事项要求人民群众或有关人员普遍了解或遵照执行。比如，《中国人民银行关于发行四种金属人民币的通告》所公布的是广大人民群众应该普遍了解的事项；《深圳市人民政府关于严格禁止擅自以股票债券等形式集资的通告》所公布的就是需要有关部门和人员遵照执行的事项。同样作为周知性、晓谕性文种，通告与公告有许多相似之处，我们在使用时，必须注意通告与公告之间的区别。通告与公告的区别可大致分为三个方面：

第一，内容的重要程度不同。公告是用来发布重要事项和法定事项的，涉及内容多是国家大事或省市级的行政大事，或者履行法律规定必须遵循的程序。小的局部性事项和非法定的事项，不能采用公告的形式发布。而通告是用来发布在一定范围内需要遵守或周知的事项的，它所涉及的事项一般没有公告那么重大。

第二，对发文机关的限制性有较大不同。公告是一种高级别文种，只有涉及全局性的重大事项或法定事项时，才能由高级别的行政部门发布。而通告是一种高级别行政机关和基层单位都可以使用的文体，不仅党政机关可以制发，社会团体、企事业单位在自己的职权范围之内，也可以制发。

第三，发布范围有所不同。公告是向国内外发布重要事项和法定事项采用的文种，它的发布范围比较大，遍示天下，一体周知，接受的人越多越好。而通告虽然也是面向社会发布的，但多是限定在一个特定的社会范围之内，而且内容也多是指向一个特定的人群，要求特定社会范围内特定的人群遵守或周知。所以通告特别强调了"在一定范围内公布"。

（三）通告的写作要点

1. 通告的标题和发文字号

（1）标题

通告的标题，主要有两种写法。

一是全题写法，也就是公文标题的常规写法，由发文机关、主要内容、文种三者共同构成。如《河南省地方税务局关于认真落实〈事业单位、社会团体、民办非企业单位企业所得税征收管理办法〉的通告》《广西××局关于办理20××年度×××登记的通告》等。

二是省略主要内容的写法，由发文机关、文种组成。如《中华人民共和国公安部通告》《××市房地产管理局通告》等。通告也可以由主要内容和文种构成标题，还有的通告标题只有文种"通告"。

（2）发文字号

通告的发文字号不像一般性公文那样只用常规方式，在实践中有多种情况并存。

如果是政府发布通告，要有正规的发文字号，如《××市人民政府关于坚决清理非法占道经营的通告》，发文字号就是"市政告字〔1997〕6号"。

如果是某一行业管理部门发布通告，则可采用"第×号"的方式，标示位置在标题之下正中。

一些基层企事业单位发布的通告，也可以没有字号。

2. 通告的正文

正文采用公文通用结构模式撰写，共分三大部分。

（1）通告缘由

作为开头部分，通告缘由主要用来表达发布通告的背景、根据、目的、意义。如：

近期以来，我市清理非法占道经营，经过几次集中整治，取得了一定效果，但在一些主干道上仍有反复，禁而不止，影响交通和市容环境，群众反映强烈。为推进"讲文明、树新风"活动和精神文明建设八大工程的深入开展，市政府决定，集中一段时间，加大工作力度，实行综合整治，坚决彻底清理非法占道经营，让路于车，还道于民，改善交通秩序和市容环境。现通告如下：……

这个开头部分主要写了发布通告的前景、根据和目的。

（2）通告事项

这是主体部分，文字最多，内容最复杂。较多采用分条列项的写法，以做到条理分明，层次清晰。如果内容比较单一，也可采用贯通式写法。

（3）通告结语

这是结尾部分，写法比较简单，多采用"本通告自发布之日起实施"或"特此通告"的模式化结语。

七、意见

意见作为正式公文，首先出现在党的机关公文文种之中。中共中央办公厅1996年5月3日印发《中国共产党机关公文处理条例》，首次将意见列为党的机关正式公文文种。2001年开始施行的《国家行政机关公文处理办法》，也将意见列入正式行政公文文种。2012年新《公文条例》仍然将意见作为党政机关公文的正式文种之一。以前的行政公文里没有"意见"，但是并不是说行政公文中就不使用意见这种文体。事实上，行政机关也经常将"意见"作为公文或者次公文，来传达有关指示、布置某些工作。例如，2000年2月20日出版的当年第5号《中华人民共和国国务院公报》就刊登了三篇意见，其中有两篇是作为通知的转发或发布对象出现的。建设部等六单位制定的《关于工程勘察设计单位体制改革的若干意见》，由国务院向全国各省市自治区及各部委作了转发。教育部制定的《关于新时期加强高等学校教师队伍建设的意见》，是教育部自己用通知的形式发布的。还有一篇是教育部的《关于进一步加强中小学教育技术装备工作的意见》（已失效），它是以独立公文的形式直接向各省、自治区、直辖市教委、教育厅发布的，发文字号是"教基［1999］11号"。

《公文条例》对"意见"的适用范围做了如下概述：

"适用于对重要问题提出见解和处理方法。"

可见，意见这一文种适用于对重要问题提出见解和处理办法。具体而言主要是：

第一，意见所涉及的内容必须是"重要问题"。所谓重要问题，应当是当前工作中所遇到的涉及全局性、方针政策性的重大事项和主要问题，特别是新出现的问题。重大是就一般而言，主要是就次要而言，新是就常规而言。

第二，意见在行文中，对重要问题不仅要有所见解，而且要有解决、处理的办法。见解就是对问题要做出全面中肯的分析，提出自己的看法和观点。然后，在分析认识的基础上，拿出切实可行的解决办法和措施。只提出问题，而对问题的分析轻描淡写，对问题的解决含糊不清，一切全凭上级去拿主意、想办法，是意见这一文种所忌讳的。

第三，意见具有建议和指示性质。在一般情况下，意见只有建议性质，这样的意见是指来自下级的，一经上级批转或者批准，即从建议性质转化为指导性和约束性。另一种来自上级机关的意见，虽然文种名称叫意见，这里的本质含义已不再是参谋建议的性质，而是有了指示性。目前，在实际工作中这种来自上级的意见大有增多的趋势，它有利于促进机关工作作风的民主化，增强机关公文的公关意识。

（一）意见的特点

1. 指导性

意见虽然在文种的字面含义上没有指示、批复那样明显的指导色彩，似乎只是对某一工作提出些意见供参考，可实际上它也是指导性很强的一种文体。之所以不采用指示等指导色彩强的文种行文，主要有下列一些原因：

一是为体现党政分开的原则，党的机关在涉及政务时不宜采用指示等文种。

二是有关部门虽然对下级同类部门有业务指导权，但并没有行政领导权，采用指示显然没有采用意见更合适。

三是意见的内容业务性强、规划性强、组织性强，而这些内容采用较生硬的文种不如采用意见这样较委婉的文种更合适。

尽管如此，意见对受文机关来说，仍然有较强的约束性，下级机关要遵照执行。

2. 针对性

意见有着较强的针对性。它总是根据现实的需要，针对某一重要的问题提出见解或处理意见，例如，我国在提倡开展素质教育以来，中小学的现有教育技术装备显得不能适应素质教育的需要，教育部就及时对加强这一工作提出了意见。党内的民主生活会质量有待提高，中组部就及时下发了《关于提高县以上党和国家机关党员领导干部民主生活会质量的意见》。这些意见对于解决目前存在的问题，都起了积极的作用。

3. 原则性

意见通常不是具体的工作安排，总是从宏观上提出见解和意见，要求受文单位结合具体情况，参照文件中提出的精神来办理。下级机关在落实意见精神时，比起执行指示有更大的灵活处理的余地。

（二）意见的适用范围

意见是正式的党政机关公文中走向比较模糊的文种之一。一般情况下，意见是下行文，但也可作为平行文、上行文使用。在什么情况下使用意见这一文种，要视具体的情况而定。

1. 作为下行文的意见，主要是对带全局性的问题提出基本看法和解决问题的办法。这种看法是宏观的，所提出的办法也是原则性的，下级机关在执行的时候，可以根据本地本部门的实际情况进行细化、具体化。同时，其语气相对于决定而言，要显得柔和委婉。同样针对重大问题，如果所提出的解决问题的方法相对具体，且对下级规定性较强的时候，应该用决定这一文种。如果所针对的问题并非全局性问题，可以用通知这一文种。

2. 作为上行文的意见，与请示的本质区别是：请示更多的是向上级请求解答问题或者请求批准，而意见更多的是因为下级机关认为某些政策不太适宜于某时某事，而向上级机关提出自己的意见和建议，并把这些意见和建议向上级机关报告，在得到上级机关的认可后予以实施。

3. 作为平行文的意见，如果是对涉及某一重要问题所提的见解和处理办法，仅供对方参考而不需要对方回复时，用意见，如需要对方协助解决并给予回复，则用函。

（三）意见的写法

1. 意见的标题和主送机关

（1）标题

意见的标题有两种常见写法。

一种是由"发文机关+主要内容+文种"组成，如《中共河南省委河南省人民政府关于〈关于中国教育改革和发展纲要〉的实施意见》。

另一种由"主要内容+文种"组成，如《关于提高县以上党和国家机关党员领导干部民主生活会质量的意见》。

（2）主送机关

分为两种情况：需要转发的意见，没有主送机关这一项，但转发该意见的通知，要把主送机关写清楚；直接发布的意见，要有主送机关，主送机关的排列方法和一般公文相同。

2. 意见的正文

（1）发文缘由

这是意见的开头部分，主要写出发布意见的背景、根据、目的、意义等，但不必面面俱到。文字根据具体情况可长可短，最后以"现提出以下意见""特制定本实施意见"等过渡性语句转入下文。如交通部、财政部、公安部、国家计委联合制定的《关于继续做好公路养路费等交通规费征收工作的意见》一文的开头：

近几个月来，一些单位和个人错误地认为《中华人民共和国公路法》修改后即可不缴纳公路养路费等交通规费，因而出现了拖欠、拒缴、抗缴公路养路费等交通规费事件，造成了国家交通规费大量流失。为保障公路养路费、车辆购置附加费等交通规费征收工作的正常进行，现提出如下意见：……

这个开头前面叙述了发文的背景和根据，后面指出了发文的目的和意义。

（2）意见条文

这是意见的主体，要把对重要问题的见解或处理办法一一写明。

如果是规划性意见，内容繁多，可列出小标题作为各大层次的标志，小标题下再分条表述。如《中共河南省委河南省人民政府关于〈中国教育改革和发展纲要〉的实施意见》一文，主体就分为五大部分，各自冠以小标题，分别是：一、教育发展的目标和任务；二、深化教育改革的政策措施；三、切实增加教育投入；四、加强教师队伍建设；五、切实加强对教育工作的领导。每一小标题下列出若干条文，共计28条。

如果是内容较单纯集中的工作意见，主体部分直接列条即可，不必再设小标题。如《关于继续做好公路养路费等交通规费征收工作的意见》，主体部分就直接分为五条。

（3）执行要求

有些意见需要对贯彻执行提出一些要求，可以列入条款，也可单独在正文最后写一段简练的文字予以说明。如无必要，此项免除。

八、通知

通知是运用范围最广、使用频率最高的一个文种。《公文条例》规定通知的适用范围为：

"适用于发布、传达要求下级机关执行和有关单位周知或者执行的事项，批转、转发公文。"

（一）通知的特点

1. 功能的多样性

在下行文中，通知的功能是最为丰富的。它可以用来布置工作、传达指示、晓谕事项、发布规章、批转和转发文件。在《公文条例》中，没有规定通知用来"任免人员"的事项，但在实际运用中，任免人员一般都用通知进行。凡下行文的主要功能，它几乎全都具备。

但是，通知在下行文的规格，要低于命令、决定、决议等文体。用它发布的规章，多是基层的，或是局部性的、非要害性的；用它布置工作、传达指示的时候，文种的级别和行文的郑重程度，明显不如命令和决定等文种，甚至不如意见等相对模糊的文种。

2. 运用的广泛性

在公文文种中，通知是发文机关受限制最少的文种之一。它几乎不受级别和机关性质的限制，大到国家级的党政机关，小到最基层的企事业单位，都可以使用。在这一点上，通知和命令、公告、议案等截然不同。同时，通知的受文对象也相当广泛，在基层机关工作岗位上的干部和职工，接触最多的上级公文就是通知。而在国家级的党政机关，也可以接到各种用途的通知文种。而且，通知从整体上看是下行文，但部分通知也可以发往不相隶属的机关甚至是级别比自己高出许多的行政机关。

3. 使用的频繁性

在公务活动中，问题无论大小，事项无论巨细，都可以使用通知。加上作者广泛，用途多样，就使通知成为日常工作中使用频率最高、最为常见的一种公文。

4. 一定的指导性

通知这一文种的名称，从字面上看不显示指导的姿态，但在事实上，多数通知都具有一定的指导性。用通知来发布规章、布置工作、传达指示、转发文件，都在实现着通知的指导功能，受文单位对内容要认真学习，仔细领会，并在一定时间内完成通知布置的任务。当然，个别周知性的通知，特别是通知作为平行文发布的时候，可以没有指导性或者只有轻微的指导性。

5. 较强的时效性

通知是一种制发比较快捷、运用比较灵活的公文文种，它所办理的事项，都有比较明确的时间限制，受文机关要在规定的时间内办理完成，不得拖延。一些通知在规定的时间一过，就失去了公文效力。

6. 写作的灵活性

不同类型的通知虽然文种相同，但在写法上却各不相同。在结构上，有的层次繁多，有的简单明了；在篇幅上，有的长达数千字，有的只有几十字；在要求上，有的要求"知且行"，有的要求知晓即可。

（二）通知的适用范围

通知是发文机关受限最少的文种之一。首先，它不受机关性质与级别的限制，无论是最高层的党政机关，还是最基层的企业事业单位，都可以使用。其次，发文对象也几乎不受任何限制。

对通知适用范围起到限制作用的，是在内容方面。一般说来，通知所发布的内容，或是具体的事项，或是局部性的工作，凡带全局性的工作或者是指导性的意见，不用通知，而是用更具有权威性的意见、决定或者命令等文种。因此，和意见、决定、命令等文种比较起来，通知的权威性、指导性、庄重感都稍逊一筹。这一点，是我们在选择文种的时候必须注意的。

在实际使用通知的过程中，有些部门还往往把一些本来应该用"函"这一文种的用通知发文。本来，通知基本上属于下行文，有时候也可以用做平行文，但一些部门却在与比自己级别高得多的机关单位联系工作时，用"通知"行文。这种现象，是我们在使用通知这一文种时切忌的。

（三）通知的写作要点

由于通知的功能多，种类多，各种通知的写法有较大区别，在这里只对通知的写法做一些基本的介绍。

1. 标题

通知的标题通常由发文机关、事由和文种三要素组成，如《国务院关于加强城市绿化建设的通知》。这是通知标题的规范形式，也是最基本的写法。

有时候，我们也可以省略发文机关，直接由发文事由和文种组成。比如：《关于印发〈规范土地租赁若干意见〉的通知》。

批转性通知如转发的环节比较多，可以省略中间的一些环节，直接转发最初机关的发文。如《娄底市人民政府关于转发〈国务院关于大力发展职业教育的决定〉的通知》，而不再用《娄底市人民政府关于转发〈湖南省人民政府关于转发《国务院关于大力发展职业教育的决定》的通知〉的通知》。

2. 主送机关

通知的发文对象比较广泛，因此，主送对象较多，但是，因为通知必须有明确的阅知对象，通常必须规范地标识出主送机关。即使是在一定范围内的普发性通知，至少也必须在附注处标明文件的发送范围。由于主送机关较多，要注意主送机关排列的规范性。

3. 正文

（1）指示性通知的正文

指示性通知的正文结构包括三个部分：

一是发文缘起。通常的写法是先写原因"因为什么""根据什么"，再写目的"为什么"，然后用"现就……通知如下"引起下文。

二是通知事项。这部分是指示性通知的主体，一定要条理清晰、语句准确地写清楚所布置工作的内容、做法及要求等。如果内容比较多，应该多层列项。每一项内容必须集中明确，项与项之间要有一定的内在联系；如果篇幅很长，要注意用好小标题或者主旨句，以突出重点。

三是通知尾语。指示性通知多数是在最后部分使用诸如"地方各级人民政府"或者"各有关部门"的要求式尾语。也有的用说明式尾语，或者意尽言止不加尾语。

（2）批转性通知的正文

批转性通知的正文有两种写法：

第一种是简式写法，这种写法只用一个自然段、几十个字。包含两层意思：一是转文原因、依据或目的；二是转文的一般性要求。

第二种是繁式写法。这种写法是在简式写法的基础上，至少再增加两层意思：一是强调被转公文所涉及工作的重要性，二是对贯彻执行被转发文件提出更为具体的要求。

（3）告知性通知的正文

一是通知的目的、背景及根据；二是通知的事项；三是通知的结语。一般用"特此通知"做结。

（4）颁布性通知的正文

颁布性通知的正文一般非常简短，全文由目的、根据、发布对象、发布决定组成。

（5）会议通知的正文

会议通知的正文必须包括四个基本要素：会议时间、会议地点、会议内容、与会人员。在此基础上，如有其他事项必须在通知中进行说明的，再进行说明。

九、通报

通报，是党政机关公文体系中一种主要公文体裁。是党政机关和部门用以表彰先进、批评错误、传达重要精神或交流重要情况时使用的一种公文文种。这类文种比较灵活，使用频率颇高。《公文条例》规定的通报适用范围为：

"适用于表彰先进、批评错误、传达重要精神和告知重要情况。"

（一）通报的特点

通报的特点在于"五性"，即典型性、教育性、指导性、针对性和事理性。

1. 典型性

典型性是通报最主要的特点，也就是说通报的事项，不论是正面或反面的，它必须具有一定的典型意义。

2. 教育性

通报的作用重在通过提典型，使下级机关及员工提高思想认识，自觉地有所依照，有所为和有所不为。通报的内容是属于知照性的，它将正、反典型或重要情况向有关单位发布，使其有所了解，这一特点与通知、通告有相似之处，不同的就是通报告知的内容侧重在教育性方面，目的是树立榜样或提出鉴戒，以希望、号召的形式提出要求，使下级机关和有关人员提高思想认识，行动有所依循；而通知、通告的内容则侧重在知照性、法规性上面，所以，通报注重其内容的教育性，提出的各项规定或要求，具有一定的指导性。

3. 指导性

通报对引用的事例要加以评论，但仅限于对事例本身作出是与非、褒与贬的判断。通报一般就典型人物或事项表明上级机关的态度。

4. 针对性

通报的内容着眼于当前形势，选取工作中具有典型意义的事件和人物或具有普遍意义的重要情况，有针对性地总结经验教训，加以宣传推广，改进和推动各项工作。所以，为了达到通报的目的，通报必须具有很强的针对性。

5. 事理性

通报以叙述事实为主，辅以议论，这是通报写法上的突出特点，也是通报与类似文种如通知、通告的主要区别。通报的内容无论是社会实践中的先进经验、反面教训或者是情况反映，都要对事件进行完整的叙述，以事实说话，同时，还要进行一定的分析评论，指出问题的实质。只有这样，才能起到启发、引导教育人们的作用。

（二）通报的适用范围

通报主要用来进行表彰先进，批评错误，传达精神，沟通情况。从表彰与批评的功能来看，通报与决定的作用是相似的。在这时候，我们必须注意通报与决定的区别。批评性通报，往往是对某个地方或单位的某一项工作提出批评，其批评的指向主要是就工作而言，比方说某一项工作没有做好，拖了全局工作的后腿，某一项没有很好地执行国家的有关法规和政策，等等。虽然也有涉及到其中的人员，但总体上看，主要的指向是"事"。而处罚性决定，可以是"事"，也可以是人。而作为表彰性的通报，其重要的程度往往比决定要轻。一般来说，单位内部的表彰及例行性的表彰用通报，单项的表彰基本上也使用通报进行，县市级以上地域性的表彰或地级以上行业领域的综合性表彰才使用决定这一文种。

（三）通报的写法

1. 标题

有规范的完整标题，也有不完整的、由"事由加文种"组成的标题，如《关于纠正省政府机关建房分房中不正之风的情况通报》。有时也可以只写"通报"二字。

2. 主送单位

一般通报都有主送单位，少数普发性通报可以不写此项。

3. 正文

一般由四部分组成：

（1）引言部分

主要是概括通报的内容、性质、作用和要求。

（2）事实部分

表扬性通报写先进事迹；批评性通报写错误事实。写作这部分内容时，既要把主要事实写清楚，又要写得概括精练。

（3）分析及处理部分

此处对先进事迹的先进性或错误事实的本质，进行恰如其分的分析，有的还写出先进事迹或犯错误的原因，并且提出处理意见；表扬性通报写出给予精神或物质奖励的决定；批评性通报写出处分决定。根据通报的精神要求如何去做，或者号召为实现什么目标而奋斗。

（4）结尾部分

此处写发文单位和日期。如果发文单位在标题前已加上去，此处可以只写日期。

下发或张贴的通报要加盖公章。

十、报告

报告是党政机关尤其是基层党政机关广泛采用的重要的上行文。它是党政机关向上级机关汇报工作、反映情况、提出意见或建议，以及答复上级机关询问的文件，是上级机关制定方针政策、指导工作的重要依据，也是下级机关取得上级机关对本级机关工作的支持、指导的重要途径。

《公文条例》对报告的适用范围是这样表述的：

"适用于向上级机关汇报工作、反映情况，回复上级机关的询问。"

作为党政机关公文的报告，和一些专业部门从事业务工作时所使用的、标题中也带有"报告"二字的行业文书，如"审计报告""评估报告""立案报告""调查报告"等，不是相同的概念。这些文书不属于党政公文的范畴，注意不要混淆。

（一）报告的特点

主要有三个方面的特点：

1. 单向性

报告是下级机关向上级机关汇报工作、反映情况、提出建议时使用的单方向上行文，不需要上级机关给予批复。在这方面，报告和请示有较大的不同，请示具有双向性特点，必须有批复与之相对应，报告则是单向性行文，不需要任何相对应的文件。为此要特意提请注意：类似"以上报告当否，请批示"的说法是不妥当的。

2. 陈述性

报告在汇报工作、反映情况时，所表达的内容和使用的语言都是陈述性的。本单位遵照上级的指示，做了什么工作、怎样做的这些工作、取得了哪些成绩、还存在哪些不足，必然要一一向上级陈述。反映情况时，也要把时间、地点、人物、事件、原因、结果叙述清楚，向上级机关提供准确的现实性信息。即便是提出建议的报告，也要在汇报情况的基础上，才能深入一步提出建议来。

3. 事后性

在机关工作中，有"事前请示，事后报告"的说法。多数报告，都是在开展了一段时间的工作之后，或是在某种情况发生之后向上级作出的汇报。但报告并不都是事后才报告，根据实际情况，报告既可在事后进行，也可以在事先或者工作开展的过程中进行报告。特别是建议报告，不仅没有明显的事后性特点，而且应该尽量超前一些，如果木已成舟，再提建议也就没有意义了。

（二）报告的适用范围

报告应用相当广泛。它可以用于定期或不定期地向上级机关汇报工作，反映本部门、本单位贯彻执行各项方针、政策、批示的情况，反映实际工作中遇到的问题，为上级机关制定方针、政策或者作决策、发指示提供依据；还可以用于回复上级机关的询问，使上级机关在全面掌握情况的基础上，准确、有效地指导工作。

在使用报告这一文体时，要注意与请示这一公文文体的区别。报告与请示都是上行文，但报告除了请转以外，不能有其他任何请求上级批准或者请求上级予以明确指示的内容，上级机关在收到报告后，也不需要作出答复。请示的主送机关是一个而且只能是一个，如果需要其他相关的机关知晓，可以以抄送的形式送达；而报告可以有多个主送机关。

（三）报告的写法

1. 报告的标题和主送机关

（1）报告的标题

报告的标题，有两种写法，一是"发文机关+主要内容+文种"的写法，如《中共中央纪律检查委员会关于清理党政干部违纪违法建私房和用公款超标准装修住房的报告》；二是"主要内容+文种"的写法，如《关于进一步加强我市公共场所防火工作的报告》。

（2）报告的主送机关

行政机关的报告，主送机关尽量要少，一般只送一个上级机关即可。但行政机关受双重领导的情况比较多见，只报送其中一个上级机关显然不妥，因此，有时主送机关可以不止一个。报告应报送自己的直接上级机关，一般情况下不要越级行文。

作为党的机关公文的报告，应当主送一个机关；如需其他相关的上级机关阅知，可以抄送。

2. 报告的正文

（1）报告导语

导语指报告的开头部分，它起着引导全文的作用，所以称为导语。

不同类型的报告，其导语的写法也有较大不同。概括起来报告的导语有以下几种类型：

①背景式导语。背景式导语就是交代报告产生的现实背景，例如：前不久，中央纪委召开了部分省市清理党员干部违纪建私房座谈会，总结交流了各地清房工作的情况和经验，并就清房中遇到的一些政策性问题，进行了讨论，根据各地的做法和座谈会中提出的问题，中央纪委常委研究提出以下建议……

②根据式导语。根据式导语就是交代报告产生的根据，例如：根据省委、

省政府领导同志的指示，我厅于去年冬天派人到涪陵市和渠县，与市、县的同志一道，对城镇贫困户的情况作了一些调查。涪陵市委、市政府和渠县县委、县政府对此十分重视，在调查研究的基础上，立即采取措施，着手解决这一问题。现将两地城镇贫困户的情况及采取的措施报告如下……

③叙事式导语。在开头简略叙述一个事件的概况，一般用于反映情况的报告。例如：××年2月20日上午9时40分，我省××市百货大楼发生重大火灾事故，市消防队出动15辆消防车，经4个小时的扑救，大火才被扑灭。这次火灾中除消防队员和群众奋力抢救出部分商品外，百货大楼三层楼房一幢及余下商品全部烧毁。时值开门营业不久，顾客不多，加之疏散及时，幸未造成人员伤亡。但此次火灾已造成直接经济损失792万余元……

④目的式导语。将发文目的明确阐述出来作为导语。例如：为认真贯彻落实《国务院批转林业部关于进一步加强森林防火工作报告的通知》（国发〔19××〕42号），切实做好我市防火工作，保护和发展森林资源，更好地为改革开放和经济建设服务，结合我市实际情况，就进一步加强森林防火工作提出以下几点意见……

报告导语的写法不止以上四种，运用时可以举一反三，融会贯通，灵活处理。

（2）报告主体

报告的主体也有多种写法，下面择要介绍几种常见形态。

①总结式写法。这种写法主要用于工作报告。主体部分的内容，以成绩、做法、经验、体会、打算、安排为主，在叙述基本情况的同时，有所分析、归纳，找出规律性认识，类似于工作总结。

总结式写法最需要注意的是结构的设计安排。按照总结出来的几条规律性认识来组织材料、安排层次，是最常用的结构方式。例如2000年3月5日在第九届全国人民代表大会第三次会议上朱镕基总理所作的政府工作报告，全文分为十个部分，分别是：一、1999年国内工作回顾；二、坚持实行扩大内需的方针；三、大力推进经济结构的战略性调整；四、继续推进改革，全面加强管理；五、加快科技、教育发展，加强精神文明建设；六、进一步扩大对外开放；七、搞好社会保障体系建设，维护社会稳定；八、从严治政，加强政府自身建设；九、促进祖国和平统一大业；十、关于外交工作。

②"情况——原因——教训——措施"写法。这种结构多用于情况报告。

先将情况叙述清楚，然后分析情况产生的原因，接着总结经验教训，最后提出下一步的行动措施。例如《××省商业厅关于××市百货大楼重大火灾事故的报告》，采用的就是这样的写法。

③指导式写法。这种结构多用于建议报告。希望上级部门采纳建议，批转给有关部门执行、实施，是建议报告的基本写作目的。为此，建议要针对某项工作提出系统完整的方法、措施和要求，对工作实行全面的指导。形式上采用分条列项的方法逐层表达。例如《××省计划生育委员会关于进一步加强厂矿企事业单位计划生育工作的报告》，针对计划生育问题向省人民政府提出了四条建议：一、加强组织领导；二、明确职责；三、提高干部素质；四、落实经费。

（3）报告结语

报告的结语比较简单，可以重申意义、展望未来，也可以采用模式化的套语收结全文。模式化的写法大致是："特此报告""以上报告，请审阅""以上报告如无不妥，请批转执行"等等。

十一、请示

请示是下级机关向上级机关或业务主管机关请示某项工作中的问题，明确某项政策界限，审核批准某个事项时使用的请求性的上行公文。凡是下级机关无权决定、无力解决而确需上级机关给予明确指示、批准或帮助的事项，都应该以请示行文。

《公文条例》对请示的功能阐释是：

"适用于向上级机关请求指示、批准。"

（一）请示的特点

请示具有如下特点：

1. 期复性

在公文体系中，请示是为数不多的双向对应文体之一，与它相对应的文体是批复。下级有一份请示报上去，上级就会有一份批复发下来。不管上级是不是同意下级的请示事项，都必须给请示单位一个回复。因此可以说，写请示最直接的目的就是得到批复。而且，下级机关都是在遇到比较重要的情况和问题需要解决时，才会及时向上级机关请示，急切地期待回复是请示者的必然心态。我们把这一特点称为"期复性"。尽管请示者都有急于得到答复的心理，但是，也必须遵循行文规则，一般不得越级请示。特殊情况确实需要越级请示的，如经多次请示上级机关而长期未能解决问题，可以越级请示，但必须同时抄送给被越过的直接上级机关。

2. 单一性

跟其他上行文相比，请示更要强调遵循"一事一报"的原则。在一份请示中，只能就一项工作或一种情况、一个问题作出请示，不得在一份公文中就若干事项请求指示和批准。如果确有若干事项都需要同时向同一上级机关请示，可以同时写出若干份请示，它们各自都是一份独立的文件，有不同的发文字号和标题。而上级机关则会分别对不同的请示作出不同的批复。

3. 针对性

请示的行文，有很强的针对性。必须针对本机关没有对策、没有把握或没有能力解决的重要事件和问题，才能运用请示。不得动辄就向上级请示，那样看起来像是尊重上级，实际上却是把矛盾交给上级，而自己躲避责任的表现。

4. 时效性

请示所涉及的情况和问题，都有一定的迫切性，应该及时写作、及时发出，如有延误，就有可能耽误解决的时机。相应地，上级机关在处理下级的请示时，也会注意到时效性问题，对请示作出及时的批复。

（二）请示的适用范围

根据《公文条例》的规定：请示适用于向上级机关请求指示、批准。下级机关遇到各种无权处理或无力解决的问题，都可以通过向上级机关呈送请示的形式，请求上级机关予以批准或者给予指示。上级机关通过对请示的答复，能够及时肯定下级机关正确的意见和做法，纠正其不当的意见和做法，从而有效地帮助下级机关解决问题，推动工作的顺利进行。

请示的使用主要有如下两种情况：

1. 请求上级机关给予指示的请示，主要应在遇到现有的方针、政策及法规、规定所不曾涉及的新情况、新问题，或政策界限难以把握时使用；

2. 请求上级机关予以批准的请示，主要应在遇到超越本机关的职权范围或本机关人员对之看法、意见不是完全一致的问题时使用。

另外，某些业务主管部门就带有普遍意义的问题提出看法，希望领导机关批转有关单位时，也可以使用请示。凡属本机关职权范围之内，并已有明确的方针、政策或法规、规定作参照的一般问题，都应当自行处理，而不必向上级机关请示。

在行文实践中，我们要注意请示与报告的区别。二者的区别是：

首先，请示必须在事前进行。不得在事后或者事情进行当中请示。因为请示是请求指示或者批准，事情已经开始了再去请示，请示就失去了应有之义。而报告，基本上以事后报告为主。

其次，请示的主送机关是单一的，不能有多个主送机关。而报告不受此限制。这是因为，对请示的事项，上级需要做出批复，如果主送机关多了，哪个机关来予以批复就成了问题，其结果是任何一个上级机关都不予批复，请示也就失去了意义。

另外，我们在日常工作中，常有"你打个报告上来，我们研究一下""打个报告上去请领导批示"的口头禅，这里的所谓"报告"其实就是请示。应该使用请示这一公文文种。

（三）请示的写法

请示包括标题、主送机关、正文、落款与日期等几个部分。

1. 标题

请示的标题大致有两种情况，一是写明请示机关、请示事项和文种等三要素，如《宁波市人民政府关于要求增设市口岸办的请示》；二是写明请示事项和文种即可。请示的标题制作尤其注意两点：其一，请示事项要写得明确简要；其二，文种不能写成"请示报告"。

2. 主送机关

主送机关是负责答复、批准请示事项和指示工作的上级机关或业务主管部门，是请示最直接的受文单位。《办法》明确规定：请示"一般只写一个主送机关，如需同时送其他机关，应用抄送形式""除领导直接交办的事项外，请示不得直接送领导者个人"。因此，撰写请示一定要坚持谁负责主送给谁的原则，防止"多头主送"和既送机关又送领导者个人，甚至只送领导者个人不送机关的做法，以免扰乱公文正常的运行秩序和延时误事。

3. 正文

请示的正文一般由请示原由、请示事项和请求（结束语）三部分构成。

（1）请示原由

请示提出的依据，即请示的原因或理由，放在正文的开头，应开门见山地说明请示的原由。鉴于请示具有要求上级机关答复的性质，因此，请示的原由部分一般比其他公文的原由部分要详细一些。这部分写作时要求实事求是，情况清楚，依据有力，说理充分。在实际工作中，写好请示的理由部分，往往是上级给予理想批复的关键。一份请示能否得到预期的回复，很大程度上取决于它的优劣。

（2）请示事项

是请示的核心内容，主要写明需要上级帮助解决的问题。为了有利于审批，还可以进一步提出解决问题的办法、措施、意见与建议。这一部分常用"为此特请求……"或"鉴于上述情况，特请示如下"等语句引出所要请示的具体事项。在请求帮助的请示中，这一部分不必阐述过多，有的则要单独列段，甚至分条分项列出请示事项。所请示的事项，应写得明白、具体、现实、可行，使人一目了然。

（3）结束语

是在请示的结尾提出要求的话语，是请示的终结与强化。一般紧接请示事项后面，另起一段书写。一般以征询、期盼的口吻请求上级答复。根据请示目的的不同，请求常用的语句是"当否，请批示""妥否，请批复""特此请示，请予审批""以上请示如无不妥，请批准""以上请示如无不妥，请批转各地、各部门执行"等。结束语要写得谦和得体，不宜用"请即从速批复""请尽快拨款，以救燃眉之急"之类的结束语。

4. 落款与日期

请示落款的格式及要求与报告等公文相同，即将发文机关、单位名称写于正文末尾右下方。请示的日期是指发文的具体年、月、日，一般书写在落款之下，不写在标题之下、正文之前。

在撰写请示的时候，需要注意以下几个问题：

请示前应该按照隶属关系行文，不得越级，坚持一事一文；要在事前行文，掌握发文的时机；每份请示只能有一个主送机关；请示的理由要充分，请示事项要明确、具体；语气要平实恳切，切忌出言生硬，但是也不能低声下气，一团和气。

十二、批复

批复是上级党政机关用以答复下级党政机关的请示事项的文种。它与请示这一公文相呼应，应下级党政机关的请求而发，批复的主送机关就是请示的发文机关，批复的事项也就是请示的事项。

2012 年新《公文条例》对批复的功能作了这样的界定：

"适用于答复下级机关请示事项。"

（一）批复的特点

1. 被动性

批复是用来答复下级请求事项的，下级有请示，上级才会有批复。下级有多少份请示呈报上来，上级就有多少份批复回转下去。批复不是主动的行文，是公文中唯一的纯粹被动性文种。另有两种公文也可以是被动性的，就是报告和函。不过，报告只有在答复上级机关询问时才是被动的，函只有复函才是被动的，所以说，纯粹的被动性公文只有批复。

2. 针对性

批复的针对性极强。凡是批复，必须是针对下级机关请示事项而发，内容单纯，下级机关请示什么事项或问题，上级机关的批复就指向这一事项或问题，决不能答非所问，也无需旁牵他涉。

3. 集中性和明确性

由于下级的请示是一事一报，请示内容十分集中，相应的批复也是一文一批，批复的内容也十分集中。因此批复的篇幅一般都不长。

批复的态度和观点必须十分明确。对于请求指示的请示，批复要给以明确的指示；对于请求批准的请示，批复或者同意、批准，或者不同意、不批准。有时，由于情况的复杂性，原则同意，但对个别环节提出不同的意见和要求，这是允许的，不违背态度明确的原则。但如果观点不明，态度含混，令下级机关无所适从，就不合基本要求了。

4. 政策性和依据性

批复发自上级机关，代表着上级机关的权力和意志，对请示事项的单位有约束力，特别是那些关于重要事项或问题的批复，常常具有明显的法规作用。因此，对于撰写批复的上级机关而言，不管是发出指示还是批准事项，都必须有政策依据，不能随意为之。对于发出请示的下级机关而言，批复一旦到达，就是行动的依据，不得违背。在这些方面，批复和指示的特点是一致的。

5. 及时性

及时性是批复的另一个重要特点。下级机关、单位行文请示的问题一般都是其在实际工作中遇到的亟待办理和解决的问题。因此，上级机关在批复请示件时应当讲究及时性，即及时研究和及时批复。否则便可能延误工作、造成损失。如果对下级机关、单位所请示的问题一时难以答复，需要花一定的时间调查研究，或因工作繁忙，一时抽不出时间研究，则应该先去函电，告知请示单位。否则长期拖压，不予批复，也不去函电告知，超过一定时限，下级机关、单位可能会认为上级机关予以默许，自行处理决定，给工作带来被动局面。

（二）批复的适用范围

批复与请示密切相关，有请示才有批复。而且在一般情况下，有请示则必须有批复。批复的应用范围与请示的应用范围存在着对应关系，其内容主要是针对下级机关、单位的请示所作的答复。在实际运用中，应注意将批复与意见、复函两种公文文体区别开来。批复与意见的主要不同点在于，意见是上级机关主动行文，指示下级机关和单位开展某些工作，办理某些事项，执行某些规定；批复则是上级机关被动行文，在下级机关、单位请示问题的范围内，指示下级机关应该如何开展某项工作，办理某种事项。

批复带有一定的批示性质，但与领导的批示也有所不同。批示的使用面较宽。上级机关看到一些材料或文件，认为在本部门范围内有普遍指导意义，就可以写批语下发。批语适用的范围较广、指导工作面也较宽。批复的使用面则较窄，只是针对下级机关、单位请示的具体问题做具体答复。

批复与复函在结构和写作方法上十分近似。其不同之处在于，复函可对上、下、平级机关行文，机关之间没有隶属关系，内容也往往是事务性的，不会给予政策性或指示性的答复。批复则只限于上级机关对下级机关、单位行文，而且具有较强的行政约束力。下级机关、单位必须按照上级机关的批复开展工作，办理事项。

（三）批复的写法

1. 批复的标题和主送机关

（1）批复的标题

批复的标题一般采用公文常规模式写法，即"发文机关＋主要内容＋文种"。略有不同的是，批复往往在标题的主要内容一项中，明确表示对请示事件的意见和态度，而一般公文标题中的主要内容部分一般只点明文件指向的中心事件或问题，多数不明确表示态度和意见。如《国务院关于同意陕西省撤销榆林地区设立地级榆林市的批复》，其中"同意"两字就是用来表明态度和意见的。如果不批准请求事项，标题中可以不出现态度和意见，到正文中再表态。如果是答复请求指示的请示，也无须在标题中表态。

（2）批复的主送机关

批复的主送机关一般只有一个，那就是发出请示的下级机关。

2. 批复的正文

批复的正文由三部分组成，分别是批复依据、批复事项、执行要求。

（1）批复依据

批复依据主要涉及两个方面：一是对方的请示，二是与请求事项有关的方针政策和上级规定。

对方的请示是批复最主要的论据，要完整引用请示的标题并加括号注明其请示的发文字号，例如："你省《关于变更西宁市行政区域范围的请示》（青政〔1999〕49号）收悉。"上级有关的文件和规定是答复请示的政策和理论依据。可表述为："根据××关于××的规定，现作如下答复。"必要时，可标引文件名、文件编号和条款序号。如果下级请示的事项在上级文件和规定中找不到依据，这样的文字便不需出现了。

（2）批复事项

针对下级机关请示所发出的指示作出的批准决定，以及补充的有关内容，都属于批复事项。如果内容复杂，可分条表述，但必须坚持一文一批的原则，不得将若干请示合在一起用列条的方式分别给以答复。

（3）执行要求

对下级执行批复的要求可写在结尾处，文字要简约。如《国务院关于同意陕西省撤销榆林地区设立地级榆林市的批复》的结尾："榆林市的各级机构均应按照'精简、效能'的原则设置，所需人员编制和经费由你省自行解决。"如果只是批准事项，无需提出要求，此段可免。

要写好批复还应注意以下几点：

第一，要核实请示原由的真实性，研究请示所提意见或建议的可行性，有些情况应先作调查研究；

第二，凡请示事项涉及其他部门或地区的问题，批复前都要与其协商，取得一致意见；

第三，及时批复，以免贻误工作。对不按行文的正常渠道办理或一文多头的请示，应予以纠正，以免误事。

十三、议案

议案是单纯的行政公文，是国家行政机关向同级权力立法机关提出的议事公文。《公文条例》界定的议案的适用范围是：

"适用于各级人民政府按照法律程序向同级人民代表大会或者人民代表大会常务委员会提请审议事项。"

相对于其他公文正式文种而言，议案的适用范围是比较狭窄的。制作主体限于各级政府，受文主体限于各级人民代表大会或者人民代表大会常务委员会。但在公文的实际运作中，议案的使用范围要大于上述限定。《中华人民共和国全国人民代表大会组织法》（以下简称《全国人大组织法》）第9条规定："全国人民代表大会主席团、全国人大常委会、全国人大各专门委员会、国务院、中央军事委员会、最高人民法院、最高人民检察院，可以向全国人民代表大会提出属于全国人民代表大会职权范围内的议案。"第10条规定："一个代表团或者三十名以上的代表，可以向全国人民代表大会提出属于全国人民代表大会职权范围内的议案。"

政府向人大提出的议案、非政府机关向人大提出的议案、人大代表联名向人大提出的议案，这是议案的三种不同类型。作为中共中央办公厅颁布实施的《公文条例》所确立的议案这一文种，只是从党政机关的角度，对政府向人大提出的议案这一文种进行界定，这是政府职权范围内的规范的提法。我们重点介绍的也是政府向人大提出的议案，其他类型的议案与政府议案没有太大的差异，可仿照制作。

如果从"同级"这个角度来理解，议案是平行文。但是，议案又属于行政机关提请权力机关审议通过的事项，权力机关如果不予审议，或者审议后表决没有通过，议案提出的事项就不能实施。从这个角度来理解，议案属于上行文。

（一）议案的特点

议案的主要特点有：

1. 制作主体的法定性

按中共中央办公厅发文规定，只有各级政府才能向同级人民代表大会或常务委员会提出议案。即使参照《全国人大组织法》和《地方组织法》的规定，对议案作广义的理解，有权提出议案的仍然是少数的法定机构，党团组织、社会团体、政府各部门、企事业单位等，都无权提出议案。因此，议案这种文体除了各级人民政府外，在其他机关使用很少。

2. 内容的特定性

《宪法》和《全国人大组织法》规定，议案的内容，必须是属于人民代表大会及其常委会职权范围之内的事项。超出人大职权范围的议案，不会被大会接受。

3. 适时性

议案必须在各级人民代表大会或其常委会举行会议期间提出，否则也不会被列为议案。

4. 必要性和可行性

适合提交人大会议审议的事项，必然是重要事项，而且议案中提出的方案、办法、措施，也必须是切实可行的，才有可能获得通过。因此，针对性、必要性、务实性、可行性，这都是议案必须具备的品质。

（二）议案的适用范围

议案作为单纯的国家行政机关的一个公文文种，其发文机关为各级人民政府，受文机关是同级人民代表大会或人民代表大会常务委员会，功能为提出审议事项和审议请求。所以，不能越级提出议案，也不能向下级人大提出议案。

议案是随着法制的不断完善而产生的一种新的公文文种。1987年2月发布的《国家行政机关公文处理办法》尚未将议案列为国家行政机关公文文种。1993年11月修订、发布的《国家行政机关公文处理办法》才将议案正式列为国家行政机关公文文种。随着我国依法行政的意识越来越强，议案的作用也会越来越大，其使用也会越来越频繁。

（三）议案的写法

1. 标题和主送机关

（1）议案的标题

议案的标题采用常规公文标题模式，有两种写法，一是"发文机关+案由

+文种"，二是省略发文机关，"案由+文种"。前者如《××市人民政府关于提请审议〈××市乡镇企业条例〉的议案》；后者如《关于提请审议修改后的国务院机构改革方案的议案》。议案标题一般不能采用发文机关加文种或者只有文种的写法。

（2）议案的主送机关

议案的主送机关，只能是同级人民代表大会及其常务委员会，不能有其他并列机关。要采用全称或规范化简称，不得随意简化。

2.议案的正文

（1）案据

议案的第一部分叫做案据，顾名思义，这部分要提供提出议案的根据。由于内容不同，这部分的篇幅长短在不同议案中会有很大差异。下面是《沈阳市人民政府关于组织动员全市人民综合治理开发建设浑河沈阳城市段的议案》的案据部分：

浑河是辽宁省第二大河，流经沈阳规划城市段50公里。长期以来，由于种种原因，造成浑河沈阳城市段河槽被乱采乱挖，河障杂乱繁多，不仅直接影响城市安全防汛，而且严重污染城市环境。为了认真贯彻国家关于浑河综合治理的重大决策，提高城市防洪能力，缓解地表和地下水缺乏的矛盾，促进生态平衡，改善城市功能，适应改革开放和市场经济发展的需要，建设高科技、大生产、大流通、现代化、国际化的沈阳，根据外地经验和近几年的充分准备，组织动员全市人民对浑河进行综合治理和开发建设的条件已经成熟。为此，市政府向市十一届人大第三次常委会提出议案，请大会审议并作出相应的决议。

这个案据和常规的根据、目的、意义式的公文开头很接近。有时案据部分内容很复杂，文字也很多。如《国务院关于提请审议兴建长江三峡工程的议案》，案据部分超过全文的一半，对于这样一个耗时耗资十分巨大的工程，将理由阐述的充分一些，是很有必要的。有时案据可以写得很简短，如《国务院关于提请审议〈中华人民共和国著作权法（草案）〉的议案》，就是一个比较常见的"目的式"写法，不过三四行、百余字而已。

（2）方案

方案部分，就是对提请审议的事项或问题提出解决的途径、方法的部分。如果是提请审议已制定的法律法规的，解决问题的方案就在法律法规之中，这部分只需写明提请审议的法律法规的名称即可，但要把法律或法规的文本作为附件。如果是任免性议案，要将被任免人的姓名和拟担任的职务写明。如果是提请审议重大决策事项的，要把决策的内容一一列出，供大会审阅。如果是建议采取行政手段解决某方面问题的，要把实施这一行政手段的方案详细列出，以便于审议。不能只指出问题，而没有解决问题的方案。

（3）结语

结语是议案的结尾部分，主要用于提出审议请求。一般都采用模式化写法，言简意赅。如"这个草案业经市政府同意，现提请审议"等。

3. 签署和日期

一般行政公文，最后签署的都是发文机关的名称，而议案有所不同，要由政府首长签署。国务院提交给全国人大的议案，要由总理签署；各省、市、自治区提交给同级人民代表大会的议案，要由省长、市长或自治区主席签署。

日期格式与一般行政公文相同。

十四、函

函是所有公文中最典型的平行文。《公文条例》规定函的适用范围如下：

"适用于不相隶属机关之间商洽工作、询问和答复问题、请求批准和答复审批事项。"

从上述阐释中，我们可以看出，函在使用时最关键的是要把握"不相隶属"这一概念。一个系统内部的平级机关是不相隶属机关，如市财政局与市人事局、湖南大学与湘潭大学；在行政或组织上没有领导与被领导关系、业务上没有指导与被指导关系的机关和单位也是不相隶属的机关，而无需考虑级别的高低，如省民政厅与市财政局。在不相隶属的机关，无需考虑双方级别的高低，级别高的一方不能向级别低的一方发出指挥、指导性公文（个别周知性、晓谕性的通知除外），级别低的一方也不需向级别高的一方发出请示和报告。双方之间如果有事项需要协商或请求批准，都要使用"函"这种平行文体。

（一）函的特点

函用于不相隶属的机关之间相互行文。使用的频率很高，具有自己鲜明的特点：

1. 适用范围广泛。既可用于相互商洽工作，询问答复问题，又可用于向有关部门请求批准事项及有关部门审批或答复事项。

2. 行文灵活自由。一是行文方向灵活，既可以平行，又可以上行、下行（这里的上行、下行只指行文方向。它是向没有隶属关系的上级机关或下级机关行文，从本质上讲，还是平行文）。这是函的独特之处。

3. 格式灵活多样。函有公函和便函两大类型，公函必须按照公文的格式、行文要求行文，便函则比较灵活方便，可以用有文头版，也可以用没有文头版，不编发文字号，甚至可以不拟标题。

4. 内容短小精悍。函所适用的内容包罗万象，但在一则具体的函内，一般较短小，内容单一，语言简洁明了，一份函只宜写一件事。

（二）函的适用范围

在中共中央办公厅颁布的《公文条例》中，对函的适用范围做了明确的规定，那就是适用于"不相隶属"的机关。如果是不相隶属的机关，不管是级别高的机关向级别低的机关行文，还是级别低的机关向级别高的机关行文，无论是知照函，还是请批函、答复函，都只能使用函这种公文。但是，在具体的行文实践中，该用"函"这种文体的，却往往用"请示""通知""批复"等公文文种替代。其实，"请示"与"函"的区别是非常明显的：有隶属关系的下级单位向上级领导机关请求批准，用请示；没有隶属关系的，无论单位级别高低，向有关业务主管部门请求批准，一律用函。请示是上行文，请求批准的函是平行文。收到请示，用"批复"复文；收到的是函，则用"复函"复文。

值得注意的是，很多机关单位都知道"请示"与"函"的区别。之所以出现用"请示"代替"函"的现象，不仅仅是存在对公文认识上的误区，更重要的是心理上的认识误区。许多机关单位在向不相隶属的上级单位请示有关事项时，总认为用"请示"显得更诚恳一些；而那些不相隶属的上级机关单位对这种"请示"也心安理得，甚至认为理所当然，故在复函的时候，也就误用"批复""通知"等文种。

（三）函的写法

函的写法灵活多样。行文要开门见山，直陈其事，叙事清楚，宜短不宜长。一般是一事一函，不及其他，是对所有函件的共同要求。而在写作实践中，不同的函件有不同的写作方法，这里讲一讲发函和复函的写作要点。

1. 发函的写法

（1）标题。一般由发函机关名称加事由加文种"函"组成，也可省略发函机关名称。其中的事由在写作时应注意双方的称谓要分明、正确，内容要明确、清楚。

（2）主送机关。通常只有一个，具体写明其名称。

（3）正文。一般包括发函缘由、具体事项和结语三个部分。

缘由部分应将有关的背景情况、原因、目的等简要交代清楚，以便获取对方的理解、支持，并得到回答、批准。

事项部分直接写明商洽的内容、询问的问题、请批的事项或告知的情况。要尽可能地写得周全、具体、清楚、中肯。既注意用语的得体，也要摒弃不必要的套语、空话、意尽言毕。

结语应针对不同类型的发函，恰当地选用诸如"特此（专此）函告（达）""特此（专此）函告（达），请即（请于×月×日前）函复"或"请予支持（协助）""请予批注（审批）"之类的习惯用语。也可以在这些用语之后再加上"为荷""为盼""为感"之类口气和婉的词语。

（4）署上发函机关名称、成文日期及印章。

2. 复函的写法

（1）标题。复函标题的构成形式与发函标题相同。但在写作时需要注意三点：一是事由中双方的称谓要正确调换；二是可以在事由之前加上诸如"同意""批准"等表态性词语；三是文种名称应当写为"复函"（批准函除外）。

（2）主送机关。即发函的机关。

（3）正文。复函正文应先引述对方来函的标题全文（用书名号括入）和发文字号（用圆括号括入）并加上"收悉"一词。然后一般用"经……研究（商议、讨论）"之类的话语引入答复部分。答复在首先表明态度的基础上，可针对来函的问题或事项逐一给予明确的答复；必要之处，还可以进一步地安排落实，以显示相互支持和认真负责的态度。如对来函的内容持否定态度，应简要说明理由，以求对方理解。最后通常用"特此（专此）函复"的习惯语作结。

（4）落款。署上复函机关名称、成文日期及印章。

发函和复函在文面结构类型上视内容的多少一般常采用篇段合一式、分部式或总分条文式。

十五、会议纪要

会议纪要是记载和传达会议情况与议定事项时使用的公文文种，是近年来使用频率较高的文种之一。1987年2月18日，国务院颁布的《国家行政机关公文处理办法》正式明确会议纪要为行政机关正式公文文种。《公文条例》对会议纪要的适用范围规定为：

"适用于记载、传达会议情况和议定事项。"

会议纪要可用于对上级机关、单位进行情况汇报；又可向下级机关传达会议精神，以统一认识，指导工作；还可以抄送平行机关和不相隶属机关，起到沟通情况、知照事项的作用。会议纪要对与会机关、单位，作为开展工作的依据，要求共同遵守、执行；对平行机关或不相隶属机关，可起到互通情况的作用。

会议纪要的产生来源于会议。会议的参与者往往来自平行的、不相隶属的单位或部门。会议的主持者可以是上级领导，如市长办公会议，一般是由市长主持，各相关的部门或单位领导出席；也可以是各平行单位的代表或东道主，如省（市）协作会议。会议纪要是在会议以后根据会议的宗旨和要求，对会议的基本情况、讨论的事项和主要结论加以归纳整理，以通报会议精神，统一认识，指导工作而形成的文件。

（一）会议纪要的特点

1. 纪实性。会议纪要是根据会议的宗旨、议程、会议记录、会议活动情况等会议有关材料综合整理出来的公文。在会议记录中不能随便篡改会议的基本精神，不能擅自增加或删减会议的内容，不能随便更动与会者议定的事项，不能对会议达成的共识进行修改，也不需要对会议或会议的某项内容进行分析、评论。它要求如实地记载会议的基本情况，如实地传达议定的事项，对会议存在的分歧意见和问题等，也要真实、概括地予以反映。正因为会议纪要具有这样的纪实性特点，因而它也就具有了历史凭证的作用和查考利用的价值。

2. 概括性。会议纪要是依据会议情况综合而成的，撰写会议纪要应围绕会议主旨及主要成果来整理、提炼和概括；是对会议情况和决定事项的完整而系统的报道，而不是叙述会议的过程，具有高度的概括性。

3. 指导性。会议纪要有两项功能，一项是"记载"，一项是"传达"，并且是通过"记载"去"传达"的。它的记载、传达的会议情况和议定事项，是与会者及其组织领导者的共同意志的体现，是会议成果的结晶，集中反映了会议的精神实质，因而具有很强的指导性。会议纪要的传达，可以统一人们的思想认识，可以指导有关部门贯彻执行党的方针政策，可以指导工作与学习，特别是一些用新闻形式公布的会议纪要，其内容不仅对有关部门，而且对整个社会具有普遍的指导意义。

（二）会议纪要的适用范围

会议纪要来源于会议，但并不是所有的会议都会产生会议纪要。一些重要的会议，如党的全国代表大会，一般是用公报的形式传达会议情况和会议议定的内容，所议定的事项往往通过决议的形式来公布；国家首脑之间的会议，所议定的内容一般用公报的形式发布或者签订有关条约。而一些基层单位的会议，只要做好会议记录即可。会议纪要适用的会议，一般要具备以下条件：

1. 较高的重要程度。此种会议所议定的事项，或是为了解决问题，或是为了理清思路，往往对某个地区或者某个行业、某个单位的发展具有重要作用，甚至具有战略决策的性质，能够推进相关工作的快速开展。如长江中下游省市协作会议、市长专题办公会议。这样的会议，都要形成会议纪要，以供与会单位部门共同遵守执行。

2. 较多的部门参与。与会议研究的事项相关的部门，至少在两个以上。这些部门或在上级领导的组织下，对研究的事项提出意见与建议，会议主持者最后拍板定夺；或者就某个问题互相讨论，通报情况。这样的会议，都要形成会议纪要。如果是单位的内部会议，就没有必要形成会议纪要。

3. 较强的约束力。会议所形成的决定，需要各方面共同遵守执行，就要以会议纪要的形式形成书面的文件，一旦形成会议纪要，与会各单位与部门不得违反。如果相关事项意见不能达成一致，也要通过会议纪要，把不同意见如实记录下来，以备今后查阅。

（三）会议纪要与决议、会议纪要、会议简报的区别

1. 会议纪要与简报的区别

会议纪要和简报的第一个区别是，承担的任务不同。简报只是报告和交流情况，供上下左右参考，对阅读对象没有硬性要求，一般也没有什么约束力。会议纪要则有一定的权威性。它的结论可以指导有关方面统一认识，它列入的议定事项，要求有关方面共同遵守执行，它对特定的阅读对象有一定的指导和制约作用。第二个区别是，简报的编写者在简报中可以对他所写的事件发议论，谈看法，既可肯定，也可否定；会议纪要则必须忠实于会议情况，客观扼要地叙述会议的内容，不允许编写者在纪要中对其内容进行评论。第三个区别是，简报要求文字简短，一般在千字左右，最好不超过两千字；会议纪要则不受文字长短的限制，该短则短，该长则长。有些内容丰富、问题重大的座谈会纪要，洋洋万言也是常见的。第四个区别是，会议纪要可以作为一种情况反映，缩写成简报；简报则起不到纪要的作用。

2. 会议纪要与决议的区别

决议和纪要同样是反映会议结果的文体。它们的区别主要在于，纪要的内容可轻可重，可以有党和国家的大事，也可有日常的具体工作。决议的内容则常常是一个单位或部门、一个地区或系统的，以至党和国家的重要问题，重大事件；纪要可以反映会议上的不同观点，决议则只能反映多数人通过的一种统一的观点。一份纪要可以同时写不同方面的毫无关联的几项决定；一个决议则只能写某一方面的或某一个问题，即便像《关于建国以来党的若干历史问题的决议》这样意义重大的鸿篇巨制，它丰富的内容，也是紧紧围绕党的指导方针和路线而展开的，前后左右互相关联，浑然一体。纪要和决议的形成过程也不一样。纪要是根据会议情况写的要点，起草后，只要有关主管负责人审阅同意就可以定稿；决议则必须经过与会者表决，按法定程序通过后才能生效。纪要和决议的社会效用也不尽相同。纪要虽然有一定的权威性，但其中有些条文和要求，侧重于领会和掌握有关精神，更带有引导、指导的性质；决议则是一旦形成，有关方面对各项条款必须严格执行。所以决议具有更强的权威性。

3. 会议纪要和会议记录的区别

第一，性质不同。会议记录是讨论发言的实录，属事务文书。会议纪要是根据会议记录综合整理的纪要性文件，是法定行政公文。第二，功能不同。

会议记录一般不公开，无须传达或传阅，只作资料存档，会议纪要通常要在一定范围内传达或传阅，要求贯彻执行。

（三）会议纪要的写法

会议纪要由标题、时间、正文、落款四部分构成，它的写法因会议内容与类型不同而有所不同。

1. 标题

会议纪要的标题有单标题和双标题两种形式。

（1）单标题

由"会议名称+文种"构成。如《市长办公会议纪要》。

（2）双标题

由"正标题+副标题"构成。正标题揭示会议主旨，副标题标示会议名称和文种。如《把经济体制改革放在首要位置××市场座谈会议纪要》。

2. 时间

会议纪要的时间，一般是会议纪要形成的时间，有时也可以写会议结束的时间。会议纪要的时间一般写在标题下方的居中位置，并且首尾加圆括号。

3. 正文

会议纪要的正文一般由开头、主体、结尾三部分组成。

（1）开头

写明会议概况，如会议召开的时间、地点、主持人、会期、参加人员、会议的议程、开会的形势、背景等。

（2）主体

写会议研究的问题，讨论的意见及所形成的结果，如会议解决了哪些问题，形成了哪些决议，对今后工作提出的任务、要求。这部分的表示方式比较灵活多样，可以加写序号按顺序逐一表述，也可以直接以小标题形式表述，还可以按内容性质加序号分若干部分表述。

（3）结尾

有两种写法。一种是提出希望、号召，要求有关单位认真贯彻会议精神，努力完成会上提出的各项任务；另一种是不另写结尾，正文的主体部分结束是全文的结尾。一般工作会议纪要常常采用这种写法。

4. 在起草会议纪要时应注意的问题

（1）分清主次，抓住要点。要注意不把会议纪要写成会议记录，不是有闻必录，记流水账，而是要分清主次，抓住重点，有详有略，突出最重要的内容。

（2）叙议结合，注重归纳。会议纪要不能僵硬地叙述事实，而要对事实进行归纳，要把所研究的事项用简明扼要、具有理论概括性的话说清楚。

（3）精心构思，层次分明。会议纪要内容丰富，最忌讳的是层次不清，使人不得要领。要精心构思，使文章的结构合理，层次清楚，一看便知有什么内容。

第三节　纪检监察公文的作用、特点及其分类

一、纪检监察公文的含义

纪检监察公文，即纪检监察机关执行公务时使用的文书，是纪检监察机关在履行本机关职责过程中所使用的文字工具，伴随着整个纪检监察业务活动。制作好纪检监察公文对于促使纪检监察工作制度化、规范化，提高工作效率，完成好纪检监察任务具有重要的意义。

二、纪检监察公文的地位

纪检监察公文在纪检监察工作中具有重要的地位。

第一，纪检监察公文是纪检监察工作的重要组成部分。纪检监察工作从受理群众的信访举报到案件的检查处理，从对党纪政纪情况的调查了解到信息的反馈处理，从监督职能的履行到进行党风廉政教育，各项工作过程中都有不同类型公文的产生和运转。也就是说，纪检监察业务的各项工作最终都通过文字反映出来，纪检监察工作的开展离不开纪检监察公文。

第二，纪检监察公文的质量和水平是纪检监察工作质量和水平的重要标志。纪检监察公文的内容是纪检监察工作的文字表现形式，纪检监察公文与纪检监察工作的质量、水平是一致的，纪检监察公文的质量和水平是以纪检监察工作的质量和水平为基础的，因此纪检监察公文是考察纪检监察工作的一个重要窗口。

第三，纪检监察公文是做好纪检监察工作的重要手段。纪检监察工作的每个环节和步骤几乎都离不开纪检监察公文。无论是向下传达指示、决定，

布置工作任务，向上请示、汇报，反映情况和问题，还是记载对案件的调查处理情况，答复信访举报人，通知有关事项，大多要以纪检监察公文为载体来传递信息，完成一定的工作任务。

三、纪检监察公文的作用

纪检监察公文的重要地位决定了它在纪检监察工作中具有重要的作用。其主要作用表现在以下四个方面：

一是传达指示，指导工作。确保整个纪检监察系统与党中央、中央纪委步调一致。

二是严格程序，堵塞漏洞。纪检监察公文的制作有一套严格的起草、审核、复核、签发、印发、传阅、管理、归档的制度，可以带动纪检监察工作在严格的工作程序中层层把关，减少纰漏，保证质量。

三是传递信息，交流经验。纪检监察机关的整个工作过程是一个信息的传递和处理过程。其中包括本系统内部的联系协调，与有关部门的协同配合，工作经验的总结与推广，在很大程度上是依靠信息的传递来实现的，而这些信息的载体主要是纪检监察公文。

四是知照晓谕，教育告诫。通过纪检监察公文把有关党风廉政的各项规定和党纪政纪教育的材料提供给纪检监察对象和广大人民群众，借以遵照办理和进行监督，起到警示和防范的作用。

四、纪检监察公文的特点

纪检监察公文是党政机关公文的一种，它具备公文的一般特点，但由于纪检监察工作又有不同于一般党政工作的特殊性，因此，纪检监察公文也不能完全等同于一般党政公文而具有自身的特点。

（一）具有特定的强制性

特定的强制性是纪检监察公文的一个重要特点。这一特点是由党的纪律检查和国家行政监察工作的性质及其在党和政府工作中所处的地位所决定的。

党章将"党的纪律检查机关"专列一章，既对纪检工作的性质、任务等作了明确的规定，又突出了它在党内的地位，郑重规定中央纪律检查委员会由中国共产党全国代表大会选举产生，党的地方各级纪律检查委员会由各地方党的代表大会选举产生。这就确定了党的纪律检查委员会在党内"法定"地位，即党的纪检机构的产生和设置，是由党的最高权威党的代表大会所决定的，它是党的委员会之一，受党的代表大会的委托来行使职权。这就为纪检公文所具有的强制作用提供了依据和保证。

同时，党的十九大通过的新党章也对纪检工作的任务和职权做了规定，使纪检公文的强制作用进一步特定化和明确化。新《党章》第 46 条第 1、2 款明确规定："党的各级纪律检查委员会是党内监督专责机关，主要任务是：维护党的章程和其他党内法规，检查党的路线、方针、政策和决议的执行情况，协助党的委员会推进全面从严治党、加强党风建设和组织协调反腐败工作。

党的各级纪律检查委员会的职责是监督、执纪、问责，要经常对党员进行遵守纪律的教育，作出关于维护党纪的决定；对党的组织和党员领导干部履行职责、行使权力进行监督，受理处置党员群众检举举报，开展谈话提醒、约谈函询；检查和处理党的组织和党员违反党的章程和其他党内法规的比较重要或复杂的案件，决定或取消对这些案件中的党员的处分；进行问责或提出责任追究的建议；受理党员的控告和申诉；保障党员的权利。"

这就决定了纪检监察公文不同于一般的党政公文，它必须是在履行党章所规定的各项任务和职责、执行政府的法规制度所明确的义务和权限的过程中，由党的纪律检查委员会和行政监察机关制作，其他任何党政机关、人民团体和个人都无权制作；纪检监察公文产生效力后，就由党章、党的纪律和各项行政法规做保证，任何个人、任何组织都不能以任何借口加以违反和改变。

首先，纪检监察公文是党的纪律检查委员会代表一级党组织、政府行政监察机关代表一级政府，为维护党和国家利益而发出的，因此，只有党的纪律检查委员会和行政监察机关有权起草和发出。按党章的规定，在同级党委和上级纪委的双重领导下，纪委对违反党章和党纪的问题加以查处，并按干部管理权限的规定，对违纪的党员做出处分和处理，是其本职工作，其他机关和部门无权替代。

其次，纪检监察公文是党的纪律检查委员会和行政监察机关按党章和行政监察法律法规的规定行使职权的结果，在一般情况下，任何个人、单位都不能违反，而必须无条件地执行。

再次，纪检监察公文是党的纪律检查委员会和行政监察机关在规定的范围内，按正常的程序来对党员或党组织或行政监察对象进行检查和处理的过程中形成的，其一旦生效，就受党章和党纪、行政法规条例和政纪保护。如果党员个人或党组织以及行政监察对象，对纪检监察公文的内容不予执行，也就是对纪检监察公文的强制作用和约束作用不予理睬，那么，就要受到党纪和政纪更严厉的强制。

纪检监察公文的强制作用，是党章和国家行政监察法律法规所"特定"的，同时它也是"特定"在一定范围内的，有关党纪处分的纪检公文，只能在党内生活中发挥作用；有关政纪处分的监察公文，只能在行政监察对象内部起作用。同时，这种强制作用也主要指的是具有纪律惩处效力的一部分纪检监察公文。那些只具有一般意义的纪检监察公文，例如请示、调查笔录、简报等，则不具有这种特定的强制性。

（二）具有鲜明的揭露性

惩恶扬善是纪检监察公文的重要作用，揭露并处置腐败、邪恶、伪善现象，是纪检监察公文的又一特点。

纪检监察公文作为服务于纪检监察工作的重要工具，它不仅涉及反面材料，同时也涉及一些正面典型和经验。但是，绝大多数纪检监察公文是在同各种违纪现象作斗争的过程中形成的，也正是这一部分公文更具有明显的纪检监察公文的特点。

从这一角度看，纪检监察公文的内容多是针对一些不健康的现象而形成，因此，它们都程度不同地带有一定的揭露性。这也是由我们党的先进性、由党的纪律检查委员会的性质决定的。我们党是无产阶级的先进组织，它是在同一切邪恶现象作斗争中成长、壮大起来的，它对自身的不足和队伍中的某些不洁现象，是敢于揭露，也是能够纠正的。正是基于这一点，我们党不掩饰任何问题，而是勇敢地暴露问题，最后解决这些问题。所以，纪检监察公文体现了疾恶如仇、惩恶扬善的特点，不断抓住群众反映强烈、影响党和政府威信和声誉、有悖于党的宗旨和党纪政纪的各种现象，昭示在广大党员和群众面前。

像案件通报、案件审查报告、处分决定等纪检监察公文都是围绕这一特点而形成的。但它们并不单纯是为揭露而揭露，而是重在表现党和政府对所揭露出来的问题所表现出的决心和所持的态度。我们首先敢于揭露这些问题，就是我们党光明磊落、无私无畏的反映，同时对这些问题予以严肃的惩处，就更体现了党和政府同一切邪恶、腐败现象坚决斗争的决心。因此，纪检监察公文的揭露并不是只停留在揭露上的。

纪检监察公文鲜明的揭露性，也正是纪检监察公文战斗性的反映。失去了这一特性，纪检监察公文也就在很大程度上失去了其存在的价值，也就会失去纪检监察公文同一般党政公文的区别。因此可以说，没有维纪与违纪的斗争，没有揭露和惩处，没有腐败与反腐败的较量，也就没有纪检监察公文的存在。

（三）具有稳定的规范性

纪检监察公文作为一种公用文书，无论是在内容还是在形式上都有相对稳定的规范性。

第一，纪检监察公文的格式比较规范。这主要表现在公文名称固定、项目固定、公文编号固定、公文格式固定、文尾内容固定。公文名称也就是公文的种类，在纪检监察公文中，都有统一而固定的用法。例如："文件"，在纪检监察公文中不是一种通称，而是特指一种公文的形式，它区别于其他种类的公文，如"中央纪委文件"，就不是对所有纪委文件的概括，而是标有"中纪发"的一种独立的纪检公文。项目固定，是指各种纪检监察公文根据用途和需要的不同，规定了必须填写的项目。这些项目填写得准确，就能有效地发挥该公文的作用，因此，必须按规定要求来填写，如违纪人基本情况一栏，姓名、性别、年龄、民族、籍贯、学历、政治面目、工作单位等，都应认真填写。文书编号在纪检监察系统均有统一要求，一般按文种和编年来排列文号。文尾部分的填写一般只写抄送单位、份数、日期等。

第二，内容比较规范。每一种类的纪检监察公文应该表述何种内容，这也是有比较稳定的、规范的要求的。例如，案件审查报告中不能写进案件审理报告的内容；处分决定不能写成请示意见；案件通报不能写成信访简报等。如处分决定，必须具有被处分人基本情况、主要错误事实、本人态度、党组织的处分意见这几部分，而每一部分当中，又必须按一定的写作要求叙述。

第三，结构比较规范。每种纪检监察公文的基本结构都是由标题、导语、正文、结尾四部分组成的，缺一不可。比如标题，无论哪一种纪检监察公文，都必须有明确、简洁的标题，不能笼而统之地以文种来代替题目。在结构方面，各类纪检监察公文也有相通或相近的地方，如一些记述性公文，均要从导语开始叙述事情发展的基本情况以及来龙去脉，而一些决定性的公文都要先交待结论，并说明事实根据和党纪政纪依据。

第四，某些用语相对固定。在纪检监察公文中，有一类是填空式的，有些内容项目是提前印刷好的，只需在空白处填写某些固定用语即可。而对一些需要起草、拟稿的纪检监察公文，无论是在开头，还是在承上启下的连接，或是在收尾部分，都有一些相对固定的规范化用语。

（四）具有解释的单一性

解释的单一性，一方面是指纪检监察公文的文字及其表述的含义必须是单一解释的，不能有任何语义两歧的现象出现；另一方面是指以纪检监察公文内容的解释权必须是制定某些条例规定的上级纪检监察机关或者是依据这些条例规定而对某些违纪人员作出处分处理并形成该纪检监察公文的纪检监察机关。

这主要是因为纪检监察公文是针对具体人、具体问题、具体案件，并依照一定程序和规定而形成的。党内的规章、条例与纪律和行政条款与纪律是要求单一解释的。如果纪检监察公文表意不清、含糊其辞、模棱两可，或者是许多部门和人员都有权来解释，那么纪检监察公文就会影响或失去其执行纪律的严肃性和党纪政纪的权威。

所以在写作纪检监察公文时，如不从这一特点出发来组织材料、使用语言，就会对公文内容产生歧义，从而给工作带来麻烦和损失。如一份处分决定中说："张××2017年10月9日因违反廉洁纪律被予以党内严重警告处分"，从这句话来看，最少可有两种解释，一是2017年10月9日张××违反了廉洁纪律，因而被处分；二是2017年10月9日党组织给了张××党内严重警告处分。这两种解释从字面上看都有可能。又如一份处分决定中写道："……鉴于黄××的上述错误，经纪委常委会讨论决定，给予黄××留党察看的处分。"留党察看作为党纪处分是有年限规定的，可有留党察看一年和两年的区别，而对黄××的处分就没有具体的时限，这样就会产生两种不同的解释，而这两种解释在性质和程度上都是有很大区别的。这些都不符合单一解释的要求。

符合要求的纪检监察公文，必须具备这种单一解释的特性。无论是对违纪事实的叙述，还是对证据、证人的交待；无论是定性、处理结果，还是引证纪律、条规的规定，都只能是一种解释、一种理解、一种阐述。

另外，当对某一纪检监察公文的内容产生疑问时，或是在执行的过程中遇到情况时，必须由制作纪检监察公文的单位来解释，任何个人或其他单位都不得随意解释。如制作单位不能解释或解释得不满意，那也必须按一定的程序报请上级纪委或党委来解释。

（五）具有政策的统一性

纪检监察公文的政策性很强，它不是一般的党政公文，其内容不仅具有一定的特殊性，而且更具有相当的普遍性。我们党是一个有 9000 余万党员的执政大党，但它有统一的党章和纪律，全党是统一意志、统一行动的。因而，纪检监察公文所针对的问题，所依据的政策，不仅适用于某一地区、某一单位，还适用于全党和所有行政机关，在党内和政府内，不存在某一党组织内部和政府内部的特殊纪律。在一个党组织内部和政府内被允许、被肯定的，在党的其他组织和政府的其他部门也同样是应被肯定的；而在某一党组织内部和政府内是不允许、被否定的，那么在党的其他组织内部和政府的其他部门也同样行不通。

因此，在党内，无论是经济发达地区还是贫困落后地区，无论是经济特区还是内陆地区，无论是沿海开放地区还是边疆地区，也无论是机关、工厂、农村、学校，凡是违反党的纪律的，都应按照《党章》《准则》《中国共产党纪律处分条例》等，进行处理。

在国家行政机关内，也不分在哪个部门，哪个行业，哪个地区，必须按《行政机关公务员处分条例》以及其他法规、条例来处理行政监察对象的违纪问题。

所以，纪检监察公文无论何种形式，也无论何级制作，都必须体现这种政策的统一性。

五、纪检监察公文的分类

根据纪检监察实际工作的程序与要求，纪检监察公文从内容上讲主要有两大类，主要是纪检监察执纪审查类公文和纪检监察审理类公文，它们分别从纪检监察的执纪审查和审理纪检角度对公文进行了分类和规范，本书也主要是按照这一角度对纪检监察公文做的介绍。同时纪检监察信息的写作在实际工作中应用也越来越广泛，本书也会加以介绍。

第四节　纪检监察公文的格式

程式化是公文的特征之一，公文的程式化在很大程度上是通过书面文字材料形成相对固定的格式来表现的。纪检监察公文作为公文的一种，除有特殊要求外，其格式与一般的公文一致。

公文格式实际上有两层含义：一是起草公文时，要按照各公文文种相对固定的程式来进行写作；二是公文外形结构的组织与安排的格式化。对第一种格式，我们在介绍每一种公文的写法的时候，已经做了详细的说明，这里不再重复。本章只介绍党政公文外形结构的格式。

党政机关的公文格式，中共中央办公厅、国务院办公厅于 2012 年 4 月 16 日下发的《公文条例》都做了具体的规定，国家质量监督检验检疫总局、中国国家标准化管理委员会发布的《国家行政机关公文格式》(GB/T9704-2012)（以下简称《公文格式》）更对党政机关公文格式做了详尽的规范。

一、有关格式的基本规定

《公文条例》第 9 条规定："公文一般由份号、密级和保密期限、紧急程度、发文机关标志、发文字号、签发人、标题、主送机关、正文、附件说明、发文机关署名、成文日期、印章、附注、附件、抄送机关、印发机关和印发日期、页码等部分组成。"

与中共中央办公厅 1996 年 5 月 3 日印发的《中国共产党机关公文处理条例》及 2000 年 8 月 24 日国务院颁布的《国家行政机关公文处理办法》相比，新的《公文条例》在格式方面最大的变化是，增加了份号、发文机关署名、页面等要素，取消了主题词这一要素。

在公文的制作过程中，这些基本格式当有者必须具备，不当有者不得出现（如密级和紧急程度，就不是每份文件必需的）。而且每一格式项目在正式公文中出现的位置和形式，也都有严格的规定。

二、公文格式详解

根据《公文条例》及《公文格式》，文件式公文必须遵照以下格式：

（一）版头

版头部分包括公文份号、密级和保密期限、紧急程度、发文机关标志、发文字号、签发人、分隔线等7个要素。这些要素中，发文机关标志、发文字号是文件式公文中每一种公文都必须具备的，其他要素根据实际情况进行标注。

1. 份号

份号是公文印刷份数的流水顺序号。一些需要保密的公文，印刷份数有严格的规定。同时，哪一份公文发往哪一个党政机关，记录在案后便于上级保密部门回收。在这个时候，需要加印公文份号这一要素。《公文条例》规定："涉密公文应当标注份号。"《公文格式》规定："如需标注份号，一般用6位3号阿拉伯数字，顶格编排在版心左上角第一行。"

公文份数序号一般是重要保密性文件才进行标识，以便查找文件去向。凡是标识了份数序号的公文，一般需要收回销毁。行政公文要求"绝密""机密"公文应当标明份号，党的机关公文要求凡秘密公文都要标明份号。

2. 密级和保密期限

公文如需标识密级和保密期限，一般用3号黑体字，顶格标排在版心左上角第2行，两字之间空1字；如需同时标识秘密等级和保密期限，用3号黑体字，顶格标识在版心右上角第2行，保密期限中的数字用阿拉伯数字标注。

3. 紧急程度

对于事关重大、需要紧急传递和办理的公文，应标明紧急程度，以便跟一般公文区分开来。根据紧急程度，紧急公文应当分别标注"特急""加急"，电报应当分别标注"特提""特急""加急""平急"。不是事关重大需要紧急办理的公文，不得标注此项。

紧急程度的标注，一般用3号黑体字，顶格编排在版心左上角；如需同时标注份号、密级和保密期限、紧急程度，按照份号、密级和保密期限、紧急程度的顺序自上而下分行排列。

4. 发文机关标志

发文机关标识就是我们通常所说的"红头"。由发文机关全称或者规范化的简称加"文件"二字组成，也可使用发文机关全称或者规范化简称，不加"文件"二字。联合行文时，发文机关标志可以并用联合发文机关名称，也可以单独用主办机关名称。

《公文格式》规定：

发文机关标志居中排布，上边缘至版心上边缘为 35mm，推荐使用小标宋体字，颜色为红色，以醒目、美观、庄重为原则。

联合行文时，如需同时标注联署发文机关名称，一般应当将主办机关名称排列在前；如有"文件"二字，应当置于发文机关右侧，以联署发文机关名称为准上下居中排布。

发文机关标志这一格式项目需要特别注意的问题还有：

发文机关名称必须使用全称或规范化简称，不得出现所指不明或容易误解的情况。如将"上海吊车厂"简称为"上吊"之类。

几个机关联合发文，属于党政机关联合行文、几个行政机关联合行文的，要把参与发文的机关都排上，主办机关排列在前，其他机关依次在下方整齐对应排列。机关名称后的"文件"二字居纵向中央。党的公文在联合发文时，版头可采取同样的形式，也可以只列主办机关名称。

在民族自治地方，发文机关名称可以并用自治民族的文字和汉字印刷。

发文机关所选用的字号由发文机关以醒目美观为原则酌定，但是最大不能等于或大于 22mm×15mm。因为这一数据是"中共中央文件""国务院文件"在正式行文时所使用的字号。

5. 发文字号

发文字号是公文的一个重要项目。发文字号由发文机关代字、年份、发文顺序号组成。联合行文时，使用主办机关的发文字号。

机关代字是发文机关名称的极度简缩，但必须能识别出是哪一个机关，而不能产生歧义。如："中发"是中共中央的发文代字；"国发"是国务院的发文代字；"中办发"是中共中央办公厅的发文代字；"国办发"是国务院办公厅的机关代字。湖南省委的发文代字是"湘发"；湖南省人民政府的发文代字是"湘政发"，陕西省人民政府的发文代字是"陕政发"，四川省人民政府的发文代字是"川府发"，根据代字，可以让阅文者看出发文的是什么机关。

机关代字后不加"字"字。凡下行正式文件，加"发"；上行文则不加。有时为了区别各种行文，可加文种的简称如"国办函""湘政函""湘教通""娄办电"等。

年份就是发文当年的年度，用阿拉伯数字写全，不得缩写，如不能把

2015 年减缩为"15"。年份必须加六角括号括住，如：〔2018〕，不得用圆括号或别的括号。

序号是机关发文的流水号，当年所发的第一份公文是 1 号，以后依次顺排即可。除命令（令）外，其他公文的序号前不加"第"字，序号不编虚位（即 1 不编为 001）。

下行文的发文字号编排在发文机关标志下空二行的位置，居中排布。上行文的发文字号居左空一字编排，与最后一个签发人姓名处在同一行。

发文字号是引用和查找公文时的重要依据，正规公文一般都要有发文字号，其组合方式也要按《公文条例》的规定执行。

6. 签发人

《公文条例》规定："上行文应当标注签发人姓名。"

"签发人"一项的具体位置，标在"红头"下方右侧，也就是上行文发文字号的右边。签发人与发文字号平行排列，发文字号左空 1 字，签发人姓名最后一字右空 1 字。

《公文格式》规定：

由"签发人"三字加全角冒号和签发人姓名组成，居右空一字，编排在发文机关下空二行位置。"签发人"三字用 3 号仿宋体字，签发人姓名用 3 号楷体字。

如有多个签发人，签发人姓名按照发文机关的排列顺序从左到右、自上而下依次均匀编排，一般每行两个姓名，回行时与上一行第一个签发人姓名对齐。

7. 版头中的分隔线

隔离版头与主体部分的分隔线，置于发文字号之下 4mm，居中所印的一条与版心等宽的红色分隔线。

（二）主体

公文的主体包括标题、主送机关、正文、附件说明、发文机关署名及成文日期和印章、附注、附件等 7 个要素，其中标题、主送机关、正文、发文机关署名及成文日期和印章是基本的要素。

1. 标题

公文标题位于分隔线下方，下空二行，用 1 行或多行居中排列，字号字体用 2 号小标宋体字。标题如有多行，在回行时，要做到词意完整，排列对称，长短适宜，间距恰当，标题排列应当使用梯形或者菱形。

公文标题由发文机关名称、事由和文种组成。例如，在《国务院办公厅关于调整中国人民银行货币政策委员会组成人员的通知》这一标题中，"国务院办公厅"是发文机关名称，"关于调整中国人民银行货币政策委员会组成人员"是事由，"通知"是文种。

发文机关名称根据情况可以省略，如人事部、教育部、国家语言文字工作委员会联合下发的《关于开展国家公务员普通话培训的通知》，标题中就省略了发文机关名称。

公文标题应当准确简要地概括公文的主要内容，概括主要内容是公文标题拟定的关键，也是写作中技术性最强的一环。以下三种情况要尽力防止：

（1）不明确。标题中的主要内容部分意义含混，令人不知所云。例如《关于尽快修复三号公路的请示》这一标题，就可以有三种不同的理解：一是要求上级尽快修复三号公路；二是要求上级批准本单位修复三号公路的计划；三是要求上级出面干涉三号公路的修复事宜。到底是哪种意思呢？标题的含糊不清，容易使人产生误解，甚至可能影响工作的顺利开展。

（2）不简练。标题中的主要内容是摘要性的，高度浓缩化的，不能面面俱到，臃肿庞杂。例如下面这个标题中的事由部分：《××县人民政府在工业会议后为贯彻省政府关于开展增产节约运动的指示根据本县情况提出措施计划并增产指标向市政府的报告》，说了许多话，极力想把内容说得更具体、更清楚，结果反而更不清楚。

（3）不规范。有个别公文的标题不按照现行格式写，而是刻意仿古，或者标新立异。例如，《呈报扩建校舍由》这一标题，就是仿古的写法，按照现行的格式，应写成《关于扩建校舍的请示》。

文种是公文标题的第三个组成部分，每一篇公文的标题，均应准确标明公文种类。

公文标题中除法规、规章名称加书名号外，一般不用标点符号。

2. 主送机关

主送机关就是受理公文的机关。主送机关名称应当用全称或者规范化简称或者同类型机关的统称，位于公文标题下空1行，正文上方，顶格排印。如需回行，仍然顶格。

下行文的主送机关可以有若干个，排列时，同类型、相并列的机关之间用顿号间隔，不同类型、非并列关系的机关之间用逗号间隔，最后用冒号。如人事部《关于开展国家公务员普通话培训的通知》的主送机关：

> 各省、自治区、直辖市人事（人事劳动）厅（局），教委（教育厅），语委（语言文字工作机构），国务院各部委、各直属机构人事（干部）部门，新疆生产建设兵团人事局：……

向上级机关行文，特别是上行文中的请示，只能是一个主送机关。如需其他相关的机关阅知，可以抄送。

大多数公文都有主送机关，但有些向全社会普发的下行文，没有明确的主送机关，可以没有这一项。

3. 正文

正文是公文的主体，用来表述公文的内容，位于标题或主送机关下方。每自然段左空2字，回行顶格，数字、年份不能回行。

正文中如果出现小标题，可以用黑体字标示。正文的结构层次序数为：第一层为"一、"，第二层为"（一）"，第三层为"1."，第四层为"（1）"。

一般第一层用黑体字，第二层用楷体字，第三层和第四层用仿宋体字标注。

4. 附件说明

附件说明是公文附件的顺序号和名称。说明在公文的正文之后，还有附件。需说明的是，公文的附件也是公文主体的一个重要组成部分。但附件需要单独成文，如果放置在公文的正文中，反而影响了附件的重要性。这个时候，往往以附件的形式，放置在公文发文机关署名、成文日期和印章之后，既是公文主体的重要组成部分，又独立于公文正文而单独存在。而在正文之下，发文机关署名之前，做附件说明。

公文如有附件，在正文下空一行左空二字标志"附件"二字，后标全角冒号和附件名称。如有多个附件，使用阿拉伯数字标注附件顺序号（如："附件：1.××××"）。附件名称后不加标点符号。附件名称较长需回行时，应当与上行附件名称的首行对齐。无附件的公文，省略此项。

5. 发文机关署名、成文日期和印章

在公文的正文之下（如果文件有附注，则在附注之下），必须标示这个文件是哪个机关发出来的，是在什么时候发出来的。为表示郑重，哪个机关发出来的，就必须加盖那个机关的公章。这三个要素，在一则公文中，基本都必须具备，以显示公文的庄重性。在 2000 年国务院发布的《行政机关公文处理办法》中，没有发文机关署名这一项，而是以加盖印章来作为公文的生效标识。2012 年的《公文条例》又恢复了这一项。

发文机关署名署发文机关全称或者规范化简称。

成文日期署会议通过或者发文机关负责人签发的日期。联合行文以最后签发机关的领导人签发日期为准。

公文中有发文机关署名的，应当加盖发文机关印章，并与署名机关相符，有特定发文机关标志的普发性公文和电报可以不加盖印章。

在标志这一要素时，要注意以下事项：

联合行文时，发文机关署名的顺序与发文机关的顺序一致。

成文日期一般右空四字编排。要写明年、月、日，不得简写，用阿拉伯数字，不编虚位，位于正文或机关署名下方，下空 2 至 3 行，右空 4 字。

会议通过的重要公文，如决议、决定，以及条例、规定等法规性文体，成文日期不在文后，而是加括号标注于标题下方居中位置。

当公文排版后所剩空白处不能容下印章或者签发人签名章、成文日期时，可以采取调整行距、字距的措施解决。

6. 附注

附注是公文印发传达范围等需要说明的事项。如"此件传至县团级""此件可见报"等。如有附注，居左空 2 字加圆括号编排在成文日期下一行。

7. 附件

附件是公文正文的说明、补充或者参考资料。有时候，附件比正文更重要。比如在一个政策法规性文件里，附件是执行的内容与依据，正文是执行的要求。

附件应该另面编排，并在版记之前，与公文正文一起装订。"附件"二字及附件顺序号用 3 号黑体字顶格编排在版心左上角第一行。附件标题居中编排在版心第三行。附件顺序号和附件标题应该与附件说明的表述一致。附件格式要求同正文。

如附件与正文不能一起装订，应该在左上角第一行顶格编排公文的发文字号并在其后标注"附件"二字及附件顺序号。

（三）版记

版记部分包括版记中的分隔线、抄送机关、印发机关和印发日期等 3 个要素。标记版记部分，尤其要注意的是，它既然是在公文的主体之后，那么，如果公文有附件，版记部分必须标记在附件的后面，而不能在版记之后，再来附上公文的附件。

1. 版记中的分隔线

版记中的第一条分隔线，与版头中的分隔线相呼应，将公文的正文部分与版记部分隔离开来，用粗线。版记中的各要素，也用分隔线隔离开来。用细线。最后一个要素之下，再用一线粗隔离线隔开。例如：一则公文，版记部分有抄送机关、印发机关和印发日期，那么，先用一条粗隔离线，将公文的正文隔开。在这条粗隔离线之下，标示抄送机关。抄送机关标示完毕后，再用一条细隔离线隔开，在细隔离线之下，标示印发机关和印发日期。标示完毕后，再用一条粗隔离线，将整个文件完整封在隔离线之内。

要注意的是：版记中的分隔线，与版心等宽。末条分隔线，与公文最后一面的版心的下边缘重合。

2. 抄送机关

抄送机关指主送机关之外的其他需要阅知公文内容的上级、下级和不相隶属机关。抄送机关应当使用机关的全称、规范化简称或者同类型机关的统称。抄送机关名称标注于印发机关、印发时间上方，在版心位置里，左右各空一字编排。先标上"抄送"二字，后加全角冒号和抄送机关名称。如有回行，回行时与冒号后的首字对齐，最后一个抄送机关名称后标句号。

如果需要把主送机关移至版记，除将"抄送"二字改为"主送"外，编排方法同抄送机关。既有主送机关又有抄送机关，应当将主送机关置于抄送机关之上一行，两者之间不需再加分隔线。

3. 印发机关和印发日期

印发机关，即公文的送印机关，一般是发文机关的办文机构。

印发日期，是实际送印的日期，与公文的成文日期意义不同。它必须与公文的成文日期相同或在成文日期之后，不能在成文日期之前。

这两个要素，一般用 4 号仿宋体字，编排在末条分隔线之上，印发机关左空一字，印发日期右空一字，用阿拉伯数字将年、月、日标全，年份应标全称，月、日不标虚位（如 1 不能标示为 01），后加"印发"二字。

（四）页码

《公文条例》规定，公文必须标注页码。页码的标注，一般用 4 号半角宋体阿拉伯数字，编排在公文版心下边缘之下，数字左右各放一条一字线。一字线上距版心下边缘 7mm。单页码居右空一字，双页码居左空一字。公文的版记页前有空白页的，空白页和版记页均不编页码。公文的附件与正文一起装订时，页码应当连续编排。

（五）其他规定

1. 用纸

《公文格式》规定，公文用纸采用 $60g/m^2 \sim 80g/m^2$ 的 A4 胶版印刷纸或复印纸印制，双面印刷。其成品的幅面的标准尺寸为：210mm×297mm。

2. 版心

公文在印制时，公文用纸天头（上白边）为 37mm＋1mm，订口（左白边）为 28mm ＋1mm。版心尺寸为：156mm×225mm。

3. 字号

文件式公文的字号为：标题：2 号。发文机关标识：由发文机关酌定，以不超过国务院机关的发文标识字号为准。送印机关与成文日期：4 号。其他各要素均使用 3 号字。如有特殊情况，可做适当调整。

4. 字体

行政机关文件式公文的字体为：发文机关标志：推荐小标宋体。发文字号：仿宋。"签发人"三字：仿宋。签发人的姓名：楷体。公文标题：小标宋体。正文中的小标题：建议用黑体。正文如需分层次，第一层次，用黑体，第二层次，用楷体。除此之外，包括正文在内，都用仿宋体。

5. 字数与行数

一般每页排 22 行，每行 28 个字。如果因此而使公文的最后一页不能出现正文，则做必要的调整，以最后一页出现正文为准。

三、特殊格式

《公文格式》对一些特殊的文件格式做了具体的规范。它们是：

1. 信函格式

发文机关标志使用发文机关全称或者规范化简称，居中排布，上边缘至上页边为 30mm，推荐使用红色小标宋体字。联合行文时，使用主办机关标志。

发文机关标志下 4 mm 处印一条红色双线（上粗下细），距下页边 20mm 处印一条红色双线（上细下粗），线长均为 170 mm，居中排布。

如需标注份号、密级和保密期限、紧急程度，应当顶格居版心左边缘编排在第一条红色双线下，按照份号、密级和保密期限、紧急程度的顺序自上而下分行排列，第一个要素与该线的距离为 3 号汉字高度的 7/8。

发文字号顶格居版心右边缘编排在第一条红色双线下，与该线的距离为 3 号汉字高度的 7/8。

标题居中编排，与其上最后一个要素相距二行。

第二条红色双线上一行如有文字，与该线的距离为 3 号汉字高度的 7/8。

首页不显示页码。

版记不加印发机关和印发日期、分隔线，位于公文最后一面版心内最下方。

2. 命令（令）格式

发文机关标志由发文机关全称加"命令"或"令"字组成，局中排布，上边缘至版心上边缘为 20 mm，推荐使用红色小标宋体字。

发文机关标志下空二行居中编排令号，令号下空二行编排正文。

3. 纪要格式

纪要标志由"××××纪要"组成，居中排布，上边缘至版心上边缘为 35 mm，推荐使用红色小标宋体字。

标注出席人员名单，一般用 3 号黑体字，在正文或附件说明下空一行左空二字编排"出席"二字，后标全角冒号，冒号后用 3 号仿宋体字标注出席人单位、姓名，回行时与冒号后的首字对齐。

标注请假和列席人员名单，除依次另起一行并将"出席"二字改为"请假"或"列席"外，编排方法同出席人员名单。

纪要格式可以根据实际制定。

第五节　纪检监察公文的写作要求及语言特点

纪检监察公文作为一种文字工具和语言表达形式，有其形成和发展的规律，也有一定的写作要求。这是在实践、探索和完善的过程中，不断被人们认识和掌握并被实践所证明的。

一、纪检监察公文的写作要求

纪检监察公文的写作要求虽在总的方面与一般公文有相同或相近之处，但在某些具体方面又有独特之处。

（一）单一而鲜明的主题

公文的主题是指公文的中心思想，是公文内容的核心。纪检监察公文的主题是通过事实材料和说理所表现出来的，纪检监察公文内容的核心，是纪检监察公文所阐发和说明的中心论点。

首先，纪检监察公文强调一切立论必须建立在真实的基础之上。这种真实必须是客观存在的真实、生活的真实，决不允许有半点虚假，更不允许任何带有主观色彩的发挥和创造。也就是说，必须坚持忠于事实的原则，采用写实的手法。否则，纪检监察公文就无法正确表现主题。

其次，纪检监察公文的写作主体是某一群体（代表一级组织），而不是某一个主体（某个具体的人），因此，纪检监察公文的主题不是个人意见，更不能是某个人的主观意志的反映，而必须是经过集体讨论研究，由组织上决定的，代表的是整体的意志和利益，体现的是某一级组织对某个问题的认识和评价。

再次，纪检监察公文不像文学创作可以根据需要搞多主题或多层次的主题，允许作家在一部作品中表现几个不同或不尽相同的主题，使主题立体化、复杂化。纪检监察公文写作强调主题单一。一篇公文紧紧围绕一个问题或一个问题中的若干小问题组织材料，展开论述，突出主题。不能在一篇公文中出现几个不同的主题和中心。具体到一篇纪检监察公文，说明什么、肯定什么、否定什么、反对什么、支持什么，必须做到单一而又鲜明。

此外，就表现主题的方法而言，文学创作提倡多样性。可以描写、叙述，也可以虚构、夸张，还允许渲染、象征、借喻、暗喻等。这些手法在纪检监察公文写作中一般是不能使用的。纪检监察公文写作中用来表现主题的主要手段是记叙、议论和说明，是逻辑思维的产物，最终必须符合客观现实。

总之，纪检监察公文的主题必须单一而又明确，这是由纪检监察公文的特性和纪检监察工作的性质决定的。各级纪检监察机关以党性原则和党纪政纪为准绳，评是非、论曲直，立足点是十分明确的，因此，纪检监察公文的主题也必须是明确的。强调正面直陈和一针见血地点明主旨，旗帜鲜明地阐明观点，有理有据地论述问题，不回避、不遮掩，切忌模棱两可。这是纪检监察公文表现主题的基本要求，也是纪检监察工作的要求。按照纪检监察工作的要求，有时可以根据表现主题的需要，在一篇公文中涉及类似或相同的几件事，但从总体看，仍必须是一事一文，说明一件事情，表现一个主题。主题单一并不等于简单化，更不等于肤浅。单一是指材料相对集中和统一，主题相对单纯和明确，全文围绕着一个主题组织材料，展开论证，使之鲜明而又深刻。

（二）准确而翔实的材料

纪检监察公文的要素之一是材料，即撰写公文时所依据的一系列提炼成文的事实情由，包括有关人员、情况、情节、时间、数据、证据及有关的政策、决定、规定和法律依据。

纪检监察公文的材料是纪检监察机关作出决定、提出观点的依据的文字反映，必须准确而又翔实。准确，是纪检监察工作的重要原则，也是纪检监察公文写作的重要原则。事实准确，才有可能作出正确的判断，才有可能对违纪人员作出实事求是的处理。材料不准确，不仅会给犯错误的同志造成损害，也会给纪检监察工作带来不良影响，降低党和政府的威信。

纪检监察公文写作的材料不仅要求准确，而且要求翔实。只有全面地占有材料，才能避免孤证或犯片面性的错误，保证立论的正确性。如果没有抓住主要情况和问题，没有对调查对象进行整体的把握和全面分析，只掌握个别情况和问题，并依此下了结论，那么，就有可能犯以偏概全或定性不准的错误。翔实并不等于事无巨细，"翔"的意思是详细而确实，就是要求主要问题、主要情节、主要过程以及作结论的主要依据和定性的主要材料必须详细清楚。有详必有略，无略也就无所谓详。只有将一些次要的、枝节性的材料和与定性结论无关的材料略掉，才能突出主要情况和主要问题。

纪检监察公文材料的翔实准确，主要表现为事实清楚、证据确凿、定性准确。事实清楚，是指结论认定的事实真实、具体、准确，有关人员的责任分明。事实是对案件定性处理的基础。案件检查过程中对事实调查本身不清楚，或是反映在纪检监察公文中模糊不清，哪怕是一个具体情节，都可能影响对整个案件的性质和是非的判断，导致处理上的失误。证据确凿，是指认定事实所依据的证据都要符合客观事实，准确无疑，足以把案件中认定的事实证明清楚。没有证据，当然无法认定事实；证据不充分、不确凿，也会在认定事实和作出处理决定时出现失误。因此，材料翔实准确，是衡量纪检监察公文质量的重要标准之一。但从目前情况看，有些纪检监察公文在这方面仍存在一些问题，有的过于抽象，有的流于琐碎，有的模棱两可，含含糊糊，甚至自相矛盾。所有这些，都不同程度地影响着纪检监察工作的质量，严重的还会带来不良后果。

（三）严谨而规范的结构

如果把材料比喻为构成纪检监察公文的血肉，那么结构就是纪检监察公文的骨架。

如何根据主题要求来组织材料，是纪检监察公文写作的主要问题之一。围绕主题，把一系列材料分为主次轻重，进行恰当合理的安排与组织，使之成为整体，这就是结构安排。结构安排一方面是指公文材料的安排与组织，另一方面又反映着事物发展过程的客观逻辑。因此，纪检监察公文的结构要求规范和严谨。

纪检监察工作有严格的规范要求及严密的工作程序和制度，纪检监察公文也相应地形成了相对稳定的格式。纪检监察公文种类很多，结构也不尽相同。如案件审查报告和案例审理报告的结构不同，案件调查笔录和案件审查报告结构也不同。尽管如此，相同种类公文的结构却基本一致，有些已趋于规范化。如案件审查报告材料组织、段落安排和逻辑发展线索，都有一定格式，而且所包含的主要内容也有规定。这并不是公式化，而是纪检监察工作的特定要求所形成的规范，否则就会使公文写作陷于混乱，直接影响工作质量。试想，如果案件审查报告花样翻新，材料的组织和安排没有固定章法，必要的材料没写进去，不需要的材料一大堆；需要重点交代的材料蜻蜓点水，一笔带过；无需重点交代的材料却又连篇累牍，不厌其烦，那就不成其为纪检监察公文了。

文章忌讳结构松散，纪检监察公文也是这样。结构不严谨，松散，说明或议论漫无边际，一会儿说东，一会儿道西，不仅问题无法表达清楚，而且还会造成漏洞。结构严谨的基本要求是：表述问题应当理清逻辑线索，分清层次，搞清内在联系，紧紧围绕主题安排组织材料，构成有机整体。

纪检监察公文结构要做到规范而又严谨，应当注意以下几个问题：

第一，条理清楚。一方面指段落安排妥帖，另一方面指内在逻辑线索清晰。纪检监察公文要求有标题、开头、中心内容和结尾。纪检监察公文的各个部分必须完整。但关键是中心内容部分：表达、说明什么，赞成还是反对；哪些问题已查清，经过怎样，后果和影响又如何；哪些问题需要解决，哪些问题正在解决，哪些问题还有待解决等，安排结构时都应注意，精心加以组织，使之条理清楚。具体说来，有以下两点：首先，主次清楚，分清哪些问题重点论述，哪些问题稍加说明，哪些问题一带而过。其次，搞清各个问题之间的关系，分清哪些是中心问题，哪些是说明或解释中心问题的，也就是说，分清中心问题和说明中心的问题的材料，做到二者紧密结合。

第二，材料一致。是指一篇公文的论点和论据统一，不能自相矛盾。从结构角度来讲，就是论点明确、突出，材料紧扣论点，说明问题。应当围绕中心论点提出问题，阐明问题，回答问题，不能采取捉迷藏的办法，使人读后如坠云里雾中。有时为使公文的内容统一，重点突出，安排结构时可以根据问题大小和内在联系，标出大小标题或用其他方法标明层次。

第三，布局合理。文章是客观事物的反映，而客观事物曲折复杂，充满矛盾，因此，安排文章结构，既要注意有头有尾，交代照应，又不能机械地照搬客观事物，必须注意合理布局。公文写作也是这样，材料齐备以后，应有全面合理的布局设想，然后形成文字。布局合理，是纪检监察公文结构的一项基本要求。要做到布局合理，首先要考虑服从主题的需要。布局是紧紧围绕主题安排的，怎样有利于主题表达，就怎样组织安排。其次，注意不同公文种类的特点，恰当地运用不同的布局方式。如通知和通报的布局应该有所不同。怎样开头，怎样展开论述，怎样收尾，都应因事制宜。就某一篇具体的纪检监察公文讲，又需从它的实际出发安排布局。比如都是通报，有的是较具体地叙述事实，然后总结教训。有的则因事实已广为人知而一笔带过，着重于分析说理。再次，注意结构完整。一篇公文是一个统一的整体，缺少某部分就不完整。公文不论长短，都应遵循内在统一和完整的原则，在布局时应考虑安排好。

总之，纪检监察公文的质量很大程度上取决于结构安排。正式动笔之前，应当根据公文的具体内容和对象，确立较完整的通盘设想，形成写作提纲或是打好腹稿，做到意在笔先。明确公文所要表达的中心、要点、层次、论据以及布局的轮廓，有利于提高公文质量和加快公文的写作速度，减少失误。

（四）质朴而庄重的文风

任何用文字构成的供人阅读的作品都存在着文风问题。文风，既是人们驾驭语言文字的作风，也是人们使用语言文字所形成的特定风格。

纪检监察公文是纪检监察工作的文字工具，是多种公文形式的总称。在长期的发展过程中，逐渐形成带有自身特点、相对稳定的语言文字风貌。它既是众多纪检监察公文本身表现出来的语言文字风格，又反映着人们写作纪检监察公文的作风。

纪检监察公文的文风归根到底是纪检工作性质和特点的反映，是纪律监察机关的作风的具体表现。虽然，纪检监察公文也不排斥个人的风格色彩，但这种个人风格色彩应与纪检监察公文整体风格一致，融个人于整体之中。正因为这样，纪检监察公文并不追求"千人千面"的作家风格，而应强调那种相对稳定、统一的文体风格和公文内在意蕴的完美和谐。

纪检监察公文的文风不追求辞藻的华美，而具体表现为质朴纯清的文字风格和郑重、严肃的语言风貌。如果说，文学作品风格是绚丽多彩的奇葩，那么纪检监察公文的文风就是挺峭凝重的翠柏。纪检监察公文虽然并不奇异绚丽，多姿多彩，却保持着深埋于独具风格的形式之中的意蕴和表里相符、内外一致的特殊风貌。

纪检监察公文的文风，既是纪检监察公文内在因素的综合反映，又是纪检监察公文外在因素的综合体现，因此，它受诸种内在和外在因素的影响和制约。

形成纪检监察公文文风的内在因素，就是纪检监察公文内容的种种特点。纪检监察公文以党的路线、方针、政策和党纪政纪为依据，反映的是违纪人员的主要错误事实，论述的是违纪党员和监察对象犯错误的原因、性质及影响，阐明的是党纪政纪的权威性、严肃性。它表现的人物不是经过艺术加工的典型环境中的典型人物，而是现实生活中的实际存在的人。它所反映的情节不是经过提炼或虚构的事情的变化和过程，而是客观存在的真实事件。它所阐发的议论不是富有主观感情色彩的感受，而是代表党的一级组织和政府的集体意志。正因为这样，纪检监察公文的文风必须与纪检监察公文内容的特性相适应，也可以说，纪检监察公文的内容决定了纪检监察公文的风格特点。什么样的内容就要求有什么样的形式来反映，纪检监察公文质朴而又庄重的文风正是这样产生的。

纪检监察公文形式方面的种种特点也是构成纪检监察公文文风的重要因素，主要包括材料的组织和构成、语言文字的运用和表达等。

纪检监察公文的材料构成和组织是形成纪检监察公文质朴、庄重文风的基础。纪检监察公文的材料准确清楚，对材料的运用也朴实无华。纪检监察公文开头直截了当，或概括地写出所表达内容的基本情况、问题和工作的基本过程，或用结论提起下文，然后分别加以阐述，或以简明的语言说明写作公文的目的，或先提出问题，然后引出下文。纪检监察公文结尾讲究水到渠成，顺理成章，自然朴素。或用总结式对全文进行回顾或用强调式对全文的中心问题加以强调说明，或用请求式要求上级对所请示、报告的问题予以指示和批复，或用说明式对公文中有关问题进行解释，或用分析式对公文中所论事物作全面、客观的分析。至于纪检监察公文中心部分的结构，更须注意朴实。

纪检监察公文语言文字的使用构成了纪检监察公文文风的主要特色。人们常说，文学是语言的艺术，语言是作家用以塑造艺术形象，反映社会生活的必不可少的重要工具。纪检监察公文虽不用艺术的方式使用语言，却也十分强调语言功力。语言文字是纪检监察公文用以反映和表达内容的媒介。语言文字的使用方式不同，构成了纪检监察公文同文学创作不同的风格色彩。从语体讲，纪检监察公文包括事务语体和政论语体。事务语体的基本特征是明确、简要、平实。有一部分纪检监察公文具有较强的说理性和论证性，从而又有政论语体的准确、严密、概括等特点。总体来看，严谨、准确、朴素、精练，可以说是纪检监察公文语言文字方面的主要特点。

从词汇的使用来看，纪检监察公文主要使用书面语，表意准确，相对稳定，雅俗共赏，朴素规范。经常使用称谓用语、经办用语、引叙用语、期请用语、表态用语、过渡用语、结尾用语等词汇，同时又有纪检监察工作中的执纪审查、案件审理、来信来访等方面的专业词汇。除此之外，纪检监察公文使用普通词汇，也不寻求新奇、华美，而是要求平淡中显功力。

从句式的使用来看，纪检监察公文经常使用陈述句和祈使句。这两种句式用来直陈事件的发展过程、主要问题，分析、解决矛盾，提出方案的措施，都很适合。陈述是按事物的本来面目加以反映，不掺杂主观色彩。祈使按事物发展的线索和规律以及事物变化的逻辑进程，合情合理地提出问题。文学创作中句式较为灵活多变，可以根据内容表达的需要，不断创新。纪检监察公文则不然，强调句式的相对稳定。

从修辞角度看，纪检监察公文基本上属于所谓消极修辞的范围。消极修辞是运用基本的语言表达方式和修辞手段，对文章进行加工，主要要求是平直、通顺、明确、简洁。纪检监察公文一般不使用虚构、夸张、渲染、象征这一类属于积极修辞范围的表现手法。纪检监察公文讲究自然、平直地表现所反映的事物，不带人工雕饰的痕迹，呈现朴素而又庄重的风貌。

明确上述的内在和外在因素，有助于加深对纪检监察公文文风的理解。当然，文风不是一成不变的。撰写纪检监察公文，不仅应当注意掌握纪检监察公文的风格特色，而且应当不断进行探索，力求有所创新。

二、纪检监察公文的语言特点

纪检监察公文是书面语言的一种表达形式，从语言文字的角度来看，它具有自身的特点和规律，而这些又最终受纪检监察公文的特殊性质决定和制约。

语言文字对于其所表达的内容来说，只是一种外在形式，这种形式的特点是由内容决定的。纪检监察公文语言特点的形成，是在用文字形式反映独特的纪检监察工作内容过程中而得以确立的。所以，纪检监察公文语言的特点是由纪检监察公文的特点决定的。

（一）准确

准确，是纪检监察公文语言的主要特点。无论在何一种类纪检监察公文中，准确都是必须遵守的前提。不管是对案情事实的叙述，还是对问题性质的认定或是对处理意见的说明，都必须在十分准确的前提下来进行文字表述，任何模棱两可、语义两歧的现象都是不容许出现的，否则就会给实际工作带来严重的阻碍。也正因为这种近于苛刻的要求，使得纪检监察公文语言的运用首先要在准确上下功夫。

准确，这不仅是因为纪检监察公文的语言关系一系列方针政策和一些原则性问题，这也是由纪检监察公文语言的自身规律决定的。

首先，纪检监察公文语言是逻辑思维的产物，是人们在认识客观事物的过程中，借助于概念、判断、推理来反映现实的一种思维方式。它是作者在客观存在的事物的基础之上，根据事实材料，遵循逻辑规律、规则，进行比较、分析、综合、抽象、概括、演绎、归纳，来形成认识、作出判断和进行推理，以达到对客观事物本质的"准确"把握。

其次，纪检监察公文的语言是是非分明的内容与简朴的表达方式的结合。纪检监察公文的内容是依据明确的原则和立场来议论是非曲直的，因此，肯定、明确是纪检监察公文内容的基本要求。而从表达方式来看，纪检监察公文不能运用想象、夸张、联想、象征、虚构、抒情、拟人、比喻等艺术化的表现形式，而一般只采用叙述、议论和说明这几种最基本的表达方式。这几种表达方式的特点是更多地去掉了那些人为雕凿的浮华和技巧的玩弄，而以接近真实客观反映事物的角度，来再现客体的原貌，也就是说运用这些最基本的表达方式，更易于接近"准确"的要求。所以，从内容和形式结合的角度来看，准确也是纪检监察公文语言运用的特定要求。

再次，从纪检监察公文语言应用的角度来看，准确运用语言对于确定被处分党员和行政监察对象的责任，以及如何定性、处理等，都是十分重要的。前面我们曾介绍过，纪检监察公文的政策性很强，这是由其工作性质决定的，因此强调语言的准确运用，不仅是一些重大的决定、通报、条规要如此，就是一般性的公文也应该是这样，否则就会给工作带来消极影响。同理，如果语言文字运用得准确、精当，就会使工作顺利进行。

例如一份调查报告，对某个单位的几位领导在同一违纪问题中各自所处的地位、所起的作用，以及各自应负的责任等，不仅通过叙述事实、分析性质情节来交待，而且也通过准确的文字将几者在程度上的差别区分开来：

×××同志，在这个问题上犯有错误，是有一定责任的。

×××同志，在这个问题上犯有一定错误，是要负重要责任的。

×××同志，在这个问题上犯有严重错误，是要负直接责任的。

这三者，如果我们不甚了解全部案情，也可从文字的使用上体会出三者的轻重。这种由轻及重的准确表述，既有分寸感，又客观地反映出三者之间的区别，这也为下文对三者提出不同的处理意见做好了文字上的铺垫。

（二）简洁

纪检监察公文语言所要求的简洁，就是要求言简意赅，即用极经济的文字来表达丰富的内容。这既不是一味求"简"，越简越好；也不是事无巨细，有闻必录。而应是当详则详，该略则略。

简洁，便于突出主要问题、主要观点。有的纪检监察公文文字篇幅较长，往往是论点与论据、主要问题与次要问题，当事人、知情人、证人和责任人等均在一种公文中有所交待。如不分主次详略，就有可能使主要问题、主要证据、主要责任等淹没在大量的文字材料中。所以，只有简洁，才有可能在有效的篇幅内，重点说明应该说明的问题。

简洁，便于理解和阅读。纪检监察公文的阅读对象比较广泛，除个别种类的纪检监察公文是在纪检监察系统内交换使用外，许多公文是面向全党和全社会的。读者的阅读能力和理解能力存在很大差异，因而就要求公文语言必须简明扼要，使人们能顺利而正确地理解全文的主旨。

简洁，可以避免产生文字上的疏漏，防止有些人钻文字的空子。俗话说"言多必有失，有失必有误"，要说明一个问题，生怕别人看不懂，听不明白，啰啰嗦嗦地叙述，人为地将篇幅拉长，必然出现一些多余的话。而这些多余的内容也正是容易出现纰漏的地方。如一份党纪处分决定，本应该直接交代受处分对象的主要错误事实，但这一处分决定一开头就介绍这个人平时表现如何好，曾经受到过多次奖励，同志关系也不错等，使人看后莫明其妙，不知这是一份处分决定还是什么嘉奖令。而主要错误事实部分却被放到次要地位，这样写不仅本末倒置，而且还会使读者产生一些误解。

同时，只有简洁才有可能准确。简洁的公文是指作者经过对材料的精心取舍而概括之后用文字表达出来的，因此，简洁的过程也就是进一步对观点和材料进行提炼的过程，也就是使语言文字的表达更趋于准确的过程。总之，纪检监察公文的用词要简洁明快，所用词语要反复推敲、提炼，使之尽可能达到"以少寓多"的程度。同时应多使用短句或长短句相结合，以增强纪检监察公文的简洁性。还有一点值得注意的是，应尽量压缩公文的篇幅，不能去追求"大部头""有分量"的多字数，而应提倡短小精悍。

（三）朴实

纪检监察公文是用来阐述党和国家的路线、方针、政策，传达党和政府的有关决定、决议和法规，宣传有关党纪政纪的，具有"文件"性质的文体。因此，不需要舞文弄墨来进行文字上的堆积和追求辞藻的华美，而要通俗、朴实。

纪检监察公文的语言不能去刻意追求文字上的惊人之笔，而是要深入浅出，用朴实无华的语言自然地表达所需反映的内容。这是因为，纪检监察公文不以言取胜，而是以事实取胜，所以不注重文字是否俏丽、浮华，而是看所表达的事实是否准确、清晰，所述证据是否充分、确凿，所得结论是否恰当、客观；纪检监察公文不以表现手法的变幻取胜，而以表达方式的稳定、简单而见长；纪检监察公文不能曲高和寡，而应雅俗共赏，故应平易、通俗。

例如，写受害人遭打击报复而被利器所伤害，就不能说"血流如注""流血不止""血流满面"等，而应说明受伤的部位在哪里，伤口有多长多深，缝合多少针，是被何种利器所伤等。反映一个人的生活作风问题，在公文中也不能用"相互鬼混""耳鬓厮磨"这类文学描写的语言，而应说他们自何年何月起至何年何月止，在一起是否姘居，姘居多长时间，造成什么影响等。同样，叙述夫妻感情破裂，也不能说"情同水火，互不相容"，而应说双方因何原因发生了什么纠纷，争执情况如何，以及是否分居等。这样来表述，不仅准确，而且也显得严肃、认真、庄重。

纪检监察公文的语言朴实，也并不意味着文字的干瘪、语言的乏味，更不意味着语言僵硬、套话连篇。因为纪检监察公文反映的案件是千差万别的，也是曲折复杂的，不论是案情记叙还是理由的阐述，如能做到如实反映或是准确表达，其内容也就不可能是千篇一律、刻板呆滞的。而应该是各具特点，并有相应的感染力和程度不同的教育意义的。所有这些，都涉及语言的组织、修辞方式的运用乃至论证的逻辑力量等方面的问题。只有在这些方面多下功夫，才能真正达到"清水出芙蓉，天然去雕饰"而返璞归真的质朴无华。

（四）规范

纪检监察公文是"公文"而不是"私文"，其所使用的语言必须是社会上约定俗成的、规范的，也就是要使用标准的现代汉语。

第一，它使用汉语普通话书面语。这其中有两点要求，一是它使用的是汉语普通话的书面语，而不是使用那非普通话之类的语言；二是它使用的是书面语，而不是口语，更不是那些方言、俚语等。

如某一通报中所出现的"党会变得更纯坚"，还有"讲不出个三理四由来"，就不属于标准的现代汉语书面语。

有的调查报告中写进了方言"知不道"，那么这句话至少要有三种解释：不知道某件事；既知道又不知道某件事；知道某件事而不说。这样就可能在关键的问题上使读者产生歧义，尤其是方言区以外的读者就更难理解了。类似这种写法的还很多，像"怎办""胡来""脑壳子被打破""害病在家"，都是不符合规范化要求的。

第二，它要符合现代汉语的语法规范。这就要求纪检监察公文的语言运用要在符合语法规范的前提下来进行，不能生造词句。

思考题

1. 文书的特点及作用？
2. 文书的种类是哪些？写作格式有哪些注意事项？
3. 纪检监察公文特点是什么？
4. 纪检监察公文的写作注意事项是什么？
5. 写好纪检监察公文的重要性有哪些？

第一节　初步核实类公文

一、谈话函询相关公文

（一）谈话函询的概念

谈话函询是指纪检机关对线索中反映的带有苗头性、倾向性、一般性的问题，及时通过谈话或函询方式进行处置，目的是抓早抓小防止党员干部由小错酿成大错，小问题变成大问题。《中国共产党纪律检查机关监督执纪工作规则》（以下简称《执纪工作规则》）第四章"谈话函询"共四个条文规定了对谈话函询的要求。包括启动程序、谈话的规定、函询的规定以及谈话函询结果的处置。

谈话，应当由纪检机关相关负责人或者承办部门主要负责人进行，可以由被谈话人所在党委（党组）或者纪委（纪检组）主要负责人陪同；经批准也可以委托被谈话人所在党委（党组）主要负责人进行。谈话过程应当形成工作记录，谈话后可视情况由被谈话人写出书面说明。

函询，应当以纪检机关办公厅（室）名义发函给被反映人，并抄送其所在党委（党组）主要负责人。被函询人应当在收到函件后 15 个工作日内写出说明材料，由其所在党委（党组）主要负责人签署意见后发函回复。被函询人为党委（党组）主要负责人的，或者被函询人所作说明涉及党委（党组）主要负责人的，应当直接回复发函纪检机关。

（二）谈话函询的要求

按照《执纪工作规则》的规定，采取谈话函询方式处置问题线索，要拟订谈话函询方案和相关工作预案，按程序报批。对需要谈话函询的下一级党委（党组）主要负责人，应当报纪检机关主要负责人批准，必要时向同级党委主要负责人报告，同时也明确规定了谈话函询工作的时限要求，应当在谈话结束或者收到函询回复后 30 日内办结，由承办部门写出情况报告和处置意见后报批。根据不同情形作出相应处理：

1. 反映不实，或者没有证据证明存在问题的，予以了结澄清；

2. 问题轻微，不需要追究党纪责任的，采取谈话提醒、批评教育、责令检查、诫勉谈话等方式处理；

3. 反映问题比较具体，但被反映人予以否认，或者说明存在明显问题的，应当再次谈话函询或者进行初步核实。

4. 谈话函询材料应当存入个人廉政档案。

（三）谈话函询相关文书的制作

为增强谈话函询工作的制度化、规范化、程序化，谈话函询工作需要制作一系列文书。但由于《执纪工作规则》实施不久，各地在具体实施过程中情况不一，具体操作可以借鉴《案件检查工作条例实施细则》附文书格式的方式，根据谈话函询工作流程设置相应文书格式，如《谈话（函询）呈批表》《谈话记录格式》《函询通知书》《谈话（函询）情况说明》《谈话（函询）处置意见表》等文书格式。后附谈话（函询）呈批报告、谈话方案和谈话工作预案的式样，可供参考。

附：谈话（函询）呈批报告、谈话方案、谈话工作预案式样

谈话（函询）呈批报告式样

关于对××同志进行谈话（函询）的请示

××领导：

××年××月××日，分行纪委收到署名（或匿名）反映××××（单位及职务）××（姓名）问题线索两条，具体反映：

一、……；

二、……。

根据《中国共产党纪律检查机关监督执纪工作规则》第十六条的规定，现建议对××同志进行谈话（函询）。

妥否，请批示。

附件：1. 谈话方案

2. 谈话工作预案

3. 举报材料

×××纪委

××××年×月×日

谈话方案式样

谈话方案

一、谈话对象的基本情况

姓名，性别，出生年月，民族，籍贯，学历，参加工作时间，政治面貌，入党时间，是否为党代表、人大代表 或政协委员，工作简历等。

二、反映的主要问题

……

注：谈话（函询）要讲究方式方法，不能把所有掌握的问题线索都拿去谈话函询，比较严重的问题线索不适用这一做法，要突出政治纪律和组织纪律方面的问题线索。

三、谈话函询的时间及地点

……

四、参加谈话函询的工作人员

……

五、有关工作要求

（一）记录存档：与被反映人的谈话（函询）内容要记录在案，形成完整的廉洁档案。

（二）保密规定：根据具体情况，对工作中的保密注意事项加以明确。

（三）其他要求：要求被反映人忠诚组织、相信组织，如实回答问题，否则根据《中国共产党纪律处分条例》第六十七条给予相应纪律处分。

谈话工作预案式样

谈话工作预案

为进一步加强对谈话函询工作中应急事件处理的综合能力，提高谈话函询工作的反应速度和协调水平，确保迅速有效地处置谈话函询过程中各类突发事件，依据《中国共产党纪律检查机关监督执纪工作规则》的有关规定，结合工作实际，制定本工作预案。

一、适用类型……

二、处置原则……

三、处置程序……

四、工作要求……

二、初核情况报告

（一）初核情况报告的概念

初核情况报告，简称初核报告，是指纪检机关调查人员经批准对党员或党组织的违纪违法线索进行初步了解核实后，向有关组织或领导写出的书面报告。

根据《执纪工作规则》第33条、第35条之规定，纪检机关受理反映党员或党组织的违纪问题后，应根据情况决定是否进行初步核实。初步核实的任务是，了解所反映的主要问题是否存在，为立案与否提供依据。初步核实后，由参与核实的人员写出初步核实情况报告，纪检机关应区别不同情况作出处理：

一是反映问题失实的，应向被反映人所在单位党组织说明情况，必要时还应向被反映人说明情况或在一定范围内予以澄清；

二是有违纪事实，但情节轻微，不需追究党纪责任的，应建议有关党组织作出恰当处理；

三是确有违纪事实，需要追究纪律责任的，应予立案。

（二）初核情况报告的作用

对于纪检机关自办案件而言，初步核实是纪律审查的必经程序。只有经过初步核实，才能为下一步立案和处理奠定扎实的事实和证据基础，这直接关系案件的成败。初步核实情况报告，则是对初步核实工作情况的综合反映，是阶段性工作成果的主要载体，是纪律审查工作的法定公文，对于正确惩处违纪行为，同时保护党员正当权益等发挥着十分重要的作用。

（三）初核情况报告的结构要求

根据《执纪工作规则》第35条之规定，并结合执纪审查实际，初核情况报告一般分为：标题、导语、被反映人的自然情况、反映的主要问题、初步核实的结果、处理建议、参与初核人员签名等7部分。

1. 标题

初核报告的标题要反映出是对何人何问题的初步核实情况报告，不能笼统称为"初步核实情况报告"。正确的标题是：《关于反映××（单位、职务）××（姓名）××问题的初步核实情况报告》。

如反映的违纪问题较多，应选择主要问题列入标题，在主要问题后加"等"字，可表述为《关于反映××省××厅副厅长××收受礼金等问题的初步核实情况报告》；如反映的主要问题不止一个，也可概括表述为《关于反映××省××厅副厅长××涉嫌严重违纪问题的初步核实情况报告》。

2. 导语

导语要写明初核依据和初核工作简要情况。初核的依据应交代违纪线索的来源、批准初核的机关和领导。初核工作简要情况应包括初核人员的组成、初核的方式方法及起止时间等。

3. 被反映人的自然情况

按照被反映人的干部履历等书证材料，具体写明其姓名、性别、年龄、籍贯、文化程度、参加工作时间、入党时间、历任主要职务及现任职务等。曾经受过处分的，应说明是在何时何地因何问题受过何种处分。

4. 反映的主要问题

叙述反映的问题线索内容，注意进行适度概括，突出重点，并体现条理性。

5. 初步核实的结果

该部分内容是初核报告的主体内容。在该部分中，要针对反映的主要问题线索，逐一叙述初步核实的情况和结果，并对该问题是否属实、是否涉嫌违纪等作出初步结论。如因各种因素，对部分问题暂不能作出明确结论的，也可提出该问题存疑，通过其他方式予以处理，比如被反映人的主要问题已涉嫌违纪，达到立案条件，对其存疑问题可建议在立案阶段作进一步调查核实。

6. 处理建议

这一部分要根据初步核实结果，实事求是地提出建议。对需要立案调查的，应写明认定违纪性质的依据；对政策界限不清，性质一时难以认定的，可采用写实的办法；对不需立案调查，但需作出批评、写出检查等处理的，要明确提出意见；对是否需在一定范围内予以澄清的问题也要提出建议。

根据《执纪工作规则》的规定，经初步核实后，发现反映问题失实的，应向被反映人所在单位党组织说明情况，必要时还应向被反映人说明情况或在一定范围内予以澄清；对有违纪事实，但情节轻微，不需追究党纪责任的，应建议有关党组织作出恰当处理；对确有违纪事实，需要追究党纪责任的，应予立案。

7. 署名

根据《执纪工作规则》的规定并结合工作实际，参与核实的全部人员应在初核情况报告上签名，并写明制作初步核实情况报告的时间。

附：初核情况报告式样和附例

初步核实情况报告式样

密级

关于反映××（单位、职务）××（姓名）
××问题的初步核实情况报告

××××：

第一部分：初核依据和初核工作概况；

第二部分：被反映人的自然情况；

第三部分：反映的主要问题；

第四部分：对反映问题的初核结果；

1. ⋯⋯

2. ⋯⋯

3. ⋯⋯

第五部分：处理建议。

初核人：××（单位、职务）××（姓名 签字）

××（单位、职务）××（姓名 签字）

年 月 日

附例

密级

关于反映××市委副书记王×受礼、公款旅游等问题的初步核实情况报告

2015 年 3 月 2 日，根据××、××同志批示，我委第一纪检监察室对群众来信反映××市委副书记王×受礼、公款旅游问题进行了初步核实。现将有关情况报告如下：

王×，男，汉族，1962 年 9 月生，××人，在职研究生学历，1982 年 7 月参加工作，1986 年 5 月加入中国共产党。2000 年 5 月，任××县委书记；2004 年 1 月，任××市委常委、××县委书记；2009 年 5 月，任××市委副书记。

一、来信反映王×同志的主要问题

1. 收受红包礼金。来信反映，王×利用逢年过节机会，大肆收受下属干部的红包，先后收受市工商局副局长李××、市教育局局长蒋××、××县建设局局长张××礼金共 60 余万元。

2. 公款旅游。来信反映，2013 年下半年，在党的群众路线教育实践活动期间，王×等人顶风违纪，以调研为名赴麦积山、兵马俑、天柱山等景点公款旅游。

二、初步核实结果

（一）关于来信反映的受礼问题

经查：王×自 2001 年 1 月至 2014 年 5 月期间，先后收受××县建设局局长张××礼金 8 万元，收受××县公安局副局长马××礼金 3 万元，收受县委办公室副主任肖××礼金 6 万元，收受市工商局副局长李××礼金 4 万元，收受市教育局局长蒋××礼金 5 万元，收受市委宣传部副部长林××礼金 4 万元，以上共计 30 万元。

以上事实，现有王×本人的交代，相关送礼人的证言证明。

（二）关于来信反映的公款旅游问题

经查：2013 年 8 月至 9 月，王×等人以调研名义分两次赴甘肃、陕西、安徽、湖北四省，共 14 天，其间调研时间仅为 2 天，其余时间均被安排赴麦积山、兵马俑、天柱山等景点公款旅游。就此问题，尚未与王×本人谈话核实。

（三）其他问题

初核过程中，调查组还发现了王×为私营企业主在项目承包、工程款支付等方面提供帮助，收受财物折合共计 100 万余元问题的线索。

三、处理建议

我们认为，群众反映王×受礼问题基本属实，公款旅游问题有待与王×本人谈话核实，同时发现了其利用职务上为他人谋取利益，收受他人财物的问题线索，王×的行为已涉嫌严重违纪，且其利用职务上的便利为他人谋取利益、收受他人财物的问题线索涉嫌犯罪。为进一步查明王×的违纪事实，根据《中国共产党纪律处分条例》《中国共产党纪律检查机关案件检查工作条例》等规定，建议对王×涉嫌违纪问题立案审查。

初核人：××（单位、职务）××（姓名 签字）

××（单位、职务）××（姓名 签字）

2015 年 4 月 1 日

三、委托初步核实通知书

（一）委托初步核实通知书的概念

委托初步核实通知书，是上级纪检机关对认为需要进行初步核实的问题，委托下级纪检机关进行核实所发出的正式文件。

根据《中国共产党纪律检查机关案件检查工作条例实施细则》（以下简称《纪检工作实施细则》）的规定，凡委托下级纪检机关进行初步核实的问题，应当制作《委托初步核实通知书》。受委托的纪检机关应及时办理，并将核实情况报告委托机关。

委托初步核实问题时应注意：

1. 委托下级纪检机关初步核实，必须办理审批手续，不得未经本级纪检机关领导审批，擅自委托下级初步核实。

2. 把握委托初步核实的必要性。一般情况下，对属于本级纪检机关管辖范围内的违纪党员或党组织，由本级纪检机关直接进行初步核实。只有在个别情况下，根据案情查办需要，认为由下级纪检机关出面进行初步核实，更有利于完成初步核实任务的，经呈报本级纪检机关领导批准，可以发函委托下级机关初步核实。

（二）委托初步核实通知书的作用

1. 为下级开展初步核实提供政策依据。下级党组织或纪检机关只有根据上级党组织或纪检机关的《委托初步核实通知书》，才有权对上级管辖的党员、党组织的违纪线索进行初核。

2. 有利于维护党员民主权利，确保下级纪检机关依纪依规执纪审查。没有《委托初步核实通知书》，下级党组织和纪检机关无权对上级管辖的党员、党组织的问题进行核实，更无权去调查。

3. 有利于加快执纪审查进度，尽快查明案情。对一些特殊案件，下级纪检机关熟悉当地情况，通过委托初步核实，有利于督促下级机关集中时间和人力，将上级交办委托初核的问题尽快查清，及时惩处违纪行为，及时澄清诬告等行为。

（三）委托初步核实通知书的结构要求

根据《纪检工作实施细则》的规定，并结合工作实际，该文书的结构要求一般有：

1. 交办单位名称。

一般写为：×××监察委员会

　　　　　　×监（××）×号

　　　×××监察委

　　　　　　×监函字（××）×号

2. 受委托单位名称。应写明承担委托初核任务的党组织或纪检机关的全称或规范简称，有的也可以写承担委托初核任务的党组织或纪检机关领导同志的姓名。

3. 反映的主要违纪问题。

4. 初核依据。包括领导同志批示、会议决定等。

5. 初核要求。委托下级纪检机关进行初步核实并要求报告核实结果。

6. 附件。反映、检举材料。

7. 落款。即发委托通知书的单位和时间。

附：委托初步核实通知书式样和附例

委托初步核实通知书式样

密级

中共××纪律检查委员会
委托初步核实通知书

　　　　　　　　　　　　　　　　　　×纪〔××〕×号

××××：

第一部分：反映的主要违纪问题；

第二部分：领导同志批示；

第三部分：委托初步核实并要求报告核实结果。

附：反映、检举材料

　　　　　　　　　　　　　　中共××纪律检查委员会（印章）

　　　　　　　　　　　　　　　　　年　月　日

中共××纪律检查委员会
委托初步核实通知书

×纪〔××〕×号

中共××纪律检查委员会：

2001 年 5 月至 2014 年 1 月，不断有群众来信反映××市委副书记王×收受礼金、公款旅游等问题线索：

1. 收受红包礼金。王×利用逢年过节机会，大肆收受下属干部的红包，先后收受市工商局副局长李××、市教育局局长蒋××、××县建设局局长张××礼金共 60 余万元。

2. 公款旅游。2013 年下半年，在党的群众路线教育实践活动期间，王×等人顶风违纪，以调研为名赴麦积山、兵马俑、天柱山等景点公款旅游。

现将反映王×同志上述违纪问题线索的材料转去，请你们抓紧初核，并将初核结果及时报我委。

附件：反映王×同志的举报材料

中共××纪律检查委员会（印章）

年　月　日

四、初步核实呈批表

初步核实呈批表，是纪检机关的案件调查部门对认为需要进行初步核实的问题，报有关领导审批的法定文书。

根据《纪检工作实施细则》的有关规定，初步核实呈批表的内容通常由 6 部分构成：一是线索来源；二是被反映人的简要情况；三是反映的主要问题；四是承办纪检室意见；五是有关领导批示；六是所附有关反映材料。

　　需要指出的是，近年来在执纪实践中，也有采取以专门请示的方式办理初步核实审批手续的。比如，承办纪检监察室起草《关于对群众反映××同志涉嫌受礼、公款旅游等违纪问题进行初步核实的请示》，按程序呈报本级纪检机关领导同志审批或提请本级纪检机关领导同志集体审议同意后，即视为已办理初步核实审批手续，再另行填写《初步核实呈批表》。

附：初步核实呈批表式样和附例

初步核实呈批表式样

密级

<h1 style="text-align:center">中共××纪律检查委员会
初步核实呈批表</h1>

线索来源							
被反映人		性别		年龄		民族	
单位、职务							
反映的主要问题							
承办纪检室意见							
领导批示							
附　件							

纪检室填表人：　　　　　　　　　　　　　　　年　月　日

附例

密级

中共××市纪律检查委员会
初步核实呈批表

线索来源	群众举报					
被反映人	孙××	性别	男	年龄	46	民族	汉族
单位、职务	××市规划局副局长					
反映的主要问题	为××房地产开发公司在调整××项目容积率方面提供帮助，并收受事后的感谢费20万元；收受下属干部礼金。					
承办纪检室意见	从举报材料看，反映的问题线索具体、可查性强，建议进行初核。 （室主任）王×× 4.7					
领导批示	拟同意进行初核，报请书记张××审批。 （分管常委）李××4.8 同意初核。 （纪委书记）张××6.9					
附件	群众来信3件。					

纪检室填表人：　　　　　　　　　　　　　　年 月 日

第二节　立案类公文

一、立案审查呈批报告

（一）立案审查呈批报告的概念

立案审查呈批报告，是指纪检机关对反映、检举和控告的党员、党组织违犯党纪问题进行初步核实后，确认有违纪事实并需给予纪律处分，应正式立案调查的，提请本级纪检机关或同级党委审批的书面报告。具体需要把握以下几点：

第一，立案的前提是已完成初步核实工作，且认为被反映人的行为有违纪事实，需要追究纪律责任。对于初步核实后查否的问题线索，或者是经初步核实后，认为违纪情节轻微，不需要追究纪律责任的，不需要办理立案手续。

第二，起草形成立案审查呈批报告并按程序报批，是对被反映人予以立案的法定程序。《执纪工作规则》第38条明确规定："对符合立案条件的，承办部门应当起草立案审查呈批报告，经纪检机关主要负责人审批，报同级党委主要负责人批准，予以立案审查调查。"

第三，将立案审查呈批报告按程序报请有关领导或同级党委批准后，开始计算立案调查时间，并可以采取党纪条规规定只有在立案后才有权采取的调查措施。根据《中国共产党纪律检查机关案件检查工作条例》（以下简称《纪检工作条例》）以及中央纪委对采取调查措施的相关规范性文件，以下3项措施仅能在办理立案手续后才能使用：（1）要求有关人员在规定的时间、地点就案件所涉及的问题作出说明；（2）经县级以上（含县级）纪检机关负责人批准，暂予扣留、封存可以证明违纪行为的文件、资料、账册、单据、物品和非法所得；（3）经县级以上（含县级）纪检机关负责人批准，可以监察机关名义对被调查对象在银行或其他金融机构的存款进行查询，并可以提请人民法院采取保全措施，依法冻结涉嫌人员在银行或者其他金融机构的存款。

第四，需立案的案件，必须是本级纪检机关有权管辖的案件。不属于自己管辖的案件，应当及时移送有关单位或部门处理。

（二）立案审查呈批报告所涉及内容的范围

《执纪工作规则》第 37 条规定："纪检监察机关经过初步核实，对党员、干部以及监察对象涉嫌违纪或职务违法、职务犯罪，需要追究纪律或者法律责任的应当立案审查调查。

凡报请批准立案的，应当已经掌握部分违纪或者职务违法、职务犯罪事实和证据，具备进行审查调查的条件。"

根据 2018 年新修订的《党纪处分条例》分则的规定，立案的问题主要包括违反六大纪律的问题，包括违反政治纪律、组织纪律、廉洁纪律、群众纪律、工作纪律和生活纪律问题（具体见《党纪处分条例》分则条文）。同时，根据《党纪处分条例》总则第 27 条至第 29 条有关纪法衔接的规定，对存在违反刑法或法律法规规定的行为，需要追究纪律责任的，纪检机关仍应进行立案审查，并按规定作出纪律处理。下面具体介绍六大纪律。

1. 政治纪律

政治纪律是各级党组织和全体党员在政治方向、政治立场、政治言论、政治行为方面必须遵守的规矩。习近平总书记在十八届中央纪委二次全会上强调指出，"严明党的纪律，首要的就是严明政治纪律。党的纪律是多方面的，但政治纪律是最重要、最根本、最关键的纪律，遵守党的政治纪律是遵守党的全部纪律的重要基础。"政治纪律位列六大纪律之首，是打头、管总的，不管违反哪方面纪律，最终都会侵蚀党的执政基础，破坏政治纪律。2018 年最新的《党纪处分条例》对违反政治纪律行为共设 26 条，其中结合执纪中出现的新情况，主要新增了 5 条，修改了 12 条。违反政治纪律的具体违纪行为，主要包括：在重大原则问题上不同党中央保持一致且有实际言论、行为或者造成不良后果；党员领导干部在本人主政的地方或者分管的部门自行其是，搞山头主义，拒不执行党中央确定的大政方针，甚至背着党中央另搞一套；对党不忠诚不老实，表里不一，阳奉阴违，欺上瞒下，搞两面派，做两面人；干扰巡视巡察工作或者不落实巡视巡察整改要求；对信仰宗教的党员，应当加强思想教育，经党组织帮助教育仍没有转变；制造、散布、传播政治谣言，破坏党的团结统一；妄议中央大政方针；丑化党和国家形象，或者诋毁、诬蔑党和国家领导人，或者歪曲党史、军史；制作、贩卖、传播政治类有害出版物；私自携带、寄递政治类有害出版物入出境；违规参加反党集会、游行、示威等活动以外的其他集会、游行、示威等活动；擅自对应当由中央决定的重大政策问题作出决定和对外发表主张；对抗组织审查；组织、参加迷信活动；对违反政治纪律和政治规矩等错误思想和行为放任不管，搞无原则一团和气，造成不良影响；违反党的优良传统和工作惯例等党的规矩，在政治上造成不良影响。

2. 组织纪律

组织纪律是处理党组织与党组织、党组织与党员以及党员与党员之间关系的行为规范。组织严密是党的光荣传统和独特优势，是党不断从胜利走向胜利的重要保证。党是领导我们事业的核心力量，体现在党制定科学理论和正确路线方针政策上，体现在党的执政能力和执政水平上，同时也体现在党的严密组织体系和强大组织能力上。2018 年最新的《党纪处分条例》对违反组织纪律行为共设 15 条，其中结合执纪中出现的新情况，修改了 5 条，主要的违纪行为包括：在特殊时期或者紧急状况下，拒不执行党组织决定；不按照有关规定或者工作要求，向组织请示报告重大问题、重要事项；不按要求报告或者不如实报告个人去向；不报告、不如实报告个人有关事项；谈话、函询时不如实说明问题；不如实填报个人档案资料；篡改、伪造个人档案资料；隐瞒入党前严重错误；违规组织、参加老乡会、校友会、战友会等组织；党组织侵犯党员权利；在民主推荐、民主测评、组织考察和党内选举中搞拉票、助选等非组织活动；弄虚作假，骗取职务、职级、职称、待遇、资格、学历、学位、荣誉或者其他利益；违规获取外国国籍或国（境）外居留资格；违规办理因私出国（境）证件或出入国（边）境。新增的情况包括：故意规避集体决策，决定重大事项、重要干部任免、重要项目安排和大额资金使用；借集体决策名义集体违规的；搞有组织的拉票贿选，或者用公款拉票贿选的，从重或者加重处分；有任人唯亲、排斥异己、封官许愿、说情干预、跑官要官、突击提拔或者调整干部等违反干部选拔任用规定行为。

3. 廉洁纪律

廉洁纪律是党组织和党员在从事公务活动或者其他与行使职权有关的活动中，应当遵守的廉洁用权的行为规则，是实现干部清正、政府清廉、政治清明的重要保障。2018 最新的《党纪处分条例》对违反廉洁纪律行为共设 27 条，其中结合执纪中出现的新情况，主要新增了 2 条，修改了 12 条。违反廉洁纪律的行为主要包括：借用管理和服务对象的钱款、住房、车辆等，影响公正执行公务；通过民间借贷等金融活动获取大额回报，影响公正执行公务；利用参与企业重组改制、定向增发、兼并投资、土地使用权出让等决策、审批过程中掌握的信息买卖股票，利用职权或者职务上的影响通过购买信托产品、基金等方式非正常获利；利用职权或者职务上的影响，为配偶、子女及其配偶等亲属和其他特定关系人在审批监管、资源开发、金融信贷、大宗采购、土地使用权出让、房地产开发、工程招投标以及公共财政支出等方面谋取利益；利用职权或者职务上的影响，为配偶、子女及其配偶等亲属和其他特定关系人吸收存款、推销金融产品等提供帮助谋取利益；以学习培训、考察调研、职工疗养等为名变相公款旅游；改变公务行程，借机旅游；参加所管理企业、下属单位组织的考察活动，借机旅游；权权交易；纵容、默许亲属和特定关系人违规谋利；赠送明显超出正常礼尚往来的礼品、礼金、消费卡；违规取得、持有和实际使用运动健身卡、高尔夫球卡等各种消费卡；违规出入私人会所；离职或退（离）休后违规从事营利活动；在交通、医疗、警卫等方面为本人、配偶、子女及其配偶等亲属和其他特定关系人谋求特殊待遇；违规组织、参加用公款支付的宴请活动，或用公款购买赠送、发放礼品；违规自定薪酬或者滥发津贴、补贴、奖金等；违规超标准、超范围接待或者借机大吃大喝；违规使用公务用车；违规到禁止的风景名胜区开会或违规决定、批准举办各类节会、庆典活动，擅自举办评比达标表彰活动等；违反规定兴建、装修楼堂馆所；搞权色交易和钱色交易。需要说明的是，新修订的《党纪处分条例》把中央八项规定中有关简化接待、精简会议、厉行勤俭节约、规范工作和生活待遇、廉洁自律等要求在第八章"对违反廉洁纪律行为的处分"中具体化，作为执纪的具体尺子，有利于坚持、巩固和深化落实中央八项规定精神，取得改进作风的新成效。

4. 群众纪律

群众纪律是党组织和党员在贯彻执行党的群众路线和处理党群关系过程中必须遵循的行为规则。群众纪律是我们党的性质和宗旨的体现，是密切党与群众血肉联系的重要保证，更具有执政党纪律的特色。这次修订将违反群众纪律的行为单设为一类，恢复了"三大纪律、八项注意"中关于群众纪律的优良传统，以确保党员干部坚守权为民所用、情为民所系、利为民所谋的群众路线，保持党与人民群众的血肉联系。2018年最新的《党纪处分条例》对违反群众纪律的规定共有5条，新增了1条，修改了5条。违反群众纪律的行为主要包括：超标准、超范围筹资筹劳、摊派费用；违规扣留、收缴群众款物或处罚群众；工作中刁难群众；在救灾救济款物分配等事项中优亲厚友；漠视群众利益，对群众符合政策的诉求消极应付、推诿扯皮，对待群众态度恶劣、简单粗暴；不按照规定公开党务、政务、厂务、村（居）务，侵犯群众知情权；利用宗族或者黑恶势力等欺压群众，或者纵容涉黑涉恶活动、为黑恶势力充当"保护伞"等行为；同时规定，在扶贫领域有上述行为的，从重或者加重处分。这些行为违背党全心全意为人民服务这一宗旨，割裂了党与群众的血肉联系，损害党的执政基础，必须按违反群众纪律行为认定，并根据违纪情节的不同，给予从警告到留党察看或开除党籍的处分。

5. 工作纪律

工作纪律是党组织和党员在党的各项具体工作中必须遵循的行为规则，党组织和党员依规开展各项工作的重要保证。2018 年最新的《党纪处分条例》第十章对违反工作纪律行为共列举了 13 条负面清单。其中主要包括：不传达贯彻、不检查督促落实党和国家的方针政策以及决策部署；管辖区域发生公开反对党和国家方针政策以及决策部署的行为；贯彻党中央决策部署只表态不落实；热衷于搞舆论造势、浮在表面；单纯以会议贯彻会议、以文件落实文件，在实际工作中不见诸行动；工作中有其他形式主义、官僚主义行为的；不履行全面从严治党主体责任或履行不力；不按规定落实违法党员党纪处分决定；不按规定对受处分党员开展教育、管理和监督；不报告或不如实向上级报告工作情况；违规干预和插手建设工程、政府采购、房地产、矿产资源开发等活动；违规干预司法、执纪执法活动；泄密；其他违反工作纪律行为。

6. 生活纪律

生活纪律是党员在日常生活和社会交往中应当遵守的行为规则，涉及党员个人品德、家庭美德、社会公德等各个方面，关系着党的形象。党章规定，共产党员必须履行"发扬社会主义新风尚，带头实践社会主义荣辱观，提倡共产主义道德"的义务。党员不仅在生产、工作和学习上，在社会生活和家庭生活方面也应起到先锋模范作用。2018 年最新的《党纪处分条例》这部分一共有 5 条，新增了 1 条，修改了 1 条。新增的条款是：党员领导干部不重视家风建设，对配偶、子女及其配偶失管失教，造成不良影响或者严重后果。这就要求每一名共产党员在生活中必须严以修身、严以律己，坚决反对享乐主义和奢靡之风，坚决反对一切庸俗、落后、腐化和违背理想信念宗旨的思想和行为，自觉遵守家庭美德和社会的公序良俗等生活纪律。

特别需要强调的是，为深入贯彻落实把纪律和规矩挺在前面和把握运用好监督执纪"四种形态"的要求，在执纪实践中，要突出纪律审查重点，将违反党的政治纪律和政治规矩、组织纪律、中央八项规定精神的行为和"三类人"（即党的十八大后不收敛不收手，问题线索反映集中、群众反映强烈，现在重要岗位且可能还要提拔使用的党员干部）列入审查重点，进一步突出纪委的监督执纪问责职责，体现党内审查特点和党纪严于国法的精神，持续释放执纪必严、违纪必究的强烈信号。

（三）制作立案审查呈批报告需要注意的几个问题

1. 明确立案审查呈批报告的地位和作用。立案审查呈批报告是开展案件正式调查工作的依据，是追究违纪行为纪律责任的前提条件。对违纪线索，凡是符合立案条件的，一般都要形成立案呈批报告并按程序报经批准，才能作为案件进行调查。

2. 注意规范对受到刑事处罚、行政处罚、政纪处分党员的党纪责任追究的立案程序。对纪检机关主动发现的违纪线索，一般是经过初步核实后认为存在违纪事实，需要追究纪律责任的，直接按程序办理立案手续。但是，对司法机关、行政执法机关先行作出刑事或行政处罚后，需要追究纪律责任的，其立案手续的办理较为复杂，应区别不同情况具体对待。根据《中共中央纪委关于进一步加强和规范办案工作的意见》的规定，对此类情况按以下方式办理立案手续：

（1）追究依法受到刑事处罚党员的党纪责任，由案件审理部门直接提取有关材料，依据生效的司法判决、裁定，提出相应的党纪处分意见，并向案件监督管理部门备案，不再办理立案手续。

（2）案件审理部门提取有关材料后经初步审查，如发现除受到刑事处罚的行为外还有其他违纪问题需要调查核实的，应报经分管领导同意后转交案件调查部门办理立案手续。

（3）受到行政处罚、政纪处分或者被问责、组织处理后仍需追究党纪责任的，以及涉嫌犯罪，检察机关决定不起诉、撤销案件或者人民法院判决宣告无罪、免予刑事处罚、裁定终止审理，但需追究党纪责任的，由案件调查部门提取有关材料，办理立案手续，按照有关规定调查核实。

（四）立案审查呈批报告的结构与内容

1. 标题。一般写法是：关于对×××同志（或××组织）××××问题的立案审查呈批报告，如"关于对×××同志严重违反组织纪律问题的立案审查呈批报告"。

2. 批准立案单位。立案审查呈批报告制成后需要主送的单位。

3. 案件来源。主要有五个方面：

（1）本级党组织或纪检机关初步核实后决定立案调查的；

（2）上级党组织或纪检机关立案后，要求下级党组织或纪检机关调查的；

（3）下级党组织、纪检机关，或司法机关以及其他监督职能部门审查或初步核实后，有关纪检机关认为应当立案的；

（4）违纪的党组织或党员主动坦白交代后，纪检机关认为符合立案条件的；

（5）其他渠道反映党组织或党员的违纪事实，符合立案条件的。

在立案呈批报告中，不论属于哪种情况，都应将案件来源写明。

4. 被调查人的自然情况。按照被调查人的干部履历表，写明被调查人的姓名、性别、年龄、民族、文化程度、入党时间、参加工作时间、现在工作单位、职务、是否受过重大奖励或惩处等。

5. 经初步核实认定的主要违纪问题。应写明经反映并初步核实被调查人的主要错误事实，应概括说明问题是否存在、主要事实经过、相关证据状况。对于存在多个错误事实的，在排列顺序上，建议按照《党纪处分条例》相关条款规定的次序进行排序。

6. 呈报单位意见。写明呈报立案的党纪政纪条规依据，并依据规定和个案实际，提出予以立案的建议。同时，可在处理建议中，一并提出调查组人员组成、调查时间、调查方式，是否需要有关部门配合以及采取哪些措施等建议。

7. 附相关材料。一是附反映、检举材料；二是附初步核实材料。

8. 署名。包括提出立案调查的部门名称、时间以及抄送单位等。

附：立案呈批报告式样和附例

立案呈批报告式样

密级

中共××纪律检查委员会
立案呈批报告

×纪〔××〕×号

××××：

第一部分：案件线索来源；

第二部分：被反映人的自然情况；

第三部分：经初步核实认定的主要违纪问题；

第四部分：呈报单位意见。

附件：1. 反映、检举材料

2. 初步核实材料

中共××纪律检查委员会（印章）

年　月　日

附例

密级

关于对王×同志受礼、公款旅游等
问题的立案呈批报告

×纪〔××〕×号

××（领导名字）同志：

根据××、××同志批示，我委第一纪检监察室对群众来信反映××市委副书记王×同志受礼、公款旅游等问题进行了初步核实，现将情况报告如下。

王×，男，汉族，1962年9月生，××人，在职研究生学历，1982年7月参加工作，1986年5月加入中国共产党。2000年5月任××县委书记，2004年1月任××市委常委、××县委书记，2009年5月任××市委副书记。

一、经初步核实认定的主要违纪问题

1. 收受红包礼金。王×利用逢年过节机会，大肆收受下属干部的红包，先后收受市工商局副局长李××、市教育局局长蒋××、××县建设局局长张××礼金共60余万元。

2. 公款旅游。2013年8月至9月，王×等人以调研名义分两次赴甘肃、陕西、安徽、湖北四省，共14天，期间调研时间仅为2天，其余时间均被安排赴麦积山、兵马俑、天柱山等景点公款旅游。

以上事实，有李××等证人证言、景点门票、相关报销财务凭证等书证证明。

二、处理意见

我室认为，王×同志的上述行为已严重违犯党纪，根据《中国共产党纪律检查机关案件检查工作条例》的有关规定，建议对王×同志的问题立案审查。

妥否，请批示。

附件：1. 反映王×同志违纪问题的群众来信

2. 对反映王×同志受礼等问题的初步核实情况报告

中共××纪律检查委员会第一纪检监察室

2015年3月14日

二、立案决定书

立案决定书，是指有批准立案权的党组织、纪律检查委员会，对违犯党纪的党员、党组织决定立案调查的正式文件。

根据《执纪工作规则》的有关规定，纪检对象的违纪违法问题经纪检机关审查批准立案后，立案的纪检机关应当将对立案对象的立案决定通知被立案人并通报有关单位。立案审查决定应当向被审查人所在党委（党组）主要负责人通报。对严重违纪涉嫌犯罪人员采取审查措施的，应当在24小时内通知被审查人亲属。严重违纪涉嫌犯罪接受组织审查的，应当向社会公开发布。

经批准立案的党纪案件，立案的纪检机关应将立案决定通报同级党委组织部门，暂缓调动案件当事人的工作。如党员工作调动后，发现在原单位有违纪违法问题并批准立案的，纪检机关应将立案决定通报其现在单位的组织部门，原单位应予配合。

立案决定书是纪检机关对立案对象进行立案调查的重要文件依据，通常由立案的纪检机关发出。实际工作中，可针对不同的立案对象，分别以纪律检查委员会或与纪检监察机关联名发出。

立案决定书的主要内容包括：

1. 立案决定的标题。应写明是何组织对何人何问题立案调查的决定。
2. 受文机关名称。写明立案决定所要通知、通报的党组织的名称。
3. 所要立案调查的是何性质的问题。
4. 是何时经何种会议讨论决定的。
5. 决定立案的党组织、纪律检查委员会署名。
6. 批准立案的时间。

附：立案决定书式样和附例

立案决定书式样

密级

中共××纪律检查委员会
立案决定书

×纪立〔××××〕×号

××××：

根据《中国共产党纪律检查机关案件检查工作条例》的规定，经×××会议研究决定，对×××同志的××××问题予以立案。

中共××纪律检查委员会（印章）

年　月　日

抄送：××组织部

附例

密级

中共××市纪律检查委员会
立案决定书

××纪立〔2015〕2号

中共××县委：

根据《中国共产党纪律检查机关案件检查工作条例》第十六条、第十七条第（三）项的规定，经 2015 年 3 月 5 日市纪委常委会议研究并报市委同意，决定对××县副县长张××涉嫌违纪问题予以立案。

中共××市纪律检查委员会（印章）

2015 年 3 月 6 日

抄送：中共××市委组织部

三、责成立案通知书

责成立案通知书，是上级纪检机关发现应由下级纪检机关立案的违纪问题，指定下级纪检机关负责立案调查的公文。

根据《纪检工作条例》的规定，上级纪检机关责成下级纪检机关立案的，必须是上级纪检机关或有关部门经过初步核实，认为符合立案条件的。

凡责成立案的，上级纪检机关应制作《责成立案通知书》并附核实材料，有关下级纪检机关应立即立案，并将查处结果报告上级纪检机关。

附：责成立案通知书式样和附例

责成立案通知书式样

密级

中共××纪律检查委员会
责成立案通知书

×纪〔××××〕×号

××××：

第一部分：初核机关和核实认定的违纪问题；

第二部分：常委会议决定或领导同志批示；

第三部分：责成立案并要求报告查处结果。

附件：1. 反映、检举材料

2. 初步核实材料

中共××纪律检查委员会（印章）

年 月 日

附例

密级

中共××市纪律检查委员会
责成立案通知书

××纪〔2015〕5 号

中共××县纪律检查委员会：

群众来信反映你县××局局长、党组书记陈×违规接受下属单位超标准公款宴请问题。经我委初步核实，情况基本属实。此外，还发现陈×存在收受下属干部礼金、违规选拔任用干部等问题线索。经研究决定，责成你们对陈×的问题立案审查并于两个月内报告审查结果。

附件：1. 群众来信 1 件

2. 初步核实材料 1 份

中共××市纪律检查委员会（印章）

2015 年 5 月 13 日

第三节 案件审查类公文

一、案件调查笔录

（一）案件调查笔录的概念

案件调查笔录，是指各级纪检监察机关依照党纪政纪条规，在案件调查、案件复查及补充调查的过程中，为查清案件事实，收集证据，而向被调查人

113

和证人以及其他有关人员调查了解与案情有关的情况时，所制作的记载调查情况的笔录。

（二）案件调查笔录的作用

1. 有利于查明违纪事实。案件调查笔录，可以是证人证言，也可以是被审查人陈述或辩解，以笔录形式能及时、客观、全面地反映证人或被审查人所反映的内容，从而为还原事实真相，查明责任提供证据支撑。也可以通过研究调查笔录找出疑点、发现问题，为进一步弄清案情提供线索。

2. 有利于固定证据。制作调查笔录，按有关程序和规定，将被审查人的陈述和申辩，证人或其他知情人的证言，用书面形式记载并形成证据，是案件检查过程中经常使用的一种重要的固定证据的方法。

3. 有利于监督执纪行为，确保纪检监察机关依纪依法审查。俗话说"空口无凭"，白纸黑字将有关情况、证言固定下来，便于接受内部和外部的执纪监督，防止逼供、指供、诱供等违规审查行为，确保案件质量。

（三）案件调查笔录的结构要求

案件调查笔录主要由三部分组成：

1. 首部

（1）制作笔录的纪检监察机关的名称。

（2）谈话时间：写明年月日及起止时间。

（3）谈话地点：调查的具体地点。

（4）谈话人：要写明谈话人的姓名。

（5）记录人：要写明记录人的姓名。

（6）谈话对象：写明谈话对象的姓名、性别、出生年月、民族、政治面貌、文化程度、工作单位、家庭住址、联系方式。

2. 正文

正文要叙述被调查人的基本情况和被调查人陈述的具体内容。

（1）讲明谈话政策。表明谈话人的身份，并交代谈话政策，要求对方如实提供证言或作出交代，不能作伪证，否则将要承担纪律责任或法律责任。

（2）被调查人的基本情况。主要包括：调查对象、证人和其他知情人的姓名、性别、年龄、民族、籍贯、文化程度、政治面貌、干部履历、是否系人大代表、政协委员，以及证人和其他知情人与审查对象的关系等。查明这些情况，既有利于有针对性地制定谈话策略，采取合适的谈话方式，也有利于正确分析和判断证言的可靠程度。

（3）谈话内容。即调查人员提出的问题和被调查人的回答和意见。制作调查笔录时，应记清问题发生的过程和主要情节，包括时间、地点、情节、目的、动机、后果及有关人员的姓名、下落等。如果被调查人否认存在问题，则应如实记清否认的依据或理由。向证人或其他知情人调查取证时，调查人员要告知证人和其他知情人应如实提供证言、证据，以及有意作伪证或隐匿证据应负的责任。

（4）被调查人对调查笔录的意见。谈话结束，应将调查笔录交给被调查人核对。没有阅读能力的，应向他宣读。如果被调查人认为有错记或漏记的，应当面补充和修改，并紧接记录内容的下面注明意见，最后签注姓名和年、月、日，并盖章或捺印。被调查人拒不签字的，应注明不签字的原因，有其他人在场的，还应请他们签名证明。

在正文的制作过程中，应注意以下几个问题：

第一，要忠实原意。记录时要忠实原意，不能随意加进自己的理解和看法，更不能对发言人的原意加以篡改。

第二，要抓住关键。对违纪构成要件所涉及的关键节点不能忽略不写，且要注意记录细节。对同一份笔录中的内容前后存在矛盾的地方，以及与其他言词证据存在矛盾的问题，要追问，查明事实真相。对多次收受财物的情节，应尽量细化到每一次收受的具体经过，包括时间、地点、数额、包装、是否及时退还等。

第三，要防止违规取证。在谈话中坚决反对逼供、诱供、指供等违规审查行为。对被调查人提出的辩解，或有利于被审查人的证言，也应如实记录，不得任意作出取舍。

第四，笔录要规范。字体要工整、清晰，注意写清时间、地点、数字、线索、关系人姓名、因果关系、事实经过等事实要素。记录要"全""准"，尽量写明情况。

3. 尾部

尾部主要包括被调查人签字、盖章和注明年、月、日。

被调查人陈述内容记录完毕后，应将笔录交被调查人核对，或念给被调查人听，无误后，被调查人要写上"本记录我已看过（或已给我念过），与我所述一致"的字样，并由被调查人签名或盖章，注明年、月、日。

调查笔录的制作份数和送达归卷要求：调查笔录一般制作一份，应归入案卷当中存档。

4. 需要强调的几个问题

（1）制作笔录前，即进行调查前，要做好准备（包括熟悉案情，拟好调查提纲等），以保证制作调查笔录时准确、迅速、内容齐全。

（2）调查时，应向被调查人说明身份。调查中，应向被调查人宣传有关政策、规定，动员如实陈述问题，这些情况也应记入笔录。

（3）不论材料是否有利于案件定性，都应如实记录，并写明所述情况的事实依据，不能只记录符合需要的材料。也就是说，既要记录那些说明检查对象有错误的材料，也要记录那些说明检查对象无错误的材料；既要记录可能加重检查对象责任的材料，也要记录可能减轻检查对象责任的材料。

（4）被调查人提供的情况前后矛盾或含糊不清的，应及时澄清问题，并将这一过程记录下来。

（5）要如实记录，不能随意增删和更改。要反映出调查时询问人和回答人的口气和口语，如发现笔录内容有出入需要更改，也应征得被调查人的同意，在更改之处，捺手印或签名、盖章。如果有重大出入，不是笔录有误，而是被调查人的补充、订正，应另页记录，并加以说明，附在正式调查笔录后。

（6）被调查人如果要求对原证作出部分或全部更正时，如果理由正当应予允许，但不退原证。

（7）制作调查笔录必须有两个以上调查人员参加。调查应个别进行，不得把两个以上的被调查人召集在一起，共同回忆，相互提示。更不能采取开座谈会的形式集中谈话取证，以免影响调查内容的真实性和证据的有效性。

（8）制作调查笔录时，调查人员应当注意自己的态度、表情、谈话方式，以及谈话的用语，避免引起被调查人的反感。证人和其他知情人陈述时，一般不要提问。对没有讲清楚的地方，特别是关键性的地方，应有针对性地进行询问。证人和其他知情人陈述与案件无关的情况时，应引导其谈与案件有关的内容，但不得作提示性发问，也不得进行暗示，更不准用欺骗、威逼等方法取得调查笔录。

附：案件调查笔录式样及附例

案件调查笔录式样

密级

<h1 style="text-align:center">中共××纪律检查委员会
案件调查笔录</h1>

（第　次）共　页

时间：＿＿＿年＿＿＿月＿＿＿日＿＿时＿＿＿分＿＿＿＿时＿＿＿＿分

地点：＿＿＿＿＿＿＿＿＿＿＿＿＿＿＿＿＿＿＿＿＿＿＿＿＿＿

谈话人：＿＿＿＿＿＿＿＿＿＿＿＿＿＿＿记录人：＿＿＿＿＿＿＿＿＿＿

谈话对象：＿＿＿＿＿＿＿性别＿＿＿＿年龄＿＿＿＿民族＿＿＿＿＿＿

籍贯：＿＿＿＿＿＿＿＿＿文化程度＿＿＿＿政治面貌＿＿＿＿＿＿＿＿

工作单位：＿＿＿＿＿＿＿职务：＿＿＿＿＿＿电话：＿＿＿＿＿＿＿＿

调查内容：

＿＿＿＿＿＿＿＿＿＿＿＿＿＿＿＿＿＿＿＿＿＿＿＿＿＿＿＿＿＿＿＿＿＿

＿＿＿＿＿＿＿＿＿＿＿＿＿＿＿＿＿＿＿＿＿＿＿＿＿＿＿＿＿＿＿＿＿＿

＿＿＿＿＿＿＿＿＿＿＿＿＿＿＿＿＿＿＿＿＿＿＿＿＿＿＿＿＿＿＿＿＿＿

＿＿＿＿＿＿＿＿＿＿＿＿＿＿＿＿＿＿＿＿＿＿＿＿＿＿＿＿＿＿＿＿＿＿

＿＿＿＿＿＿＿＿＿＿＿＿＿＿＿＿＿＿＿＿＿＿＿＿＿＿＿＿＿＿＿＿＿＿

＿＿＿＿＿＿＿＿＿＿＿＿＿＿＿＿＿＿＿＿＿＿＿＿＿＿＿＿＿＿＿＿＿＿

＿＿＿＿＿＿＿＿＿＿＿＿＿＿＿＿＿＿＿＿＿＿＿＿＿＿＿＿＿＿＿＿＿＿

＿＿＿＿＿＿＿＿＿＿＿＿＿＿＿＿＿＿＿＿＿＿＿＿＿＿＿＿＿＿＿＿＿＿

＿＿＿＿＿＿＿＿＿＿＿＿＿＿＿＿＿＿＿＿＿＿＿＿＿＿＿＿＿＿＿＿＿＿

＿＿＿＿＿＿＿＿＿＿＿＿＿＿＿＿＿＿＿＿＿＿＿＿＿＿＿＿＿＿＿＿＿＿

＿＿＿＿＿＿＿＿＿＿＿＿＿＿＿＿＿＿＿＿＿＿＿＿＿＿＿＿＿＿＿＿＿＿

＿＿＿＿＿＿＿＿＿＿＿＿＿＿＿＿＿＿＿＿＿＿＿＿＿＿＿＿＿＿＿＿＿＿

以上记录我已看过，与我所述一致。

×××（签名盖章）

年　月　日

附例

中共××纪律检查委员会
谈话笔录

共 4 页

时　间	2015 年 2 月 23 日		地　点		××教育培训基地	
谈话人	张　×、王××		记录人		李　×	
谈话对象	陈××		性　别	男	年龄	49 岁
政治面貌	中共党员		文化程度	大学	民族	汉
单位、职务	××省××市副市长					
住　址	××××					
电　话	××××					

问：我们是××纪委专案组的工作人员，今天受组织委派，与你谈话，希望你如实、全面作答，不得隐瞒、捏造、夸大或缩小事实，否则将承担相应的责任，你听清楚了吗？

答：听清楚了。

问：你今天有什么情况要向组织交代？

答：我要把自己违反"八项规定"精神打高尔夫球的情况向组织上讲清楚。

问：你讲吧。

答：我是 2010 年底开始学习打高尔夫球的，2011 年初正式开始下场打球，到现在已经有 3 年多了。这 3 年多的时间，我从一个初学者，发展成了一个打高尔夫球的超级发烧友和痴迷者。中央出台"八项规定"以后，我明知打高尔夫球是严重违犯党纪的行为，仍然乐此不疲，甚至直到我被立案审查前，我仍在球场打球。现在反思起来，自己在这方面确实太放纵了，犯下了严重错误，我对不起组织上这么多年来的培养，感到很后悔。

问： 你一般什么时间打高尔夫球？

答： 一般是在周末或节假日，最疯狂的时候，有一两周的时间，每天早上 5 点钟起床去打球，7 点钟打完球后，洗个澡，再去上班。有时甚至在上班时间，以陪客人为名，也打过球，但次数不多。

问： 说一下打球的次数和频率？

答： 我算了一下，从 2012 年开始，每周至少打一两场球，节假日基本上都在打球，一年下来，至少要打 60 到 70 场球，这 3 年打球至少在 200 场以上。

问： 你上班时间打过多少次球？

答： 次数不多，能记起来的大约有二三次，其中中央出台"八项规定"之前有两次，是跟财政局、建设局的局长们打球。"八项规定"之后有一次，应该是在 2015 年 3 月的时候，提前下班和城建集团的领导们打球，是在×××高尔夫球场打的。另外，在最疯狂的时候，有一二周的时间，早上 5 点钟起床打球，大约 7 点钟打完球后再去上班，虽然名义上没有占用上班时间，但确实对正常工作造成了影响。

关于打球的地方。90% 以上都是在当地的高尔夫球场打球，打得比较多的球场有×××高尔夫球场、××球场、×××球场等。

问： 你打球的费用都是谁出的？

答： 基本都是请我打球的老板和单位出的。这些天以来，我在反省打高尔夫球的问题时，计算了一下，我平均每场打球花费都在二三千元左右，三年以来打球的费用至少在五六十万元以上，基本都是老板或下属官员出的钱，严格来讲，这也是一种权钱交易行为，错误的性质也是严重的。

问： 你怎么认识打高尔夫球的问题？

答： 我现在深刻认识到了自己的错误，作为党的领导干部，在中央出台"八项规定"，三令五申要求党员干部严格执行的情况下，仍然沉迷于高尔夫球，置党纪国法于不顾，犯了严重错误。此外，在打高尔夫球的过程中，我跟一些老板走得很近，"打成一片"，让他们帮我支付高昂费用，在生活上腐化堕落的同时，也让自己在违法犯罪的道路上越陷越深。现在，我很后悔，感到愧对组织多年来的培养，辜负了党和人民的期望，我愿意接受组织上的处分。

问：你对以上所讲有无补充？

答：没有了。

问：在与你谈话过程中，审查人员是否有诱供、指供、打骂等违纪违法行为？

答：没有。

问：你以上所讲是否属实？

答：属实。

问：我们把上述谈话作了笔录，你看一看并签署意见。

答：好的。

以上笔录我已看过，与我讲的一致。

陈××（签名盖章）

2015 年 5 月 9 日

二、现场笔录

（一）现场笔录的概念

现场笔录，是指纪律检查人员对案件（非刑事案件）有关的场所进行检查时所做的笔录。

根据《纪检工作条例》第 27 条的规定，现场笔录同其他物证、书证、证人证言等一样，都是证明案件真实情况的证据。需要提出的是，根据《监察机关调查处理政纪案件办法》，从政纪角度立案的案件，没有现场笔录这一证据种类。

（二）现场笔录的作用

1. 制作现场笔录可以获得违纪行为发生及变化的第一手材料。深入到发案现场或者是与其他与所调查案件有关的场所调查，置身于客观环境，将有关人员的陈述同现场环境等加以对照，既可以勘验被调查人陈述、证人证言及知情人陈述的真伪，又可以从中体验考察客观环境，从而发现疑点和问题。

2. 制作现场笔录有利于固定证据。通过现场的勘验、察看，将涉及案件事实的有关情况准确、客观地记录下来，并通过必要的手续加以确认，使其成为重要的证据材料。

（三）现场笔录的结构要求

1. 制作单位及现场笔录名称

制作单位一般直接填写负责查处案件的单位或组织名称。现场笔录名称一般写为"关于×××案件××现场笔录"。

2. 现场检查时间

应写明到现场的年、月、日、时、分至何时何分。

3. 检查地点

4. 检查理由

简明回答为何要来现场查看，是为了搞清楚何人的何问题。

5. 被检查人情况

包括姓名、性别、年龄、单位、职务等。

6. 检查人员情况

包括有几名检查人员，各自的姓名、职务及单位。

7. 记录人姓名、职务及单位

8. 现场检查情况

9. 被检查人签名或盖章并注明时间

（四）其他

在调查案件过程中，进行实地查看、探访，制作现场笔录时，要注意提取证明材料和证据材料的复制。

证明材料是证据的一种，是案件检查人员为了证实案件事实、情节而收取的证据。证明材料是由案件的证人、知情人提供并签字。同时，案件检查人员也在此证明材料上签字。

证据材料的复制是在案件调查取证过程中，原始证据不能收取时，如：账册、票据、会议记录、文件等，检查人员需要将证据复印或复制。复制的证据必须注明出处，并由提供证据方及经办人签字盖章，要注明复制证据的数量、页数，加盖齐缝章。同时，检查人员也要在此签字盖章。

需要注意的是，现场笔录与勘验、检查笔录是两类不同的证据种类。前者的制作主体是纪律检查人员，后者的制作主体是公安、司法人员。

附：现场笔录式样

现场笔录式样

密级

中共××纪律检查委员会
关于×××现场笔录

共　页

检查时间：＿＿年＿＿月＿＿日＿＿时＿＿分至＿＿时＿＿分

检查地点：＿＿＿＿＿＿＿＿＿＿＿＿＿＿＿＿＿＿＿＿＿＿＿＿＿

检查原因：＿＿＿＿＿＿＿＿＿＿＿＿＿＿＿＿＿＿＿＿＿＿＿＿＿

检查人：＿＿＿＿＿＿单位：＿＿＿＿＿＿职务：＿＿＿＿＿

　　　　＿＿＿＿＿＿单位：＿＿＿＿＿＿职务：＿＿＿＿＿

　　　　＿＿＿＿＿＿单位：＿＿＿＿＿＿职务：＿＿＿＿＿

记录入：＿＿＿＿＿＿单位：＿＿＿＿＿＿职务：＿＿＿＿＿

被检查人：＿＿＿＿＿单位：＿＿＿＿＿＿职务：＿＿＿＿

　　　　　＿＿＿＿＿单位：＿＿＿＿＿＿职务：＿＿＿＿

检查情况：

＿＿＿＿＿＿＿＿＿＿＿＿＿＿＿＿＿＿＿＿＿＿＿＿＿＿＿＿＿＿

＿＿＿＿＿＿＿＿＿＿＿＿＿＿＿＿＿＿＿＿＿＿＿＿＿＿＿＿＿＿

＿＿＿＿＿＿＿＿＿＿＿＿＿＿＿＿＿＿＿＿＿＿＿＿＿＿＿＿＿＿

＿＿＿＿＿＿＿＿＿＿＿＿＿＿＿＿＿＿＿＿＿＿＿＿＿＿＿＿＿＿

＿＿＿＿＿＿＿＿＿＿＿＿＿＿＿＿＿＿＿＿＿＿＿＿＿＿＿＿＿＿

＿＿＿＿＿＿＿＿＿＿＿＿＿＿＿＿＿＿＿＿＿＿＿＿＿＿＿＿＿＿

＿＿＿＿＿＿＿＿＿＿＿＿＿＿＿＿＿＿＿＿＿＿＿＿＿＿＿＿＿＿

＿＿＿＿＿＿＿＿＿＿＿＿＿＿＿＿＿＿＿＿＿＿＿＿＿＿＿＿＿＿

＿＿＿＿＿＿＿＿＿＿＿＿＿＿＿＿＿＿＿＿＿＿＿＿＿＿＿＿＿＿

_____

_____

_____

_____

_____

_____

_____

_____

_____

_____

_____

被检查人签名（或捺印）：×××

年　　月　　日

三、违纪事实材料

（一）违纪事实材料的概念与作用

违纪事实材料，又称为错误事实见面材料，是在案件检查工作中，调查组经过立案调查后，把所认定的违纪事实与被调查人进行核对的文字材料，也是纪检机关或党组织对犯错误的党员作出处分所依据的事实材料。

将违纪事实材料与本人见面进行核对，是纪检机关在案件检查过程中的一个重要环节，对于保障被调查人的民主权利、保证执纪质量有着十分重要的作用：

1. 是保障被调查人正当民主权利的需要。《党章》第 4 条关于党员所享有的民主权利内容中明确规定："在党组织讨论决定对党员的党纪处分或作出鉴定时，本人有权参加和进行申辩"。与此相对应，《党章》第 43 条规定："党组织对党员作出处分决定，应当实事求是地查清事实。处分决定所依据的事实材料和处分决定必须同本人见面，听取本人说明情况和申辩。"在案件检查过程中，将被调查人所犯错误事实同本人见面，听取本人的意见和申辩，正是对党员上述权利的充分保障。

2. 是保证执纪质量的需要。《执纪工作规则》第51条规定："查明涉嫌违纪或者职务违法、职务犯罪问题后，审查调查组应当撰写事实材料，与被审查调查人见面、听取意见。被审查调查人应当在事实材料上签署意见。对签署不同意见或者拒不签署意见的，审查调查组应当作出说明或者注明情况。"根据调查人对错误事实材料的意见，调查组可以采取进一步工作，需要对错误事实和性质作进一步认定的应进一步认定；被调查人提出的新问题应再调查清楚并巩固证据；对于不合理的意见应作出说明，从而使案件审查工作符合"事实清楚、证据确凿、定性准确、处理恰当、手续完备、程序合法"的要求，确保执纪质量。

（二）开展违纪事实材料见面工作应注意的问题

由于违纪事实材料是直接与案件检查对象见面的，其内容和结构自然与案件调查报告等其他案件审查类公文不同。《纪检工作实施细则》第35条规定："错误事实材料不得泄露立案依据、调查过程、检举人、证明人等内容。"此外，中共中央纪律检查委员会1991年7月23日还专门发布了《关于所要作出的处分决定和所依据的事实材料同犯错误党员见面的具体办法》，对错误事实材料与本人见面作了若干规定。根据这些规定以及案件检查工作的实践，在撰写违纪事实材料时，应注意以下一些问题：

1. 材料的事实要清楚，定性要准确。违纪事实材料应客观公正地反映被调查人所犯的错误，实事求是，不夸大，不缩小。错误性质认定应与错误事实、严重程度相对应，不能失当。

2. 要注意保护检举人、控告人和证人。违纪事实材料不同于调查报告。调查报告为写清案件调查过程及有关情节，可以说明举报来源及证人证明的情况，而违纪事实材料由于是用于同被审查人见面的，为保护举报人和证人，防止对他们进行打击报复，不允许在材料中出现举报人和证人的名字、单位以及任何可能反映出、推测出他们自然情况的文字表述。

3. 要注意材料写作方法和表达方式。违纪事实材料一律采用平实的叙述方式，角度要客观、表达要清楚、文字要精练、结构要严谨、语气要平和。不能使用分析、推测的方式来表述，也不能写成议论式的批判文章。此外，在遣词造句上，要尽量使用中性词语，切忌使用带有明显感情色彩的形容词和副词。

4. 要注意材料内容的取舍。一般来说，只有事实清楚、证据确凿的违纪事实才能作为材料内容与本人见面。对那些经过调查暂时还不能认定又不能否定的问题，不要写到材料中去。另外，对那些不影响处分也不影响错误性质认定的一般性问题及可写可不写的情节，不必写进材料，以免增加材料见面工作的阻力。

5. 被审查人如何签署意见。违纪事实材料交与被审查人见面后，应听取其意见，并由其签署意见。如被审查人完全同意违纪事实材料，可表述为"以上事实属实，同意"；如被审查人不同意或部分同意违纪事实材料，应由被审查人如实表达其意见，同时调查组应针对被审查人的意见作出书面说明。

（三）违纪事实材料的结构

违纪事实材料的错误事实应完全来自该案件的调查报告。它是在调查报告的基础上，选取可以作为处分依据的主要错误事实，进一步归纳、整理，而不再表述整个案件的调查过程和具体情节。一般分为三个部分：一是标题；二是正文；三是结尾。

1. 标题

标题应简单明了，一般只要写明犯错误人的姓名、所犯错误的性质即可；如"关于×××同志的违纪事实材料"。

2. 正文

正文应该表达准确，文字精练。一般分为被审查人的自然情况、所认定的违纪事实、行为性质和责任 3 部分内容：

（1）自然情况。包括被审查人的姓名、性别、出生年月、民族、籍贯、文化程度、参加工作时间、入党时间、任职情况等。

（2）主要违纪事实。违纪事实的内容应与调查报告一致，同时应按问题分别形成违纪事实材料，不可综合形成一份违纪事实材料与本人见面。每个问题中，应按违纪构成写清违纪基本事实。

（3）行为性质和责任。《纪检工作实施细则》第 35 条明确要求违纪事实材料应写明被审查人的行为性质和责任，这是保障被审查人合法权利的需要。比如，被审查人的行为构成受礼，应就写明"根据《党纪处分条例》有关规定，××的上述行为构成受礼"。实践中，部分执纪人员为减少见面难度，未按规定写明被审查人的行为性质和责任，这是不妥的做法，应予纠正。

3. 结尾

包括落款和日期。按照《纪检工作实施细则》第 35 条规定，违纪事实材料应以调查组的名义落款。

附：违纪事实材料式样及附例

违纪事实材料式样

密级

×××同志违纪事实材料

第一部分：被审查人的自然情况；

第二部分：主要违纪事实及性质、责任：

1. ……

2. ……

3. ……

中共××省纪委调查组

年　月　日

附例

密级

张××同志违纪事实材料

张××，男，汉族，1963 年 5 月出生，××人，大学学历，××年×月加入中国共产党，××年×月参加工作。1999 年 2 月，任××市建设局副局长；2001 年 10 月，任××市××区区委副书记、区长；2004 年 1 月，任××市××区委书记；2006 年 3 月，任××市副市长。2015 年 4 月被免职。

经查，2005 年 3 月，应王××请托，张××通过向××区委组织部部长林××

打招呼、主持区委常委会议表态同意等方式，为王××由××区建设局综合科科长提任该局副局长提供帮助。为得到和感谢张××的帮助，2003 年 8 月、2005 年 7 月，王××分别送给张××10 万元、18 万元，以上共计 28 万元。

根据 2003 年《中国共产党纪律处分条例》第八十五条之规定，张××的上述行为构成违纪。

中共××省纪委调查组
2015 年 5 月 10 日

四、审查报告

审查报告是开展案件调查工作的主要文字载体，也是对调查阶段相关工作成果的最集中、最主要的反映，地位重要。

《执纪工作规则》第 51 条规定："审查调查工作结束，审查调查组应当集体讨论，形成审查调查报告，列明被审查调查人基本情况、问题线索来源及审查调查依据、审查调查过程、主要违纪或者职务违法、职务犯罪事实，被审查调查人的态度和认识、处理建议及党纪法律依据，并由审查调查组组长以及有关人员签名。"审查报告的基本内容是：立案依据；主要错误事实及性质；有关人员的责任；被调查人对错误的态度；处理建议。

（一）审查报告的概念

审查报告是各级纪检监察机关在行使其职责对违反党纪政纪案件进行案件调查的文字记载，是对某些问题的事实真相进行客观分析的书面表述，是案件调查部门对有关责任者是否应负责任以及负何责任问题的初步回答。

实践中，对审查报告的撰写，需要把握以下几点：

第一，审查报告必须在案件调查工作全部结束，完成违纪事实材料见面的基础上进行。如果还处于调查的进展中，相关证据尚未完全调取到位，那么还不具备形成审查报告的条件，此时向本级纪检监察机关领导呈报的报告都是阶段性调查进展情况报告，不是规定意义上的案件审查报告。

第二，审查报告原则要求相关案件办理了立案手续。如果是在初步核实阶段结束后形成的综合审查情况报告，属初核报告。实践中，也有一种情况，就是初步核实阶段，问题已查清，证据到位，具备移送审理和处理的条件，那么应及时办理立案手续，同时形成案件审查报告，按程序一并移送审理。

第三，审查报告具有规定的格式和内容要求，撰写中应遵循这些要求，同时应结合具体个案，突出个案特点，不宜千篇一律。

（二）审查报告的结构及写法

审查报告主要由四部分组成：标题、开头、正文、结尾。

1. 标题

标题应反映被审查人姓名、案件性质、文种。其中，对于问题类别单一的案件，可表述为《关于××市副市长张××同志违反廉洁自律问题的审查报告》《关于××同志违规选拔任用干部问题的审查报告》等。对于问题类别较多，一一列举问题类别将导致题目过长，实践中一般采取概括式写法，比如《关于××市副市长张××严重违纪案的审查报告》。

2. 开头

（1）案件来源和调查工作简况

通过简洁的语言概括反映整个案件审查工作基本情况，主要内容有：线索来源、审查根据、审查人员组成情况、审查的起止时间、审查的主要方式、审查结果。

例如：2014 年 6 月 4 日，根据省委巡视组巡视移交的问题线索和群众来信，经××、××同志批准，第二纪检监察室就反映××市副市长张××涉嫌收受他人财物、与他人长期保持不正当两性关系等问题线索进行初核。8 月 6 日，经省委批准，省纪委对张××涉嫌严重违纪问题立案审查。目前，已基本查明张××违反政治纪律和组织纪律，违反廉洁纪律等 3 个方面错误。现将审查情况和处理意见报告如下：……

（2）概括介绍审查对象的基本情况

主要内容有：姓名、性别、民族、出生年月日、籍贯、学历、入党时间、参加工作时间、主要工作经历及职务等。

例如：刘××，男，汉族，1964 年 5 月生，××人，研究生学历，1981 年 8 月参加工作，1985 年 4 月加入中国共产党。2001 年 6 月任××省××市委常委、××县委书记，2003 年 1 月任××省政府副秘书长，2004 年 11 月任××省××市委副书记、代市长、市长，2007 年 4 月任××省××市委书记，2013 年 1 月任××省副省长。2014 年 3 月，被免职。

3. 正文

正文是审查报告的主体部分，它要反映整个审查报告的核心内容。主要包括以下内容：

（1）主要违纪事实。该部分要按问题类别，逐笔写明调查认定的违纪事实。案件中涉及一案多个违纪行为的，为体现纪律审查的特色，把纪律挺在前面，一般应按新修订的《党纪处分条例》分则规定的六大纪律（即"政治纪律""组织纪律""廉洁纪律""群众纪律""工作纪律""生活纪律"）进行分类、排序和表述。同时，考虑到新修订的《党纪处分条例》分则部分删除了与法律法规重复的内容，将违反刑法规定的行为以及其他违法行为在总则第 27 条至第 29 条统一作出规定。因此，在按六大纪律对违纪行为进行表述的基础上，在审查报告"主要违纪问题"最后一部分增加"违反国家法律法规规定"，从而将"非法持有枪支弹药行为""故意伤害行为"等严重违纪并涉嫌违法的行为在此部分予以表述。这样处理，既能实现纪法分开，又利于做好纪法衔接。

需要注意的是，对每类违纪问题的基本事实叙述完毕后，应简要列明证据状况。

（2）拟移送司法机关依法处理的涉嫌犯罪线索。将审查中发现的，但因证据尚不到位难以认定的被审查人涉罪问题，作为涉嫌犯罪线索移送司法机关继续侦查。其中应逐笔列明线索具体情况和简要证据状况。如篇幅较长，也可采用附件形式反映。

（3）涉案款物暂扣情况。将审查组暂扣、封存的款物以及协调司法机关办理扣押、冻结手续的款物情况，包括相关现金的数额，相关物品的鉴定价值和数量，以及价值不详的物品数量等进行反映。情况复杂，或数量较大的，也可采取附件形式反映。

（4）被审查人对组织审查的态度。反映被审查人到案后接受组织审查的态度，是否积极配合组织审查，是否存在退赃情形，是否存在检举揭发行为等。

（5）处理意见和建议。根据被审查人的违纪问题和相关条规，提出对被审查人和相关涉案人的处理意见。具体包括：对被审查人行为的性质认定；对被审查人给予何种处理；对涉案款物如何处置；对相关涉案人如何处理；其他建议，如对制度漏洞提出完善建议、对案件反映的某一类现象提出源头治理建议。

4. 结尾

（1）附件。对需要单独说明的问题以附件形式反映。如涉案款物暂扣情况、涉嫌犯罪线索情况。

（2）落款。以纪检监察室名义或以调查组名义落款并注明年月日。

（三）写审查报告应注意的问题

写好审查报告，首先是一个思想方法和工作作风问题，当然，其中也有写作水平问题。写好审查报告，应当注意以下几个问题：

1. 做好案件审查工作前的准备工作。要做好组织准备。立案审查后，应根据案件的性质、特点、涉及范围等不同情况，组织相应的审查力量，决定审查组的组成形式。在进行组织准备的过程中，应考虑起草案件审查报告的人员；要做好思想准备。审查组成立后，应围绕案情认真学习有关文件，熟知有关方针、政策和规定，全面了解案情，对可能遇到的问题和障碍予以充分估计；要做好材料准备。首先，应制订审查方案，包括审查案件的指导思想，审查的主要问题，审查的方法、步骤和时间安排、审查力量的组织等等。其次，列出审查纲目，确定审查的先后次序，明确审查的主要问题和方向，对重大案件还应选好突破口。

2. 事实清楚。审查报告中所引的材料一定要反映事实的本来面目，不可牵强附会、含糊不清，更不能把一些捕风捉影、道听途说的材料乃至无中生有、颠倒是非、随意夸大或缩小的材料，作为案件审查报告中定案所依据的事实。对证据不足、事实不清的问题，应本着缺什么补什么、弄清原因和排除矛盾的原则，继续深入调查，直至查清事实真相。对个别一时无法查清的问题，应当扼要说明。在案件审查报告中，对错误事实发生的时间、地点及情节、后果，包括证据、数据等，都应交代清楚。

3. 证据确凿。审查报告中所列的事实必须有充分的证据，这是最终下判断的根据。证据可分为人证和物证两种，具体包括：物证、书证、证人证言、受侵害人的陈述、被调查人的陈述、视听材料、现场笔录、鉴定结论和勘验、检查笔录。对所有的证据必须进行认真的鉴别，把各种证据材料集中起来，一个问题一个问题地加以分析认定。对于人证，应注意分析证词的可靠程度。注意物证、书证有无伪证。只有被审查人的交代而无其他证据或无法查证的问题，不能定案；审查对象拒不承认而证据确凿的，可以定案。

4. 定性准确。根据错误事实发生的背景、主客观原因、情节轻重、责任大小、危害程度、后果影响，认真加以分析研究，从中找出决定性质的主要问题，以党纪和有关方针、政策、规定为准绳，作为衡量是非的标准，准确地认定性质。对一时难以认定或有争议的问题，应请专业人员和有关部门共同研究，再作结论。

5. 关于新修订的《党纪处分条例》施行后违纪行为表述、条规适用等问题。

（1）关于审查报告中违纪行为的分类和表述

新修订的《党纪处分条例》，把党章对纪律的要求整合成"政治纪律""组织纪律""廉洁纪律""群众纪律""工作纪律""生活纪律"六大纪律。根据新修订的《党纪处分条例》第142条第2款关于"从旧兼从轻"溯及力的规定，对2018年10月1日前发生的违纪行为原则上仍然适用旧条例，但在违纪行为分类和表述上不应适用旧条例，而应按新条例规定的六大纪律进行分类和表述。

（2）关于违反中央八项规定精神问题如何认定和处理

当前查处的违反中央八项规定精神问题主要包括：违规公款吃喝、公款国内旅游、公款出国（境）旅游、违规配备使用公务用车、违规收送礼品礼金、大办婚丧喜庆事宜、提供或接受超标准接待、接受或用公款参与高消费娱乐健身活动、违规出入私人会所、楼堂馆所违规问题、领导干部住房违规问题。

在性质认定上，违反中央八项规定精神问题一般属违反廉洁纪律性质，也可能违反工作纪律等其他纪律，具体性质需根据被审查人的具体行为和党纪规定作出认定。

在条款适用上，对违反中央八项规定精神问题的行为，并不是直接依据中央八项规定作出定性处理，而是依据《党纪处分条例》分则对应的具体条款。

在政策界限把握上，均以2012年12月4日中央政治局审议通过中央八项规定为时间节点，即：被审查人的相关违纪行为发生在2012年12月4日以后的，按违反中央八项规定精神问题认定；被审查人的相关违纪行为发生在2012年12月4日之前的，不作为违反中央八项规定精神问题认定，而是根据违纪行为的具体情况和当时党纪规定作出相应认定。

在纪律审查文书表述上，进一步凸显对违反中央八项规定精神问题的处理。为推动各级党组织驰而不息地落实中央八项规定精神，建议在审查报告等纪律审查文书"主要违纪事实"中，将被审查人违反中央八项规定精神问题单独列出来，表述在"违反政治纪律行为"之后、"违反组织纪律行为"之前。

（3）关于在干部选拔任用中为他人谋取利益并收受财物行为如何分类和表述问题

新修订的《党纪处分条例》第27条规定："党组织在纪律审查中发现党员有贪污贿赂、滥用职权、玩忽职守、权力寻租、利益输送、徇私舞弊、浪费国家资财等违反法律涉嫌犯罪行为的，应当给予撤销党内职务、留党察看或者开除党籍处分。"对在干部选拔任用中为他人谋取利益并收受财物行为是否直接依据《党纪处分条例》第27条认定为受贿，并放在审查报告"违反国家法律法规规定"部分表述，我们认为：用人腐败问题破坏的是政治生态，导致劣币驱逐良币，严重带坏社会风气，是监督执纪重点，因此拟对受贿行为区分是否属在干部选拔任用中为他人谋取利益分别表述。其中，在干部选拔任用中为他人谋取利益并收受财物的，用纪律尺子衡量，该行为首先"破"的是干部选拔任用规定，违反了组织纪律，因此将其放在审查报告"违反组织纪律"部分表述，将收受财物的问题作为情节一并表述，并适用《党纪处分条例》违反组织纪律的相应条款（第76条或第77条）和第27条。

对在企业经营等方面为他人谋取利益并收受财物的行为，原则上放在审查报告"违反国家法律法规规定"部分表述，并适用《党纪处分条例》第27条。这样处理，有利于充分体现纪律审查特色，强化纪律权威和作用，产生更好的纪律效果。

（4）关于条规溯及力问题

根据新修订的《党纪处分条例》第142条之规定，对2018年10月1日后发生的违纪行为，一律适用新修订的《党纪处分条例》。对此前发生的违纪行为，应遵循"从旧兼从轻"原则，一般情况下仍适用旧的《党纪处分条例》；只有在新修订的《党纪处分条例》不认为是违纪或者处理较轻的，才适用新修订的《党纪处分条例》。但在适用旧条例时，应注意贯彻和体现新条例的基本精神。

（5）关于新旧条例的规范表述问题

鉴于今后执纪审查中将面临同时适用新旧条例的问题，对此应做规范。建议区分不同情况处理：

第一，如适用 2018 年 10 月 1 日起施行的《党纪处分条例》进行党纪处理，表述为"依据《中国共产党纪律处分条例》第××条第×款"。

第二，如同时适用新旧条例进行党纪处理，表述为"依据 2018 年《中国共产党纪律处分条例》第××条第×款、第一百四十二条第二款和 2016 年《中国共产党纪律处分条例》第××条第×款"。

第三，对尚未结案的案件，如仅依据旧的《党纪处分条例》有关条款定性处理，需要一并援引 2018 年《党纪处分条例》第 142 条第 2 款关于"从旧兼从轻"的规定。

附：审查报告式样和附例

审查报告式样

关于×××（严重）违纪案的审查报告

案件来源和调查简况。

一、被审查人的简历

......

二、主要违纪事实

（一）违反政治纪律（和政治规矩）

主要事实和证据状况

（二）违反中央八项规定精神

主要事实和证据状况

（三）违反组织纪律

主要事实和证据状况

（四）违反廉洁纪律

主要事实和证据状况

（五）违反群众纪律

主要事实和证据状况

（六）违反工作纪律

主要事实和证据状况

（七）违反生活纪律

主要事实和证据状况

（八）违反国家法律法规规定

主要事实和证据状况

三、调查发现的涉嫌犯罪线索

……

四、涉案款物暂扣情况

……

五、被审查人的态度和认识

在组织审查期间，经思想教育，×××能够配合调查，主动交代问题，并作出深刻检查。×××在《忏悔录》中剖析了其严重违纪的主要原因：××××（着力从理想信念丧失等方面进行概述）。

六、处理意见

……

附件：1.×××忏悔录

2.×××违纪事实材料

3.×××涉嫌犯罪线索的情况报告

4.关于涉案款物暂扣情况和处理意见的报告

××调查组

年　月　日

附例

密级

关于××市原副市长张××
严重违纪案的审查报告

2015年1月，群众来信反映时任××市副市长张××有关问题线索。2月14

日，经委领导批准，我室对反映张××的有关问题线索进行初核，发现其涉嫌严重违纪。经委领导同意并报省委批准，3月25日对张××涉嫌严重违纪问题立案审查。目前已查清张××严重违反组织纪律，隐瞒不报个人有关事项；严重违反廉洁纪律，收受礼金80万元；严重违反国家法律法规规定，利用职务上的便利在企业经营等方面为他人谋取利益，收受财物104万元。调查还发现了张××涉嫌违法犯罪的大量问题线索。现将有关情况报告如下：

一、张××的基本情况

张××，男，汉族，1963年5月生，××人，大学学历，××年×月加入中国共产党，××年×月参加工作。1999年2月，任××市建设局副局长；2001年10月，任××市××区区委副书记、区长；2004年1月，任××市××区委书记；2006年3月，任××市副市长。2015年4月被免职。

二、张××的主要违纪事实

（一）严重违反组织纪律，不按规定报告个人有关事项：张××及其妻刘××名下现有5套住房、1间商铺、3个车位，上述房产均购于2013年1月至4月。张××先后于2014年2月、2015年2月两次填报《领导干部个人有关事项报告表》，在"本人、配偶、共同生活的子女的房产情况"一栏，均只填报了其本人名下其中一套住房，隐瞒了拥有其他4套住房、1间商铺、3个车位的情况。

以上事实，有张××的交代，刘××等证人证言以及房产购买合同、《领导干部个人有关事项报告表》等书证证明。

（二）严重违反廉洁纪律

2005年至2015年，张××违反《中国共产党党员领导干部廉洁从政若干准则》的有关规定，利用传统节日等机会收钱敛财，先后收受××区委办公室主任赵××、××市国土资源局干部郑××等8人所送礼金折合共计80万元。其中，张××在党的十八大后仍不收敛、不收手，先后3次收受4人所送礼金折合共计25万元。

以上事实，有张××的交代，赵××、郑××等证人证言证明。

（三）违反国家法律法规规定，利用职务上的便利在企业经营等方面为他人谋取利益，收受财物104万元。

2001年至2011年，张××利用职务上的便利，在企业经营等方面为××工程建设公司项目经理吴××、××电缆公司董事长李××2人谋取利益，收受财物共计 104 万元。具体是：

1. 收受××工程建设公司项目经理吴××84 万元

2001 年至 2008 年，应吴××请托，张××通过向××县交通局局长赵××打招呼，为吴××公司承揽××立交桥项目提供帮助。为得到和感谢张××的帮助，2004 年 10 月，吴××应张××要求，送给张××30 万元；2005 年春节，吴××以压岁钱名义送给张××儿子 4 万元，张××对此知情；2006 年中秋，吴××送给张××50 万元。以上共计 84 万元。

2. 收受××电缆公司董事长李××20 万元

2009 年至 2011 年，应李××请托，张××通过向××区副区长林××打招呼，为李××进入××区市政管道项目供应商名录并中标相关电缆采购合同提供帮助。为得到和感谢张××的帮助，2008 年底和 2011 年底，李××分别送给张××购物卡 10 万元，共计 20 万元。

以上事实，有张××的交代，吴××、李××等人证言，以及采购合同等书证证明。

三、调查发现的涉嫌犯罪线索

调查中还发现张××涉嫌受贿共计 1 000 余万元、贪污公款 500 万元的问题线索。（具体见附件）

四、涉案款物暂扣情况

专案组现已暂扣涉案款物折合共计××万元，包括：现金××万元，鉴定价值为××万元的珠宝、金条、字画等××件。此外，暂扣未作价值鉴定的手机、电子存储介质等××件（套）。

五、被审查人到案后的态度

在组织审查期间，经思想教育，张××能够认识到自己所犯错误的严重性和危害性，如实交代其违纪问题，表示愿意将全部违纪违法所得上交组织处理，并作出深刻检查。张××在《忏悔录》中剖析了其严重违纪的原因：一是理想信念动摇，党章党规意识淡漠，在思想上放松要求；二是私欲膨胀，贪图享受、追求奢华，一步步滑向犯罪深渊；三是严重违规选拔任用干部，把干部人事权当成利益交换的工具；四是特权思想严重。

六、处理意见

我们认为，张××身为党的领导干部，严重违反组织纪律、廉洁纪律、生活纪律和国家法律法规规定，且在十八大后仍不收敛、不收手，性质恶劣、情节严重。根据《中国共产党纪律处分条例》和《行政机关公务员处分条例》的有关规定，张××的行为已构成严重违纪，其中，利用职务上的便利为他人谋取利益，收受财物104万元问题涉嫌受贿犯罪。现提出如下处理建议：

（一）按照规定将此案移送审理。

（二）给予张××开除党籍、开除公职处分。

（三）将张××涉嫌犯罪问题、线索及所涉款物移送司法机关依法处理。

妥否，请批示。

附件：1. 张××忏悔录

2. 张××违纪事实材料

3. 张××涉嫌犯罪线索的情况报告

4. 关于涉案款物暂扣情况和处理意见的报告

××调查组

2015年××月××日

第四节　案件审查阶段请示、批复、纪要类公文

一、案件办理请示

（一）案件办理请示的概念

案件办理请示，是指纪检机关对线索处置和案件查办工作中遇到的问题，根据《党章》和2013年11月12日党的十八届三中全会审议通过的《中共中央关于全面深化改革若干重大问题的决定》关于党的纪律检查工作双重领导体制的规定，书面报请上级纪检机关或同级党委作出指示、审核批准。

（二）案件办理请示的适用情形

根据《纪检工作条例》及其实施细则等党内法规规定，结合纪律审查实践，案件办理请示主要适用于如下情形：

1. 对反映领导干部问题线索的处置方式把握不准的；

2. 拟对下级党组织，以及同级党委委员、候补委员或纪委委员涉嫌违纪问题立案审查，需要报请同级党委审批的；

3. 拟对被调查人采取立案审查措施，需要报请同级党委主要负责人、上级纪检机关审批的；

4. 拟跨地区、跨部门对被调查人的涉嫌违纪问题立案审查，需报请有管辖权的上级纪检机关审批的；

5. 对上级纪检机关要求查报结果的案件，在正式处理前报请上级纪检机关审核的；

6. 对案件查办中涉及超过本机关职责范围的事项，需要提请上级纪检机关、同级党委协调解决的；

7. 其他需要请示上级纪检机关或同级党委的情形。

纪律审查中对线索处置和案件查办方面的请示，应当是本机关职责范围内无权作出决定的事项，或者是本机关职责范围内有权作出决定，但情况特殊确实把握不准的。需要注意的是，不能大事小事都请示上级纪检机关，更不能将矛盾上交。

（三）案件办理请示的写法

案件办理请示一般由标题、主送机关、正文、发文机关、日期五部分组成。请示的正文，主要由请示的原因、内容、要求三部分组成，请示时应将理由陈述充分，提出的解决方案应具体，切实可行。

案件办理请示由首部、正文和尾部三部分组成，其各部分的格式、内容和写法要求如下：

1. 首部。主要包括标题和主送机关两个项目内容。一是标题。请示的标题一般有两种构成形式：第一种由"发文机关名称、事由和文种"构成，如《××县纪律检查委员会关于对×××涉嫌违纪问题立案审查的请示》；第二种由"事由和文种"构成，如《关于报请批准跨地区对×××涉嫌违纪问题立案审查的请示》。二是主送机关。请示的主送机关是指负责受理和答复该文件的机关。每件请示只能写一个主送机关，不能多头请示。主送机关应写全称或规范化简称，如"中共中央纪委""中共××省纪委"。

2. 正文。其结构一般由开头、主体和结语等部分组成。一是开头，主要交代请示的缘由。它是请示事项能否成立的前提条件，也是上级机关批复的根据。原因讲得客观、具体，理由讲得合理、充分，上级机关才好及时决断，予以有针对性的批复。请示的缘由就是回答为什么要请示，也就是提出请示的背景和依据。有的原因和根据很简单，可以用一句话来概括，比如："根据干部管理权限的有关规定，现将给予×××同志受礼问题的处理意见呈上。"有的原因较复杂，就需要用较多的篇幅，分层次和角度来详细、准确说明理由。

应该把事情的由来，当前的情况如何，还存在一些什么困难和问题，为什么本单位不能解决而要请示上级机关的理由写清楚。二是主体，主要说明请求事项。它是向上级机关提出的具体请求，也是陈述缘由的目的所在。这部分内容要单一，只宜请求一件事。另外，请示事项要写得具体、明确、条理清楚，以便上级机关给予明确批复。请示事项要对请求审批的问题作具体分析，并明确提出倾向性处理意见。如果意见不一致，请上级来裁决，则应分别陈述不同意见并提出各自的理由，同时要将二者进行比较和分析，提出一种带倾向性的意见，而不应该再去要求改写《审查报告》，以保持案件办理过程的客观性，便于上级机关了解和掌握，并对案件做出正确的审核。三是结语。应另起段，习惯用语一般有"当否，请批示""妥否，请批复""以上请示，请予审批"等。若请示的问题有时间限制，或者有些问题事态有可能恶化，希望上级机关尽快答复的，就应当写清楚时间要求。

3. 尾部。即落款，一般包括发文机关署名、成文日期和印章三个项目内容。署名应当署发文机关全称或者规范化简称。成文日期应当署会议通过或者发文机关负责人签发的日期，联合行文时署最后签发机关负责人签发的日期。有发文机关署名的，应当加盖发文机关印章，并与署名机关相符。

（四）需注意的问题

1. 语言要准确，语气要谦和。准确，是指要实事求是地叙述案件事实和需要请示的问题，既不能夸大请示问题的重要性，也不能缩小问题的必要性。谦和，是指请示用语要不卑不亢。

2. 请示要一事一文，专题专文，不能一文多事，在一个请示里掺杂几个问题。

3. 一般不越级请示，但特殊情况除外。

附：案件办理请示式样及附例

案件办理请示式样

密级

关于对×××同志××问题的请示

××××：

第一部分：请示原因；

第二部分：请示事项；

第三部分：具体要求；

第四部分：结尾。

中共××纪律检查委员会（印章）

年 月 日

抄送：×××（有关单位）

附例

密级

关于对×××涉嫌违纪问题立案审查的请示

中共××省委：

××××年××月以来，我们对群众匿名举报本届省委委员、省财政厅党组书记、厅长×××涉嫌违纪问题线索进行了初步核实。

经查，×××在担任省财政厅党组书记、厅长期间，违反政治纪律，与他人串供，伪造证据，订立攻守同盟，对抗组织审查；违反组织纪律，不按规定如实报告个人有关事项，违规取得国外永久居留资格；违反廉洁纪律，收受礼金、礼品××万元，违规出入私人会所；违反工作纪律，干预和插手政府采购事项；违反生活纪律，与 1 名女性发生不正当性关系；违反国家法律法规规定，利用职务上的便利，在财政资金分配、干部选拔任用等方面为他人谋取利益，收受财物××万元。依据《中国共产党纪律处分条例》第×××条、第×××条、第×××条之规定，×××的上述行为涉嫌严重违纪。

根据《中国共产党纪律检查机关案件检查工作条例》第十四条第（三）项、第十六条、第十七条第（二）项之规定，经省纪委常委会议讨论，决定对×××涉嫌严重违纪问题立案审查。

妥否，请审批。

附件：关于反映×××涉嫌违纪问题初步核实情况报告

中共××省纪委（印章）

年　月　日

二、案件办理批复

（一）案件办理批复的概念

案件办理批复是指纪检监察机关对下级机关在案件办理过程中所请示问题的正式答复公文。

工作中，应注意：①批复应该聚焦请示事项，不应涉及"请示"以外的其他事项。②批复不同于指示、通知一类的公文，指示、通知类公文是上级机关根据工作需要而主动向下级机关下达的公文，而批复则是上级机关根据下级机关"请示"当中所提出的问题而被动制发的公文。③提出请示的下级机关就是批复的主送机关，除个别批复所回答的问题带有普遍性而需要下级机关普遍了解之外，批复一般不扩大发放范围。

（二）案件办理批复的一般写法

案件办理批复的主要内容包括标题、收文机关、正文、发文机关、文号和日期等。

1. 标题

案件办理批复的标题同一般公文的标题有所区别，在批复的标题中不直接反映批复的最终结果，而是反映出批复的对象和所批复的问题。因此，批复的标题一般应将下级机关及其所请示的事项或问题写进标题中。比如，《对〈××市纪委关于对预备党员杨×涉嫌违纪问题可否立案审查的请示〉的批复》等。

2. 正文

案件办理批复的正文是批复的主体部分,它是针对下级机关的请示事项所作的书面答复,一般较为简单,正文篇幅简短。有的请示的问题单一,只需回答"是"与"否"的,正文部分简写批复即可。

对较为复杂问题的批复,其正文部分主要包括:下级请示所需回答的问题、批复的根据、具体批复的内容、要求和希望等。

第一部分:阐明下级请示所需回答的问题,必要时可将下级所请示问题的倾向性意见、理由作一简要叙述。

第二部分:批复的根据。应阐明对下级请示问题所作答复意见的根据,主要包括:一是党章和其他党内法规,以及党的路线、方针、政策;二是纪检监察机关所依据的纪律审查方面的程序性规定;三是上级的指示精神等。

第三部分:批复的具体内容。应对下级请示的问题逐一做出答复。对请示的内容完全同意,就应写上肯定性的意见。如果不同意,则需明确写明否定性的意见,不能含糊其辞,模棱两可。同时,在否定性意见后面,应写明不同意的理由。如果是部分同意,同样要写明同意与否的理由。有时可提出修正意见或补充事项。有的请示内容比较复杂,不但请示做什么事,而且还包括如何做,这也需要有针对性地回答,不能笼统地答复。

第四部分:要求和希望,应根据所批复的内容在执行过程中可能出现的问题,明确提出要求和希望,以免发生失误。也可就批复中所提出的问题,要求下级机关如何具体执行提出要求。

3. 结尾

批复的结尾部分一般以"特此批复""此复"等习惯用语来结束。

这一部分还应详细写明作出批复的具体时间。这一时间就是批复事项的生效时间,所以应写准确。

(三)应注意的问题

1. 一请示一批复,有来有往。下级机关所请示的问题,是需要上级机关及时、明确表态的。没有上级的指示、批准,下级所面临的问题就无法得到及时解决。因此,对下级的请示一定要予以批复,从文种上看,应当有"来"有"往",相互对应;从内容上看,对提出的问题应尽快研究答复。

2. 回答问题要态度鲜明。对下级机关提出的问题,要直接明确地回答,不能含糊其辞。如果请示当中所提出的建议有的可行，有的不行，有的要稍作改动，批复时要逐项说明，不可笼统表示"同意"或"不同意"，也不能对可行的表示"同意"，对不可行的不表示态度，或对不可行的表态，而对可行的不表态。遇到类似问题，可以同请示单位沟通，达成一致意见后再郑重批复。

3. 批复必须有理有据。有的可写明具体根据，以示慎重并备查考。对下级所请示的问题，目前不具备条件解决或与现行方针政策相抵触的，在批复中应明确表示"不同意""不允许"或"暂不处理"。

4. 有的请示的问题涉及其他单位，需要将原请示附在批复的后面，以便下级机关和所涉及单位在办理过程中参照。如果批复的内容涉及其他方面内容，应同有关部门会签。

5. 批复的内容必须是在本机关职权范围内的问题，不能超出职权范围批复请示的问题。

附：附例一、附例二

附例一

密级

中共××市纪律检查委员会：

你委《关于对预备党员涉嫌违纪问题可否立案审查的请示》（×纪发〔××××〕××号）收悉。根据《中国共产党纪律检查机关案件检查工作条例》第十六条之规定，同意你委关于对预备党员涉嫌违纪问题可以立案审查的意见。

需指出的是，若查明预备党员有违纪行为的，应根据违纪情节轻重，依照《中国共产党章程》第七条第三款和《中国共产党纪律处分条例》第×××条之规定，向预备党员所在党组织提出给予批评教育、延长预备期或取消预备党员资格的纪律检查建议，不能给予预备党员党纪处分。

此复。

中共××省纪律检查委员会（印章）

××××年××月××日

附例二

密级

关于对省纪委交办的××案件
涉案人员处理意见的批复

中共××市纪律检查委员会:

你委《关于对省纪委交办的×××案件涉案人员处理意见的请示》(×纪发〔××××〕××号)收悉。根据你委查实的×××案件共计11名涉案人员的违纪事实,依据《中国共产党纪律处分条例》第一百四十二条第二款和×××年《中国共产党纪律处分条例》第八十二条、第九十条、第二十一条、第三十九条、第七条之规定,经省纪委常委会议讨论,同意你委所提对该11名涉案人员的具体处理意见,请按规定的权限和程序办理。其中涉嫌犯罪的,应当移送司法机关依法处理。

特此批复。

中共××省纪律检查委员会(印章)

××××年××月××日

三、案件会议纪要

(一) 案件会议纪要的概念

执纪过程中,召开有关案件方面的重要会议,研究议定有关事项时,一般应当形成会议纪要。

案件会议纪要是在案件审查中经常使用的一种记载案件讨论情况及议定事项的公文。案件会议纪要应简明扼要,实事求是地记载会议精神和议定的事项。

会议纪要正文一般由两部分组成。①会议概况。主要包括会议时间、地点、名称、主持人,与会人员,基本议程。②会议的精神和议定事项。常委会、室务会、办公会的纪要,一般包括会议内容、议定事项,有的还可概述议定事项的意义。

会议纪要的内容一般分两大部分。开头第一部分一般应写明会议概况，包括会议进行的时间、地点、届次、组织者、出席和列席人员名单、主持人、会议议程和进行情况以及对会议的总体评价等。第二部分是纪要的中心部分，反映会议的主要精神、讨论意见和议决事项等。

（二）案件会议纪要的写法

根据会议性质、规模、议题等不同，案件会议纪要大致可以有以下几种写法：

1. 集中概述法

这种写法是把会议的基本情况、讨论研究的主要问题、与会人员的认识、议定的有关事项（包括解决问题的措施、办法和要求等），用概括叙述的方法，进行整体的阐述和说明。这种写法多用于召开的小型会议，而且讨论的问题比较集中单一，意见比较统一，容易贯彻操作，写的篇幅相对短小。如果会议的议题较多，可分条列述。

2. 分项叙述法

召开大中型会议或议题较多的会议，一般要采取分项叙述的办法，即把会议的主要内容分成几个大的问题，然后加上标号或小标题，分项来写。这种写法侧重于横向分析阐述，内容相对全面，问题也说得比较细，常常包括对目的、意义、现状的分析，以及目标、任务、政策措施等的阐述。这种纪要一般用于需要基层全面领会、深入贯彻的会议。

3. 发言提要法

这种写法是把会上具有典型性、代表性的发言加以整理，提炼出内容要点和精神实质，然后按照发言顺序或不同内容，分别加以阐述说明。这种写法能比较如实地反映与会人员的意见。某些根据上级机关布置，需要了解与会人员不同意见的会议纪要，可采用这种写法。

（三）案件会议纪要的特点

1. 内容的纪实性

会议纪要如实地反映会议内容，它不能离开会议实际搞再创作，不能搞人为的拔高、深化和填平补齐。否则，就会失去其内容的客观真实性，违反纪实的要求。

2. 表达的要点性

会议纪要是依据会议情况综合而成的。撰写会议纪要应围绕会议主旨及主要成果来整理、提炼和概括。重点应放在介绍会议成果，而不是叙述会议的过程，切忌记流水账。

3. 称谓的特殊性

会议纪要一般采用第三人称写法。由于会议纪要反映的是与会人员的集体意志和意向，常以"会议"作为表述主体，"会议认为""会议指出""会议决定""会议要求""会议号召"等就是称谓特殊性的表现。

会议纪要有别于会议记录。二者的主要区别是：第一，性质不同。会议记录是讨论发言的实录，属事务文书；会议纪要只记要点，是法定行政公文。第二，功能不同。会议记录一般不公开，无须传达或传阅，只作资料存档；会议纪要通常要在一定范围内传达或传阅，要求贯彻执行。

附：案件会议纪要式样

案件会议纪要式样

密级

×××××××××会议纪要

（20××年××月××日）

×× 月××日，××纪委××（职务）×××主持召开会议，研究×××××××××。××。

出席：××（单位）×××、××（单位）×××、××（单位）××、×××（单位）×××。

分送：×××××××，×××××××，××××
×××××××，×××××××。

×× 纪委××××　　　　　　　　年　月　日印发

第五节　案件审查措施类公文

一、停职检查决定书

停职检查，是指由党的组织或纪检机关对犯有严重错误，已不适宜担任现任职务或对抗、阻挠、干扰、破坏对其问题的查处，妨碍案件审查工作开展的党员干部，按照一定的程序，暂时停止其所担任的职务的一种组织措施。

停职检查的组织措施有 4 个特征：①强制性。采取组织措施，不需要征得本人同意。②暂时性。在案件查结后，对被调查人作出纪律处分的同时，停职检查的决定自行终止。③特定对象。采取组织措施，必须是被立案审查的违纪党员犯有严重错误，已不适宜担任现任职务或对抗、阻挠、干扰、破坏对问题的调查，妨碍案件审查工作的开展。④特定程序。采取组织措施，必须由党的组织或纪检机关依照有关条规规定的程序进行。

采取组织措施的意义：①有利于制止被调查人继续进行违纪活动。在案件审查中，有的被调查人拒不接受组织劝告和教育，继续进行违纪活动，甚至利用职务之便，采取各种手段，对抗组织审查。这种情况下，对被调查人采取组织措施，能够及时有效地制止其继续进行违纪活动。②有利于避免给党的工作造成更大影响和损失。被调查人违反纪律，已经给党的事业、各方面工作造成了不良影响和损失，如果在组织审查期间继续进行违纪活动，必然造成更恶劣的影响和更严重的损失。因此，及时对其采取组织措施，有利于挽回影响，防止各方面工作受到更大的损失。③有利于教育被调查人无条件地接受组织审查。在案件审查中，对被调查人采取组织措施，本身也是一种有效的教育方式，有利于使被调查人认识到在党内没有特殊党员，无论在什么岗位，不管职务高低，党龄长短、功劳大小，都必须自觉接受纪律的约束，接受组织的审查，向组织讲清自己的问题。④有利于排除被调查人对案件审查工作的干扰。在案件审查中被调查人往往拒不接受组织的审查，继续进行违纪活动，甚至利用各种手段压制了解案件真实情况的群众，干扰案件审查工作的顺利进行。在这种情况下，及时对被调查人采取组织措施，有利于使了解案件真实情况的群众消除疑点和顾虑，如实地向组织反映情况、迅速查明案情，保证案件审查的顺利进行。

采取停职检查措施的前提，是被调查人确实犯有严重错误，已不适宜担任现任职务；或被调查人确实犯有严重错误，并且妨碍案件审查。"已不适宜担任现任职务"，是指具有下列情形之一的：①被调查人犯有严重错误，已无法继续履行其职责；②被调查人犯有严重错误，担任现任职务已严重影响调查工作。"妨碍案件审查"，是指被调查人具有下列行为之一的：①本人或指使他人对执纪人员、检举控告人、证明人及上述人员的家属进行侮辱、诽谤、诬陷、威胁、围攻、殴打以及其他形式的打击报复；②为了逃避组织的审查和纪律的惩处，故意向组织提供假情况或指使他人拒绝回答有关案件情况的询问，拒不出证或出具伪证，以及利用各种非法手段隐匿、篡改、销毁证据，甚至故意歪曲、捏造事实、嫁祸栽赃、诬陷他人；③利用职权或工作之便，采取弄虚作假、欺骗、恫吓威胁、金钱物品贿赂等手段阻止知情人如实反映情况、提供证据，甚至唆使知情人改变原来的证据；④拒不接受组织的审查，本人或指使他人与同案人或知情人通风报信，串通情况，设置障碍，制造困难，订立攻守同盟，进行反调查，破坏、对抗案件审查工作。

采取停职检查措施时，应履行一定的审批手续。停职检查的批准权限与立案的批准权限是一致的。停止被调查人的党内职务，属党委批准立案的，停职检查由党委决定；属纪检机关直接立案的，停职检查由纪检机关征求同级党委意见后决定。党委或纪检机关在作出停职检查决定后，应制作《停职检查决定书》，送达被调查人所在单位党组织。如果停止党内职务的决定是由纪检机关征求同级党委意见后作出的，则纪检机关应将《停职检查决定书》报同级党委、党组备案，并通报同级党委组织部门。

附：停职检查决定书式样和附例

停职检查决定书式样

密级

中共××纪律检查委员会
停职检查决定书

×纪〔××××〕×号

××××（被调查人所在单位党组织）：

鉴于×××同志严重违犯党的纪律，已不适宜担任现任职务（或妨碍案件调查），根据《中国共产党纪律检查机关案件检查工作条例》的规定，经×××纪委常委会议讨论并征求××党委意见，决定暂停×××同志担任的××××职务。

中共××纪律检查委员会（印章）
年 月 日

抄报：××党委（党组）

抄送：××组织部

附例

密级

中共××市纪律检查委员会
停职检查决定书

×纪×字〔2002〕28 号

中共××市公安局委员会：

鉴于李××同志徇私枉法造成严重后果，且利用职权干扰对其问题的调查。

根据《中国共产党纪律检查机关案件检查工作条例》第二十六条之规定，经2002年5月10日市纪委常委会议讨论，并征求市委意见，决定暂停李××同志担任的××市公安局党委副书记职务。

中共××市纪律检查委员会

2002 年 5 月 12 日

抄报：××市委

抄送：××市委组织部

二、停职检查建议书

采取停职检查措施，停止被调查人党外职务时，应履行一定的审批手续。停止被调查人党外职务的批准权限与党组织隶属关系和干部管理权限是一致的。纪律审查实践中，有的被调查人不仅担任党内职务，而且同时担任党外职务，或只担任党外职务。若需要停止被调查人的党外职务时，纪检机关应向有关党外组织提出建议。其方式是制作《停职检查建议书》，送达有关党外组织。但由党委批准立案的，停职检查建议应在报经党委同意后提出。

《停职检查建议书》的主要内容是：①立案审查机关及开展调查工作的简要情况；②被调查人的主要错误事实和本人表现；③建议停止党外职务的条规依据；④建议停止被调查人的何种职务和建议的提出机关（如该建议按规定须报经党委同意的，还应说明报告过程及结果）；⑤要求有关主管机关及时报告或告知处理结果。对纪检机关的建议，有关党外组织如无正当理由应予采纳，并应将结果及时报告或告知纪检机关。

附：停职检查建议书式样及附例

停职检查建议书式样

密级

中共××纪律检查委员会

停职检查建议书

×纪 ［××××］ ×号

××××：

第一部分：立案审查机关及开展调查工作的简要情况；

第二部分：被调查人的主要错误事实和本人表现；

第三部分：建议停止党外职务的条规依据；

第四部分：建议停止被调查人的何种职务和建议的提出机关（如该建议按规定须报经党委同意的，还应说明报告过程及结果）；

第五部分：要求有关主管机关及时报告或告知处理结果。

中共××纪律检查委员会（印章）

年 月 日

附例

密级

中共××市纪律检查委员会

停职检查建议书

×纪×〔2015〕41 号

××市人民政府：

根据群众举报和初步核实情况，我委于 2015 年 6 月 18 日决定对××市××局党委副书记、副局长张××涉嫌违纪问题立案审查。经查，张××在组织审查期间，指使有关人员制造假账、假证、对抗组织审查，已不适宜担任现任职务。根据《中国共产党纪律检查机关案件检查工作条例》第二十六条之规定，经报市委同意，我委已暂停其市××局党委副书记职务，建议市政府尽快暂停其市××局副局长职务。请将办理结果及时回告我委。

中共××市纪律检查委员会

2015 年 7 月 12 日

抄送：××市委组织部、××市人力资源和社会保障局

三、查询存款通知书

根据《中共中央纪委办公厅、监察部办公厅关于查办案件中需查询或冻结被调查对象存款时应以监察机关名义使用监察文书的通知》（中纪办发〔1999〕17 号），纪检、监察机关合署办公、行使两项职能后，各级纪检监察机关今后在办案中确实需要到银行或者其他金融机构查询存款或者冻结存款时，无论以纪检机关名义立案的，还是以监察机关名义立案的，均应以监察机关名义使用监察文书格式，并应按规定严格履行审批程序申请。未设监察机关的部门、单位或者系统，纪检机关需要到银行或者其他金融机构查询和冻结存款的，可到所在行政区监察机关或者上级主管部门监察机关开具

监察文书。

查询存款通知书，是监察机关在办案过程中根据有关规定，经有关负责人批准，对被调查对象在银行或其他金融机构的存款进行查询的法定文书。

四、提请保全书

根据《中共中央纪委办公厅、监察部办公厅关于查办案件中需查询或冻结被调查对象存款时应以监察机关名义使用监察文书的通知》（中纪办发〔1999〕17号），以及《最高人民法院、监察部关于执行〈中华人民共和国行政监察法〉第二十一条若干问题的规定》（监发〔1998〕3号），确需冻结银行存款时，纪检机关需以监察机关名义使用提请保全书。

提请保全书，是监察机关在办案过程中根据有关规定，经有关负责人批准，提请涉嫌人员存款开户的银行或者其他金融机构所在地的基层人民法院采取保全措施，依法冻结涉嫌人员在银行或者其他金融机构的存款的法定文书。

五、提请解除保全书

根据《中共中央纪委办公厅、监察部办公厅关于查办案件中需查询或冻结被调查对象存款时应以监察机关名义使用监察文书的通知》（中纪办发〔1999〕17号），以及《最高人民法院、监察部关于执行〈中华人民共和国行政监察法〉第二十一条若干问题的规定》（监发〔1998〕3号），确需解除已提请人民法院冻结的涉嫌人员在银行或其他非金融机构的存款时，纪检机关需以监察机关名义使用提请解除保全书。

提请解除保全书，是监察机关根据调查结果，对曾作出的暂停支付被调查对象在银行或其他非金融机构存款的通知予以解除的法定文书。

六、暂予扣留、封存涉案款物呈批表和登记表

1994年3月25日，中共中央纪委印发的《纪检工作实施细则》第31条规定，纪检机关暂予扣留、封存可以证明违纪行为的文件、资料、账册、单据、物品和非法所得时，参加的调查人员不得少于二人，并要填写《暂予扣留、封存物品登记表》，调查人和文件、物品的保管或持有人均应在登记表上签名。对扣留封存的文件、物品等，要指定专人妥善保管。同时，还附具了

《暂予扣留、封存物品登记表》文书格式。

2008年10月15日，中共中央纪委印发的《中国共产党纪律检查机关查办案件涉案款物管理暂行规定》第7条第1款规定："案件检查部门或者调查组暂予扣留、封存涉案款物，应当填写暂予扣留、封存涉案款物呈批表，经案件检查部门或者调查组负责人审核并报纪检机关分管领导批准后执行。"第8条规定："执行暂予扣留、封存涉案款物措施的案件承办人不得少于二人。执行时应当与原款物持有人或者保管人、见证人共同对暂予扣留、封存涉案款物当面逐件清点，当场填写暂予扣留、封存涉案款物登记表，分别由案件承办人、原款物持有人或者保管人、见证人签名或者盖章。原款物持有人或者保管人无法或者拒绝在登记表上签名或者盖章的，承办人应当注明原因。"第45条规定："本规定自发布之日起施行。凡此前有关涉案款物管理的规定与本规定不一致的，执行本规定。"据此，该规定印发后，《纪检工作实施细则》关于"暂予扣留、封存可以证明违纪行为的文件、资料、账册、单据、物品和非法所得时，参加的调查人员不得少于二人，并要填写《暂予扣留、封存物品登记表》"的规定即不再执行。

《执纪工作规则》第47条对此也做了规定：查封、扣押（暂扣、封存）、冻结、移交涉案款物，应当严格履行审批手续。执行查封、扣押（暂扣、封存）措施，监督执纪人员应当会同原财物持有人或者保管人、见证人，当面逐一拍照、登记、编号，现场填写登记表，由在场人员签名。对价值不明物品应当及时鉴定，专门封存保管。纪检监察机关应当设立专用账户、专门场所，指定专门人员保管涉案财物，严格履行交接、调取手续，定期对账核实。严禁私自占有、处置涉案款物及其孳息。

《暂予扣留、封存涉案款物呈批表》和《暂予扣留、封存涉案款物登记表》，是纪检机关暂予扣留、封存可以证明违纪行为的款物和违纪所得的款物，包括现金、有价证券、支付凭证、房产、金银珠宝、文物古玩、字画、家具、电器、交通工具、通信工具等的法定文书。

附：1. 暂予扣留、封存涉案款物呈批表式样
　　2. 暂予扣留、封存涉案款物登记表式样

暂予扣留、封存涉案款物呈批表

中××纪检查委员会
暂予扣留、封存涉案款物呈批表

年　　月　　日

原款物持有人		案件承办人	
原款物保管人			
案件检查部门 （调查组）			
涉案款物 清单	附页：		
暂扣封存 理由			
部门（调查组） 领导意见	年　　月　　日		
分管领导 意见	年　　月　　日		
备注			

注：此清单一式四份，纪检机关案件检查部门（调查组）、原款物持有（保管）人、机关财务（保管）部门各一份，附卷备查一份。

暂予扣留、封存涉案款物登记表式样

中××纪检查委员会

暂予扣留、封存涉案款物登记表

第　　页　　　　　　　　　　　　　　　　　　　　　　　　总　　页

编号	款物名称	数　量	规格	单位	特征	备注

承办人：　　　　　　　　　　　　　　　原款物持有（保管）人：

保管工作人员：　　　　　　　　　　　　见证人：

　　　　　　　　　　　　　　　　　　　　　年　　月　　日

　　注：此清单一式四份，纪检机关案件检查部门（调查组）、原款物持有（保管）人、机关财务（保管）部门各一份，附卷备查一份。

七、解除暂予扣留、封存款物清单

《中国共产党纪律检查机关查办案件涉案款物管理暂行规定》第10条规定，调查过程中认定不是违纪违法所得的款物或者不能证明违纪违法行为的款物的，经纪检机关分管领导批准，应当及时解除暂予扣留、封存措施。由案件检查部门或者调查组填写解除暂予扣留、封存款物清单，将解除暂予扣留、封存的款物发还原款物持有人或者保管人。发还时应当按清单与原款物持有人或者保管人当面清点，并办理签收手续。

附：解除暂予扣留、封存款物清单式样

解除暂予扣留、封存款物清单式样

中共××纪律检查委员会

解除暂予扣留、封存款物清单

第　　页　　　　　　　　　　　　　　　　　　　　　　　　总　　页

编号	款物名称	数　量	规格	单位	特征	备注

编号	款物名称	数　量	规格	单位	特征	备注
批准人（签章）：			以上款物如数收到 原款物持有人或者保管人（签章）：			
发还执行人（签章）：			发还日期：			
				年　　　月　　　日		

注：此清单一式五份，发还执行人、原款物持有（保管）人、纪检机关案件检查部门（调查组）、机关财务（保管）部门各一份，附卷备查一份。

八、收缴款物清单

根据《中国共产党纪律检查机关查办案件涉案款物管理暂行规定》第 25 条规定，纪检机关收缴涉案款物，应当在纪委常委会（未设常委的纪委会议）作出收缴决定后，由案件检查部门填写收缴款物清单，财务（保管）部门开具由财政部门统一印制的收据或者凭证，由两名承办人员负责及时送达涉案款物原持有人或者保管人。送达时，应当由涉案款物原持有人或者保管人在清单上签名或者盖章。涉案款物原持有人或者保管人拒绝签名或者盖章的，案件承办人应当注明原因。

附：收缴款物清单式样

收缴款物清单式样

中共××纪律检查委员会

收缴款物清单

第　　页　　　　　　　　　　　　　　　　　　　　　　　　　总　　页

编号	款物名称	单位	数　量	特征	备注

案件检查部门（调查组）负责人：

承办人：　　　　　　　　　　　　　　　　原款物持有（保管）人：

　　　　　　　　　　　　　　　　　　　　　　年　　月　　日

　　注：此清单一式三份，原款物持有（保管）人、纪检机关财物（保管）部门各一份，附卷备查一份。

九、退赔款物清单

根据《中国共产党纪律检查机关查办案件涉案款物管理暂行规定》第 26 条规定，责令有关单位或者个人退赔的暂予扣留、封存的涉案款物，应当在纪委常委会（未设常委的纪委会议）作出责令退赔决定后，由案件检查部门填写责令退赔款物清单，及时送达，由退赔单位负责人或者退赔人在清单上签名或者盖章。退赔单位负责人或者退赔人拒绝签名或者盖章的，案件承办人应当注明原因。

第六节 案件审查后期公文

一、销案呈批报告

根据《纪检工作实施细则》第 38 条规定，经调查，属于检举失实的案件，由承办纪检室写出《销案呈批报告》，报请立案机关批准后销案，并向被调查人及其所在单位党组织说明情况。

销案呈批报告，是纪检监察室对所反映的问题经调查认定属于检举失实的案件，报请立案机关批准予以销案的法定文书。

附：销案呈批报告式样及附例

销案呈报告式样

密级

中共××纪律检查委员会
销案呈批报告

×纪×字〔20××〕×号

（分管领导同志）：

一、立案时间和立案机关；

二、销案理由；

三、呈报单位意见。

附：调查报告

第××纪检监察室
年 月 日

附例

密级

中共××市纪律检查委员会
销案呈批报告

××〔20××〕×号

××同志：

2009 年 2 月 18 日，根据市纪委常委会议决定，我室立即组成调查组对市民政局党组副书记、副局长卜××涉嫌违纪问题立案审查。经查，举报反映卜××在任市民政局福利院院长期间私设"小金库"的问题不属实。根据《中国共产党纪律检查机关案件检查工作条例实施细则》第三十八条之规定，建议提请市纪委常委会议批准后销案，并由我室向市民政局党组和卜××本人说明情况，请市民政局党组采取适当方式在一定范围内予以澄清。

附：关于卜××涉嫌违纪问题的调查报告

第三纪检监察室
2009 年 5 月 14 日

二、纪律检查建议书

纪律检查建议书，是指纪检机关根据审查情况，依照《党章》第 46 条，《纪检工作条例》第 14 条第（二）项、第 38 条和《纪检工作实施细则》第 11 条等规定，建议有关党组织进一步完善廉政、勤政制度，对被调查人进行批评教育，以及作出对被调查人的工作或职务进行调整、在一定范围内进行通报批评、责成被调查人退出违纪所得等组织处理措施时所使用的法定文书。

根据《纪检工作条例》第 14 条第（二）项和《纪检工作实施细则》第 11 条规定，对经初步核实，虽有违纪事实，但情节轻微，不需追究党纪责任的，纪检机关应建议有关党组织按照以下办法作出处理：①党组织负责人同被调查人谈话，进行批评教育；②责成被调查人作出口头或书面检查；③召开民主生活会，对被调查人进行批评帮助；④纠正被调查人的违纪行为或责令其停止正在实施的违纪行为；⑤对被调查人的工作或职务进行调整；⑥在一定范围内进行通报批评；⑦责成被调查人退出违纪所得。上述处理办法对同一被调查人可以单独使用，也可合并使用。纪检机关对党组织提出建议时，应制作《纪律检查建议书》，送达有关党组织。对纪检机关的建议，有关党组织如无正当理由，应予采纳，并应将办理结果及时报告或告知提出建议的纪检机关。

根据《纪检工作条例》第 38 条之规定，调查结束后，纪检机关应协助发案单位党组织总结经验教训，其中需要进一步完善廉政、勤政制度的，可以制作《纪律检查建议书》，对党组织提出建议。

附：纪律检查建议书式样和附例

纪律检查建议书式样

密级

中共××纪律检查委员会
纪律检查建议书

×纪〔××××〕×号

××××：

第一部分：审查机关和核实认定的违纪问题；

第二部分：处理建议（参照《中国共产党纪律检查机关案件检查工作条例实施细则》第十一条）；

第三部分：要求将办理结果及时报告或告知纪检机关。

中共××纪律检查委员会（印章）

年 月 日

附例

密级

中共××省纪律检查委员会

纪律检查建议书

×纪〔2015〕38 号

中共××市委：

我委在查办你市原常务副市长张××严重违纪案件过程中，发现张××利用职务上的便利，通过向市直机关及部分国有企业领导打招呼，为其女儿、女婿承揽银行存款业务谋取利益问题，这同时也反映出部分财政预算单位和国有企业在公款存放方面存在管理不规范、监督不到位、制度不健全等问题。经省纪委常委会议讨论，建议由你们深入剖析，围绕防止党员领导干部在公款存放方面发生利益冲突和利益输送问题进行认真研究，进一步完善相关制度和监督管理措施。请将办理结果于六个月内函告我委（径送省纪委案件审理室）。

中共××省纪律检查委员会（印章）

2015 年 5 月 5 日

三、案件移送审理登记表

案件移送审理登记表，是指纪检监察室在案件调查结束后，对需要追究党纪政纪责任和涉嫌犯罪需要移送司法机关的案件，按规定将所有案件材料装订成卷，并全部移送案件审理室，由案件审理室进行审核处理时所使用的法定文书。

（一）违犯党纪案件移送审理时，应移送的材料

1. 本机关纪检监察室移送审理的案件，应提供下列材料：

（1）分管领导同意移送审理的批示；

（2）立案依据；

（3）调查报告和承办纪检监察室的意见；

（4）全部证据材料，须装订成卷；

（5）与被调查人见面的违纪事实材料，被调查人对违纪事实材料的书面意见和检讨材料，调查组对被调查人意见的说明；

（6）与涉案款物有关的暂予扣留、封存、责令不得变卖转移等手续、文书、鉴定材料等；

（7）其他应当移送审理的材料。

2. 下级纪检机关呈报审批的案件，应提供下列材料：

（1）呈报审批的请示；

（2）与被调查人见面的违纪事实材料，被调查人对违纪事实材料的书面意见和检讨材料，调查组对被调查人意见的说明；

（3）被调查人所在单位党组织的意见；

（4）调查报告和审理报告；

（5）全部证据材料，须装订成卷；

（6）其他应当呈报的材料。

（二）违反政纪案件移送审理时，应移送的材料

1. 本机关纪检监察室移送审理的案件，应提供下列材料：

（1）分管领导同意移送审理的批示；

（2）立案依据；

（3）调查报告；

（4）全部证据材料，须装订成卷；

（5）被调查人违纪事实见面材料、被调查人对事实见面材料的意见及案件审查部门对其意见的说明；

（6）被调查人所在单位或其主管部门的意见；

（7）其他应当移送审理的材料。

2. 下级监察机关呈报审批的案件，应提供下列材料：

（1）呈报审批的请示；

（2）被调查人违纪事实见面材料、被调查人对事实见面材料的意见及案件审查部门对其意见的说明；

（3）被调查人所在单位或其主管部门的意见；

（4）调查报告和审理报告；

（5）全部证据材料，须装订成卷；

（6）其他应当呈报的材料。

附：案件移送审理登记表式样

案件移送审理登记表式样

密级

中共××纪律检查委员会
案件移送审理登记表

案件名称				
被调查人		单位、职务		
立案机关			立案时间	
承办纪检 监察室意见	年　　月　　日			
材料目录				
移送单位：　　　　　　　　承办人：				
接受单位：　　　　　　　　接受人：　　　　　　　年　月　日				

注：此表一式两份，移送单位和接受单位各存一份。

四、案件移送函

案件移送函，是指纪检监察机关经审查认为被调查人的违纪行为已涉嫌犯罪，需要移送司法机关追究刑事责任，或者被调查人的违纪行为已涉嫌违法，需要移送相关行政机关追究行政责任时，向有关国家机关出具的公函。

附：案件移送函式样

案件移送函式样

中共××纪律检查委员会

关于移送×××（单位、职务、姓名）
涉嫌犯罪问题和线索的函

×纪〔20××〕××号

×××人民检察院：

　　××年×月×日，经××党委同意，××纪委决定对×××（单位、职务、姓名）涉嫌严重违纪问题立案审查。×月×日，××纪委常委会议研究决定给予×××开除党籍（开除公职）处分，并将其涉嫌犯罪问题和线索移送司法机关依法处理。×月×日，××党委批准该处理意见。现将×××贪污×万元、受贿×万元等涉嫌犯罪问题及涉嫌贪污×万元、受贿×万元等问题线索移送你院，请依法处理。

　　根据《中国共产党章程》第×××条、《中华人民共和国监察法》第×××条和中共中央办公厅《关于在查办党员和国家工作人员涉嫌违纪违法犯罪案件中加强协作配合的意见》等规定，请在案件侦查终结前，对我委移送的涉嫌犯罪问题及线索核查情况，书面通报我委。

附件：《×××涉嫌犯罪的有关问题和线索》
联系人及电话：×××

中共××纪委

年　月　日

附件

×××涉嫌犯罪的有关问题和线索

×××，男（女），××年×月生，×族，××××人××学历，××年×月参加工作，××年×月加入中国共产党（简历）。

一、涉嫌犯罪的问题

（一）贪污×万余元

（内容为经审理认定的事实。）

（二）×××××××

（根据审理意见逐一列明涉嫌犯罪问题。）

二、涉嫌犯罪的线索

调查中，还发现×××以下涉嫌犯罪的线索：……。

（一）涉嫌贪污×万元线索

（简要描述线索状况。）

（二）×××××××

（根据审理意见逐一列明涉嫌犯罪线索。）

三、随案移送的涉案款物

（根据审理意见逐一列明应移送的涉案款物。）

五、通报

通报是纪检机关经常使用的一种公文样式，同其他公文种类相比，它所反映的内容更为广泛，不仅用于沟通情况，交流信息，剖析案件，总结教训，提出要求，而且还常用于表彰先进，树立典型，弘扬正气。它所使用的范围，不仅在党组织和国家行政机关内部，而且还可面向社会、面向广大群众发布有关内容。因此，纪检机关的通报，无论是在结构写法、材料组织，还是在语言运用等方面，都有其特定的要求。

（一）通报的注意事项

1. 行文要及时。

2. 事例要真实、典型。

3. 要对事件（事情）的叙述实事求是，不拔高，不贬低，一就是一，二就是二，确保"通报"的客观性。

4. 要把握分寸，无论表彰先进的通报还是批评错误的通报，评价或定性要十分准确，恰如其分。

（二）通报的写作结构

纪检监察通报多是针对某一错误事实或某一有代表性的错误倾向而发布的通报，有针砭、纠正、惩戒的作用。

1. 标题

批评通报的标题不一定要出现"批评"两个字。

2. 正文

（1）错误事实或现象。如果是对个人的错误进行处理的通报，这部分要写明犯错误人的基本情况，包括姓名、所在单位、职务等，然后是对错误事实的叙述，要写得简明扼要，完整清晰。如果是对部门单位的不良现象进行通报，这部分将要占较大的篇幅。如果是针对普遍存在的某一问题进行通报，这部分要从不同地方、不同单位的许多同类事实中，选择出一些有代表性的进行综合叙述，如《中共中央纪律检查委员会通报（立即刹住用公款请客送礼、吃请受礼的歪风）》，综合叙述了若干单位请客送礼，吃请受礼的事实，列举了大量的统计数字。

（2）错误性质或危害性分析。处理单一错误事实的通报，这部分要对错误的性质、危害进行分析，一般都写得比较简短。对综合性的不良现象或问题进行通报，这部分的分析性文字可能要复杂一些。

（3）惩罚决定或治理措施。对个人单一错误事实进行处理，要写明根据什么规定，经什么会议讨论决定，给予什么处分等。对普遍存在的错误现象或问题，在这部分中要提出治理、纠正的方法措施。内容复杂时，这部分可以分条列项。如中央纪委关于"请客送礼、吃请受礼"的通报，就提出了五条严厉措施来制止这股歪风。这些方法措施，跟指示的写法相似。

（4）提出希望要求。在结尾部分，发文机关要对受文单位提出希望要求，以便受文单位能够高度重视，认清性质，吸取教训，采取措施。通报的"要求"往往是一些原则性的指导意见和警告，需概括地提出，无须具体详尽地说明，篇幅不宜过长。不过，也不宜过于笼统。如一则批评性通报的"要求"是这样写的："希望大家引以为戒。"仅此一句，未免显得太笼统，太空泛了，从何处去"引"，又去"戒"什么呢？让人无法得其要领。

通报的正文，要在客观叙述违纪事实的基础上，对问题产生的原因、提出的教训进行分析。这一部分是重点反映党组织对所发生问题的认识、看法与态度，带有很强的指令性。这一部分是通报正文的重点，写作难度比较大，尤其是相同性质案件的通报每年都有许多，而其违纪的原因所总结的教训大同小异，不用心钻研就很难写出每个通报的特点，也很难有新意，因此，对这一部分的写作要求是，抓住要害，深入剖析突出重点，创出新意。

对违纪原因的分析，要注意揭示出问题的本质，从主观与客观的角度分别指出产生问题的根源，这样才真正有助于教育广大党员干部。

由于纪检监察机关通报案件的种类比较多，案情复杂，因而论说部分所包含的内容范围也较广，总的来看有以下几个方面：①阐述问题的严重性、危害性及所造成的影响与后果；②剖析案件带给我们哪些思考，有什么教训值得吸取；③通过这个案件给党组织、党员干部特别是党员领导干部提出了什么告诫，指出了哪些应当注意的问题；④对所发生的具有倾向性、苗头性的问题，提出哪些具体的纠正、制止措施；⑤对减少损失、挽回影响提出哪些具体要求；⑥是否重申以前的有关规定；⑦对所通报的问题是否要求限时报告查处结果；⑧对通报所涉及的有关组织是否提出批评或表扬。

以上这八个方面并不要求每个通报的论说部分都必须具备，而应根据所通报案件的具体情况来定。但不论写几方面的内容，都应当结合实际，有针对性地提出问题，提出给人启迪、发人深省的观点和论断，不求多只求精，抓住一点，讲深讲透，增强说服力和感染力。

附：通报附例

附例

中央纪委通报 4 起纪检监察干部
违反中央八项规定精神典型问题

中央八项规定出台以来，各级纪检监察机关和广大纪检监察干部带头贯彻执行中央八项规定精神，坚决反对"四风"，以实际行动促进党风政风转变，带动社会风气好转，赢得了党和人民的信赖。但也有极少数纪检监察干部无视规定知纪违纪，影响恶劣。现将四起典型问题通报如下：

××省××市安义县委常委、县纪委书记吴×酒后驾车肇事致人死亡问题。2013年12月17日晚，吴×酒后驾驶他人车辆，途中撞伤1人并逃逸，导致被撞者经抢救无效死亡。××市纪委经研究并报××市委批准，给予其开除党籍、开除公职处分，对其涉嫌犯罪问题移交司法机关依法处理。

××省××市国家安全局纪委书记吴××驾驶警用车辆交通肇事致人死伤问题。2013年11月21日中午，吴××在××市滨江路某酒店参加公务接待后，驾驶警用车辆将该酒店3名员工撞伤并逃逸，导致其中1人因伤死亡、2人因伤住院治疗。目前，检察机关正在对其涉嫌犯罪问题进行审查起诉。

××省××市临漳县纪委副科级纪律检查员、监察员申××违规接受宴请酒后殴打镇纪委书记等问题。2013年5月17日，申××带队到××县工商局和××镇检查工作，中午违规接受该县工商局纪检组组长王×忠等人安排的宴请并饮酒，午餐后与配合其检查工作的××镇纪委书记王×璐发生争执并互殴，造成不良影响。××县纪委监察局经研究并报××县委县政府批准，给予申××党内严重警告、行政撤职处分，调离纪检监察队伍；给予王×忠行政警告处分；对王×璐进行诫勉谈话，调离纪检监察队伍；对其他7名相关人员进行诫勉谈话。

××省××市纪委工作人员任××大办其父丧事违规收受礼金问题。2013年1月24日至28日，任×刚与其兄××市××局原局长任×诚操办父亲丧事，丧葬当日安排宴席170桌，违规收受礼金共计7900元；4名政法等系统工作人员违规使用公车参加丧宴。××市纪委按程序给予任×刚党内警告处分，收缴礼金；给予任×诚党内严重警告处分；对违规使用公车参加丧宴的4名公职人员通报批评。

广大纪检监察干部要从中吸取深刻教训，切实引以为戒。要以更高的标准、更严的要求，持之以恒落实中央八项规定，坚决纠正"四风"。要坚守责任担当，常怀戒惧之心，切实改进作风，从自身做起、从具体事情做起，维护好纪检监察干部形象。各级纪检监察机关要按照"打铁还需自身硬"的要求，带头正风肃纪，对违纪违法行为零容忍，切实解决"灯下黑"问题，自觉接受党组织、人民群众和新闻舆论监督，用铁的纪律打造过硬的纪检监察干部队伍。

中共中央纪委

2014年1月20日

思考题

1. 立案决定书的写作注意事项，并以××案例写作立案决定书。
2. 写作案件调查笔录的注意事项是什么？
3. 以××案为例写作案件调查报告。
4. 以××案为例写作违纪事实材料。
5. 销案呈批报告的作注意事项？

第一节　提前介入审理意见

一、提前介入审理意见的概念

《执纪工作规则》第 55 条第（二）项规定，"对于重大、复杂、疑难案件，监督检查、审查调查部门已查清主要违纪或者职务违法、职务犯罪事实并提出倾向性意见的；对涉嫌违纪或者职务违法、职务犯罪行为性质认定分歧较大的，经批准案件审理部门可提前介入"。通过提前介入审理，有利于将案件的事实认定、证据收集、定性、纪律审查程序和手续等方面存在的问题提前消除在调查阶段，从而确保办理质量，提高审查效率。

提前介入审理意见，就是提前介入审理阶段形成的书面审理意见，提前介入审理工作的主要成果体现在该意见上。

二、形成提前介入审理意见需要把握的几个问题

1. 要把握提前介入审理的条件。一般而言，只有在案件调查阶段，案件重大、复杂，执纪审查部门已查清主要违纪事实并提出倾向性意见，或是对违纪行为性质认定分歧较大的情况下，经报本纪检监察机关领导同意，提请审理部门提前介入审理。

2. 提前介入审理要防止以审代查。提前介入审理的定位还是审理，要坚持审理工作的基本立场和基本要求，按照"二十四字"审理工作基本要求审理案件，防止介入过深，以审代查、查审不分，保持审理工作的相对独立性。

3. 提前介入审理意见要把握住度。对一些存在较大分歧的问题，如审理

部门内部不能达成一致，不能强行追求在该阶段盖棺定论，可以将其作为在正式审理阶段进一步研究论证的问题表述。这样，既符合案件处理的实际，又利于在正式审理阶段突出审理重点，确保最终所提意见准确、恰当。

三、提前介入审理意见的格式内容及要求

1. 标题。区别违纪行为的轻重，对可能给予撤职及以上重处分的案件，一般可表述为《关于张××严重违纪案的提前介入审理意见》；对没有达到给予撤职以上重处分的，可表述为《关于张××违纪案的提前介入审理意见》。需要注意的是，为了体现纪法分开的要求，在标题中均不出现"违法"的字眼。

2. 导语。包括提前介入审理的依据（领导批示）、总体审理情况。比如："2015 年 8 月 20 日，根据××、××同志批示，我室提前介入审理了一室移送的××市中级人民法院原副院长张××严重违纪案，并组成审理组抓紧对本案案卷材料进行认真审理。现将初步审理意见报告如下。"

3. 被审查人的基本情况。根据干部履历表，将其姓名、性别、民族、出生年月、籍贯、学历、入党时间、参加工作时间、主要任职情况进行综合反映。

4. 审理意见。一般可结合审理情况，分为三部分。

（1）根据现有证据倾向认定的问题。其中，按违纪行为种类，分别表述拟认定的主要违纪事实。

（2）倾向予以认定，但需补充完善证据的问题。其中，按违纪行为种类，分别表述"主要违纪事实"和"审理意见""补证建议"。

（3）建议待补证后在正式审理阶段进一步研究的问题。其中，按违纪行为种类，分别表述"主要违纪事实"和"审理意见""补证建议"。

5. 其他问题。对前面没有提及，但需要作为审理意见提出的其他问题。比如纪律审查程序问题、涉案款物暂扣和处置问题等。

6. 落款。署名案件审理部门，并写明年、月、日。

附：提前介入审理意见式样和附例

提前介入审理意见式样

密级

<h1 style="text-align:center">关于×××严重违纪案的
提前介入审理意见</h1>

第一部分：导语。

第二部分：被审查人的基本情况。

第三部分：主要违纪事实。

(1) 根据现有证据倾向认定的问题。

……

(2) 倾向予以认定，但需补充完善证据的问题。

……

(3) 建议不予认定的问题。

……

(4) 建议待补证后在正式审理阶段进一步研究的问题。

……

第四部分：其他意见。

案件审理室
20××年×月×日

提前介入审理意见附例

密级

<h2 style="text-align:center">关于张某某严重违纪案的提前介入审理意见</h2>

2015 年 4 月 5 日，根据××、××同志批示，我室提前介入审理了××市委原常委、原副市长张某某严重违纪违法案，组成审理组抓紧对本案 86 本案卷材

料进行认真审理。现将初步审理意见报告如下。

张某某，男，汉族，1957年1月生，××人，大学学历，1966年8月参加工作，1972年4月加入中国共产党。1986年1月任××县委常委、秘书长；1989年8月任××县委副书记；1992年9月任××县委副书记、代县长；1993年3月任××县委副书记、县长；1994年9月任××县委书记；1997年11月任××市委副秘书长、市委办公厅主任；1998年8月任××市委秘书长、市委办公厅主任；2000年3月任××市委常委、副市长。

一、根据现有证据倾向认定的问题

（一）严重违反政治纪律，干扰、妨碍组织审查

2014年6月，张某某在省委巡视组对本地区开展专项巡视后，对党不忠诚、不老实，为掩盖其违纪事实，将部分赃款赃物转移，与家属订立攻守同盟，企图逃避组织审查。

（二）严重违反组织纪律，隐瞒个人因私出国（境）情况

2010年至2014年，张某某持本人普通护照6次出国，均未按规定向组织报告。

（三）严重违反廉洁纪律

利用职务上的便利，为其子张某经营活动谋取利益。1997年至2005年，张某某利用职务上的便利，先后通过向时任××县规划局局长王某某等人打招呼，为张某开发房地产项目提供帮助。截止到案发，张某的公司共在××县开发房地产项目5个，获取利润3 000余万元。

二、倾向予以认定，但需补充完善证据的问题

张某某及其妻张某梅共有6套房产。2013年至2014年，张某某在填报《领导干部个人有关事项报告表》时仅填报了2套房产，其余隐瞒不报。

审理意见：

我室经审理认为，上述问题基本事实清楚，待补充完善证据后，按严重违反组织纪律性质认定。

补证建议：

张某某夫妇所购6套房产中，有3套是以其子张某名义购买，鉴于该3套住房的购买合同、汇款凭证等书证均显示为张某的姓名，目前尚未见到张某的相关证言，建议就该3套房产的出资和所有权人等情况与张某进一步核实。

三、视补证情况在正式审理阶段进一步研究的问题

2012年以来，张某陆续将境外走私回国的部分珠宝、字画交给张某某放在北京家中保管。2013年，张某某得知上述物品均系走私物品后，不仅未予制止，反而仍为张某接收、保管走私物品。截止到案发，张某某共为张某保管各类珠宝、字画等走私物品30件，购买价折合共计100余万元。

审理意见：

我室经审理认为，该问题基本事实轮廓清晰，但证据尚不到位，目前难以认定相关物品系走私犯罪所得：未见海关部门对本问题中所涉物品是否涉嫌走私出具的书面意见，也未见到相关物品的扣押手续、照片、拍卖记录，以及张某某父子对相关物品的辨认笔录。

综上，如××室拟认定该问题，建议按上述意见抓紧补充相关证据。考虑到本案审查时限较紧，也可在纪律审查阶段不将此问题作为处分依据，作为涉嫌犯罪线索移送司法机关依法处理。

四、其他意见

1. 关于违纪事实材料问题，建议调查组结合我室梳理的事实和审理意见，按问题逐个形成违纪事实材料重新与张某某本人见面，并由其按规定签署意见。

2. 关于涉案款物，建议调查组对暂扣张某某的款物进行认真梳理并提出处理意见，形成涉案款物情况专项报告，一并移送审理。

以上意见，供××室参考。

案件审理室
2016年×年×月

第二节　案件审理报告

一、案件审理报告的概念

案件审理报告，是纪检监察机关案件审理部门就移送审理或呈报审批案件的事实、证据、定性、处理及执纪审查程序等提出审理意见时制作并使用的文书，是案件审理部门履行审理把关和内部执纪监督职责的主要载体。

二、案件审理报告的特点和基本要求

案件审理报告是案件审理处理阶段的重要审理文书，是纪检监察机关领

导班子审议案件的主要依据。案件审理报告体现了案件审理部门对案件的事实、证据、定性、处理等问题的说理、论证过程，是案件审理部门审理意见的综合反映；案件审理报告是制作请示、批复、处分决定等相关文书的基础。

审理报告作为党内审查办案的重要文书，是体现纪律审查政治性、推动纪律审查方式转型的重要载体。审理报告要按照"把纪律和规矩挺在前面"的要求，用党章党规党纪衡量违纪行为，用纪律性语言描述违纪行为，真正体现纪律审查报告的特点和要求。

三、案件审理报告的制作依据

《执纪工作规则》第 55 条第（六）项规定，"审理工作结束后形成审理报告，内容包括被审查调查人基本情况、审查调查简况、违纪违法或者职务犯罪事实、涉案财物处置、监督检查或者审查调查部门意见、审理意见等。审理报告应当体现党内审查特色，依据《中国共产党纪律处分条例》认定违纪事实性质，分析被审查调查人违反党章、背离党的性质宗旨的错误本质，反映其态度、认识及思想转变过程。"中央纪委《关于审理党员违纪案件工作程序的规定》第 16 条、第 17 条、第 18 条及监察部《监察机关审理政纪案件的暂行办法》第 15 条、第 16 条也就案件审理报告的制作作了相应的规定。

四、案件审理报告的适用范围

纪检监察机关的案件审理部门对下列案件应以案件审理报告的形式提出审理意见：

1. 本级纪检监察机关案件审查等部门调查终结，按规定移送审理的案件。

2. 下级纪检监察机关呈报审批的案件。这类案件又可分为两种：①下级党委、纪委拟给予党纪处分，按照党纪处分的批准权限，须由本级党委、纪委审查批准的案件；②下级监察机关作出了重要的监察决定，根据相关规定，需报请本监察机关同意的案件。

3. 上级纪检监察机关调查后提出处理意见，按处分权限，交由本级纪检监察机关作出处分决定的案件。

4. 司法机关移送纪检监察机关处理的案件。

五、案件审理报告的式样

详见式样。

六、案件审理报告的格式内容及要求

（一）标题

为落实"将纪律和规矩挺在前面"的要求，突出审理报告的纪律特色，审理报告的标题中不再使用"违法"的表述，而是区分违纪行为轻重，按以下方式表述：

对拟给予撤销党内职务、留党察看、开除党籍处分的案件（含涉嫌犯罪移送司法机关的案件），表述为《关于××严重违纪案的审理报告》；对拟给予党内警告、严重警告处分的案件，表述为《关于××违纪案的审理报告》。

对政纪案件的审理报告，参照上述原则办理。

（二）正文

在标题之后，直接进入正文。正文是案件审理报告的主干部分，一般由导语、被审查人的基本情况、违纪事实、定性及处理意见、结束语五部分组成。

1. 导语

导语部分包含的主要内容是审理部门开展审理工作的概况，包括案件审理部门受理案件的批准手续、受理案件的时间、移送或报送案件的部门（单位）、案由。存在提前介入的，也可作简单交代。个别复杂的案件可在此部分写清楚本案前期的办理情况。

2. 被审查人的基本情况

被审查人的基本情况部分主要内容有：被审查人的姓名、性别、出生年月、民族、籍贯、文化程度、政治面貌（中共党员应写明入党时间）、参加工作时间、任职情况。对于下列特殊情况，需分别加以说明：

第一，以前受过处分的，需写明何时因何原因，由何单位决定或批准给予何种处分；对于被审查人员有停职检查、被免职、离退休以及被拘留、逮捕、判刑等情况的，也应写明。

第二，由于职务关系到处分的批准权限、处分的具体内容及是否建议撤销党外职务等，因此在写被审查人的现任职务时，一定要将其所任的党内外职务写全，包括党委委员或党组成员等职务。

第三，如果是一案多人的，可按被审查人员违纪行为的轻重程度从重到轻，或按被审查人员的职务高低依次写明。

第四，对被审查人被组织采取了免职、停职检查等组织处理措施的，应在该部分写明。

第五，对被审查人仍担任党委委员、人大代表、政协委员、党代表的，应在该部分写明。

3. 案件来源和调查简况

在这部分中，主要反映线索来源、初核时间和依据、立案时间和依据以及采取的审查措施种类。

4. 主要违纪事实

为适应新的形势任务需要，认真落实"把纪律挺在前面"的要求，将审理报告中"主要违纪事实"部分，按"违反政治纪律行为""违反组织纪律行为""违反廉洁纪律行为""违反群众纪律行为""违反工作纪律行为""违反生活纪律行为"6类违纪行为进行分类和表述。同时，为落实中央八项规定精神，驰而不息抓"四风"，对违反中央八项规定精神问题，在审理报告中单独作为一类违纪问题予以认定处理，表述在"违反政治纪律行为"之后、"违反组织纪律行为"之前。此外，对传统的贪污、受贿、挪用公款等违法或涉嫌犯罪行为，单独列为"违反国家法律法规规定行为"，放在六项纪律之后表述。上述有关违纪事实的分类和表述，简称为"6+1+X"模式。"6"即违反六项纪律行为，"1"即违反中央八项规定精神行为，"X"即违反国家法律法规规定行为。需要注意的是：

（1）该部分事实应是经过审理部门审理认定的能作为处分依据的违纪事实。对仅有被审查人单方交代，但证据尚不到位的事实，根据具体情况，可作为情节描述，但不能作为处分依据。

（2）对利用职务上的便利在干部选拔任用中为他人谋取利益，收受财物的行为，一般放在"违反组织纪律"部分表述。对利用职务上的便利在企业经营等方面为他人谋取利益，收受财物的行为，一般放在"违反廉洁纪律"部分表述。

（3）在审理报告有关违纪事实和性质的表述上，原则上不再出现"受贿"等法律语言，而要运用纪律语言进行描述。比如传统的受贿行为，可表述为"利用职务上的便利为他人谋取利益，收受财物××万元"。

（4）在该部分中，在叙述完主要违纪事实后，应简要列明证据状况以及违纪事实材料见面情况。

（5）在该部分中，如存在涉嫌犯罪的问题，应写明哪些违纪事实涉嫌犯罪，同时如存在涉嫌犯罪线索的，应一并表述涉嫌犯罪线索。

5. 涉案款物情况

该部分中，主要写明调查组对涉案款物采取暂扣、封存等措施的基本情况，包括相关涉案款物的数额、种类。

6. 被审查人的态度和认识

该部分中，主要写明两点。一是被审查人到案后配合组织审查的情况，比如是否有主动交代、检举揭发、积极退赃等情况。二是结合被审查人的忏悔录，围绕被审查人的理想信念如何发生动摇、如何突破纪律底线并进而"破法"进行概括总结，进一步突出党内审查的特色。

7. 处理意见

该部分中，依次按调查部门意见和审理意见分别表述。其中调查部门意见中，写明违纪行为性质、对被审查人的处理意见、对涉案款物的处理意见等。审理意见中，是针对调查部门意见，提出性质认定、条款适用、对被审查人的处理意见、对涉案款物的处理意见、处理程序等意见。需要注意的是：

第一，处理意见既包括是否需给予被审查人党纪政纪处分、相应的处分档次及处理建议等内容，也包括诸如责令退赔、收缴、登报、通报等内容。对于共同违纪的案件，要依次分别写出对每个被审查人的处理意见。给予撤销党内职务处分的，一般应写明是撤销党内一切职务还是某个职务。实践中，对撤销党内一切职务的，也可直接表述为"给予撤销党内职务处分"。

第二，关于条规引用问题。引用法律法规依据时，要完整引用法律法规的名称及具体条款项。具体援引中，总体原则是"从旧兼从轻"。根据 2018 年新修订的《党纪处分条例》第 142 条之规定，对 2018 年 10 月 1 日后发生的违纪行为，一律适用新修订的《党纪处分条例》。对此前发生的违纪行为，应遵循"从旧兼从轻"原则，一般情况下仍适用旧的《党纪处分条例》；只有在新修订的《党纪处分条例》不认为是违纪或者处理较轻的，才适用新修订的《党纪处分条例》。同时，在援引同一部党内法规时，应先援引实体条款、后援引程序条款；先援引新条例、后援引旧条例；在实体条款中，按照条文本身的先后顺序表述。其中，对 2018 年 10 月 1 日后作出党纪处理的案件，需要依据 2016 年《党纪处分条例》有关规定的，应援引新修订的《党纪处分条例》第 142 条第 2 款作为过渡条款。

8. 结束语

结束语内容一般为"以上意见，提请常委会议或部（厅、局）长办公会议审定"。

（三）附件

如果有附件，在正文之后，顺序列出附件名称。一般包括下述内容：（1）×××简历；（2）×××忏悔录；（3）×××违纪事实材料；（4）×××涉嫌犯罪问题的具体事实。

（四）单位署名

一般署制作案件审理报告的案件审理部门全称或规范化简称，标注于正文的右下方。

（五）成文日期

案件审理报告的成文日期一般署本级纪检监察机关领导同志签批同意审理报告提及常委会议审议的时间，标注于案件审理部门署名的右下方。

七、注意事项

1. 案件审理报告，是以案件审理部门名义作出的，只代表案件审理部门的意见。因此，经纪委常委会会议或监察部（厅、局）长办公会议讨论，不同意案件审理报告的意见的，案件审理部门应根据纪委常委会会议或监察部（厅、局）长办公会议的审定结果，制作批复、处分决定或呈报上级的请示。原案件审理报告归档备查，不再修改。经纪委常委会会议或监察部（厅、局）长办公会议审议，责成案件审理部门重新审理的，案件审理部门在第二次审理结束后，应制作再次案件审理报告。再次案件审理报告中，要明确回答纪检监察机关领导在前次审议时提出的问题。结案后，再次案件审理报告与第一次案件审理报告一并归入案件档案。

2. 纪检监察机关合署办公后，案件审理部门同时肩负着两项职能，所以案件审理部门在制作案件审理报告时，即使同时给予被审查人员党纪、政纪处分，也只需制作一个案件审理报告。对于需给予被审查人员党纪、政纪双重处分的案件，案件审理部门在制作案件审理报告时，应在报告上分别写明给予党纪、政纪处分的具体处分意见及法律法规、党纪条规依据。

3. 案件审理报告的制作要规范性与灵活性相结合。审理的案件是千差万别的，每个案件都有各自的特点，应在遵循案件审理报告所应具备的格式、基本内容及要求的基础上，做到具体问题具体分析。既不脱离规范性的要求，又不拘泥于规定的模式。比如，对于违纪问题较多、情节较复杂的案件，制作案件审理报告时不一定在所有事实都写完后再分别写出定性意见，可采取将违纪问题分类后列小标题的方法，将违纪事实与该事实的定性意见合为一部分，一事一议一定。

4. 根据党和国家有关保密工作的规定，需注明密级的案件审理报告，密级标注于报告首页的左上角。

对于不属于国家秘密范畴案件的案件审理报告，因其内容涉及案件的来龙去脉及相关证人等，内容也不宜公开，要严格把握发送范围。

5. 案件审理报告在标题之后直接进入正文，不必在抬头位置写诸如常委会、部（厅、局）长办公会或××同志（领导）之类的称谓。在报告结尾部分要写"以上意见（妥否），提请常委会议审定"或"以上意见（妥否），提请部（厅、局）长办公会议审定"等结束语，用以表示报告的意图。

6. 我们对案件审理报告的规范是把案件审理部门作为制作主体来考虑的，但同样适用于专、兼职案件审理人员对案件审理报告的制作。对于案件审理部门的承办人员起草的案件审理报告草稿以及专、兼职案件审理人员制作的案件审理报告，应署该人员的姓名并归档存查。

7. 案件审理报告是只限于纪检监察机关内部运转的文书，署制作该案件审理报告的案件审理部门名称，因此，该报告不能直接向本机关以外的机关或部门发送。如确有必要，应经过一定程序，将案件审理报告的内容用其他文种，如请示、批复、函、意见、建议、查处结论等形式反映出来，以本机关或本机关办公厅（室）的名义对外发送。

附：案件审理报告式样和附例

案件审理报告式样

密级

关于×××案的审理报告

第一部分：导语。
第二部分：被审查人的基本情况。
第三部分：案件来源和调查简况。
第四部分：主要违纪事实。
第五部分：涉案款物情况。
第六部分：被审查人的态度和认识。
第七部分：处理意见。
第八部分：结束语。

附件：1.×××简历
2.×××忏悔录
3.×××违纪事实材料　　.
4.×××涉嫌犯罪问题的具体事实

案件审理室
20××年×月×日

案件审理报告附例

密级

关于张某严重违纪案的审理报告

×年×月×日，根据××、××同志批示，我室受理了×室移送的××政协原副主席张某严重违纪案，并立即组成审理组对本案进行认真审理（此前，根据委局领导同志批示，我室提前介入审理本案，就证据完善、事实认定、款物处理等提出意见建议）。

现将审理意见报告如下。

张某简历（略）。

一、案件来源及调查简况

×年×月×日，经报××、××同志批准，×室对××巡视组（或其他来源）转来反映张某的问题进行初核。×月×日，经××批准，××纪委对张某涉嫌严重违纪问题立案审查。

二、主要违纪问题

经审理，张某存在以下违反政治纪律和政治规矩、中央八项规定精神、组织纪律、廉洁纪律、群众纪律、工作纪律、生活纪律和国家法律法规规定的问题。

（一）违反政治纪律（和政治规矩）

1. 妄议中央大政方针，破坏党的集中统一

主要事实。

2. 拉帮结派、培植私人势力

主要事实。

3. 对抗组织审查

主要事实。

4. 其他违反政治纪律行为

主要事实。

（二）违反中央八项规定精神

1. 违规出入私人会所

主要事实。

2. 违规公款吃喝

主要事实。

3. 使用公款在国内旅游

主要事实。

4. 其他违反中央八项规定精神行为

主要事实。

（三）违反组织纪律

1. 违反民主集中制原则

主要事实。

2. 违规选拔任用干部

主要事实（含"利用职务上的便利在干部选拔任用中为他人谋取利益，收受财物的行为"）。

3. 其他违反组织纪律行为

主要事实。

（四）违反廉洁纪律

1. 利用职务上的便利为他人谋取利益，收受财物××万元主要事实（不含"利用职务上的便利在干部选拔任用中为他人谋取利益，收受财物的行为"）。

2. 收受礼品（礼金）××万元

主要事实。

3. 违规从事营利活动

主要事实。

4. 与×名女性进行权色（或钱色）交易

主要事实。

5. 其他违反廉洁纪律行为

主要事实。

（五）违反群众纪律

1. 在办理涉及群众事务时刁难群众、吃拿卡要

主要事实。

2. 在社会保障、政策扶持、救灾救济款物分配等事项中优亲厚友

主要事实。

3. 不按规定公开党务（或政务、厂务、村务），侵犯群众知情权

主要事实。

4. 其他违反群众纪律行为

主要事实。

（六）违反工作纪律

1. 党组织不履行全面从严治党主体责任（或履行不力）

主要事实。

2. 干预纪检机关的纪律审查工作

主要事实。

3. 干预司法机关的案件查办工作

主要事实。

4. 私自留存涉及党组织关于干部选拔任用、纪律审查等方面资料

主要事实。

5. 其他违反工作纪律行为

主要事实。

（七）违反生活纪律

1. 生活奢靡，造成不良影响

主要事实。

2. 与×名女性发生不正当性关系

主要事实。

3. 其他违反生活纪律行为

主要事实。

（八）违反国家法律法规规定

1. 利用职务上的便利在企业经营等方面为他人谋取利益，收受财物××万元

主要事实。

2. 非法持有枪支弹药行为

主要事实。

3. 故意伤害行为

主要事实。

4. 其他违反国家法律法规规定行为

主要事实。

以上事实，有相关证人证言及物证、书证证实。张某本人亦予承认，并在违纪事实材料上签写"同意"的意见。

上述问题中，张某利用职务上的便利为他人谋取利益，收受财物××万元问题涉嫌受贿犯罪；张某问题涉嫌××犯罪（详见附件4）。此外，调查中还发现张某涉嫌收受贿赂××万元的犯罪线索。

三、涉案款物情况

×室共暂扣涉案款物折合共计××万元，包括：××万元人民币、××万美元，购买价为××万元的房产×套。此外，还暂扣了价值不详的字画等贵重物品××件。

四、被审查人的态度和认识

在组织审查期间，经思想教育，张某能够配合调查，主动交代问题，并作出深刻检查。张某在忏悔录中剖析了其严重违纪的主要原因：××××（着力从理想信念丧失等方面进行概述）。

五、处理意见

（一）×室意见

×室认为，张某的上述行为已构成严重违纪。依据有关规定，建议给予张某开除党籍、开除公职处分，将其涉嫌犯罪问题及线索移送司法机关依法处理，并对涉案款物依纪依规处理。

（二）审理意见

我室经审理认为，张某身为党的领导干部，理想信念丧失，纪律意识淡漠，严重违反政治纪律（和政治规矩）、中央八项规定精神、组织纪律、廉洁纪律、××××（且在党的十八大后仍不收敛、不收手），其违纪行为性质恶劣、情节严重，给党的事业和形象造成严重损害，应予严肃处理。依据《中国共产党纪律处分条例》第××条第×款、第××条，参照《行政机关公务员处分条例》第××条第××款之规定，我室提出以下意见：

1. 同意×室所提给予张某开除党籍、开除公职处分，将其涉嫌犯罪问题及线索移送司法机关依法处理的意见。

2. 关于涉案款物处理。对已暂扣的涉案款物，建议由×室组织甄别，并区别不同情况处理：对违纪所得××万元，由我委予以收缴；对张某交代其违规收受的礼品、礼金，按规定登记上交；对涉嫌犯罪问题及线索所涉款物，随案移送司法机关依法处理；对属张某及其家属的合法财产，待法院作出生效判决后适时予以退还。

如常委会议同意上述意见，建议在分别征求××、××意见后，呈报××审批。

以上意见，提请常委会议审议。

附件：1. 张某简历

2. 张某忏悔录

3. 张某违纪事实材料

4. 张某涉嫌犯罪问题的具体事实

案件审理室

2016 年 4 月 8 日

第三节　征求意见函

一、征求意见函的概念

此处所称"征求意见函"，特指审理部门就本级纪检监察机关自办案件所起草的审理报告经本级纪委常委会会议审议通过后，在呈报同级党委批准前，将处理建议以本级纪委（办公厅、室）名义征求同级党委组织部门和被审查人所在单位党组织意见的函。

二、制作依据

根据《纪检工作条例》第 34 条之规定："调查组应将调查报告的主要内容向被调查人所在单位党组织通报，并征求意见。"《执纪工作规则》第 56 条规定："需报同级党委审批的，应当在报批前以纪检监察机关办公厅（室）名义征求同级党委组织部门和被审查调查人所在党委（党组）意见。"根据该规定精神，考虑到在调查阶段处理意见还是阶段性的内部意见，还不能代表本级纪委意见，因此，在执纪审理阶段，经本级纪委常委会会议讨论通过审理报告后、报请同级党委批准前，正式征求有关单位意见。

三、征求意见函的格式内容及要求

（一）版头

一般为发文机关全称或规范化简称，套红居中位于函的首页上部。

（二）发文密级和字号

由发文机关或部门代字、发文年度和发文序号组成，标注于版头下方右侧位置。同时，在左侧标明密级。

（三）主送机关或部门

主送机关或部门是函的接收对象，应使用收文机关或部门的全称或规范化简称，标注于正文左上方顶格位置。

（四）正文

正文部分主要写明案件名称、本级纪委形成的处理意见、回函要求。

（五）附件

该部分写明被审查人的主要违纪事实。该事实必须是经过本级纪委常委会会议讨论通过、拟作为处分依据认定的事实。

（六）署名及成文日期

应署发文机关或部门全称或规范化简称。以纪检监察机关名义发文的，一般署本级纪委办公厅（室）名称。成文日期应署领导人签发日期。

附：征求意见函式样

征求意见函式样

密级

×纪办函〔2016〕××号

×市委组织部：

20××年×月×日，×市纪委常委会会议讨论了×县县委原常委、副县长陈某严重违纪案，拟报请市委给予其撤销党内职务、行政撤职处分，降为副科级非领导职务。同时，拟一并报请终止陈某同志×县第十次党代会代表资格，按程序罢免其第十届×市人大代表职务。

现根据程序，在报请市委批准前征求你们意见。请于2016年×月×日×时前函复我委。

附件：陈某同志主要违纪事实

×市纪委（办公室）
20××年×月×日

189

附件

陈某同志主要违纪事实

陈某简历（略）。

经审查，陈某同志存在以下违反政治纪律、组织纪律、廉洁纪律和生活纪律的问题。

一、违反政治纪律，对抗组织审查

主要事实。

二、违反组织纪律，在组织谈话函询时不如实说明问题

主要事实。

三、违反廉洁纪律，利用职务上的便利，为亲友的经营活动谋取利益

主要事实。

四、违反生活纪律，与×名女性发生不正当性关系

主要事实。

第四节　案件审理阶段的请示

一、案件审理阶段请示的概念

案件审理阶段的请示仅指纪检监察机关案件审理部门根据党纪、政纪处分审批权限和监察法等有关规定，就案件处理等事项，代本机关制作的请求上级党委、纪检监察机关以及同级党委、政府予以批准或指示的文书。

二、案件审理阶段请示的适用范围

1. 呈报审批的案件。即经本级党委或纪检监察机关审议拟给予违纪党组织、党员或行政监察对象党纪、政纪处分，按照党纪、政纪处分的批准权限和人事管理权限的有关规定，须报请同级党委、政府或上级党委、上级纪检监察机关审查批准的案件。

2. 监察机关作出的重要监察决定和提出的重要监察建议，应当报本级人民政府和上一级监察机关同意的案件。

3. 本级纪检监察机关就案件的事实、定性、处理以及适用法规等问题征求上级纪检监察机关意见的案件。

三、案件审理阶段请示的格式内容及要求

（一）版头

纪律检查机关请示的版头由发文的纪律检查机关全称或者规范化简称加括号标明文种即请示组成，用套红大字居中印在请示的首页上部。

监察机关请示的版头由发文的监察机关全称或规范化简称加文件组成，套红居中印在请示的首页上部。

在民族自治地方，发文机关名称可以并用自治民族的文字和汉字印制。

（二）份号

请示印制份数的顺序号，应标注于请示首页的左上角。标注密级的请示应当标明份号。

（三）密级

请示的秘密等级，应根据所请示内容，按照有关保密规定确定。

（四）发文字号

请示的发文字号由发文机关代字、文种代字、发文年度和发文顺序号组成。如×纪呈〔20××〕×号、×监呈字〔20××〕×号。

（五）签发人

纪律检查机关请示的"签发人"标注于发文字号的右侧，"签发人"后面标注签发人的姓名。

监察机关请示在发文字号的右侧标注签发人姓名及"签发"二字。

（六）标题

请示的标题，一般由被审查人姓名、请示内容和公文种类即请示三部分组成。

呈报审批案件请示的标题，如《关于给予王××开除党籍、开除公职处分的请示》《关于给予陈××同志党内严重警告处分的请示》《关于给予张××开除处分的请示》。其中需要注意的是，在党纪处分请示中，对开除党籍的不再称呼同志，对其他处分种类应称呼同志；在政纪处分请示中，一律不称呼同志，直接表述人名和处分种类，其中涉及给予开除处分的，应直接表述为"开除处分"，而不是"开除公职处分"。

（七）主送机关

主送机关即被请示机关，应用该机关的全称或规范化简称，标注于标题之下正文左上方顶格位置。这里应注意，请示的主送机关应是上级机关，不能写成上级机关的某个职能部门或上级机关的具体领导人。

对于按照审批权限的规定，应由上级党委批准的案件，由于要先经过上级纪律检查机关讨论后报上级党委批准，因此，请示的主送机关应写上级纪律检查机关。

（八）正文

请示的正文有详写和简写两种方式。

详写方式主要用于向同级党委、政府呈报审批的案件。这是因为上述机关无法全面掌握审理案件的材料，在请示中详述与请求批准或指示相关的各个事项，便于上述机关全面、准确地把握案情，正确决策。需要注意的是，详写是要求写全与请求批准内容相关的各个事项，并不意味着要将请示各个事项写得很细、很具体，在文字上仍然要求简明扼要。

详写方式一般要求在正文中写明违纪人员的基本情况、违纪事实、呈报单位的定性处理意见以及请求批准事项等。具体包括：

1. 导语

导语一般应写明呈报审批案件的法律法规依据、案件查处的基本情况，如案件来源、立案时间、查处情况等。必要时，应简要交代有关领导的重要批示、与检察机关、公安机关等部门协同办案以及在查处案件中发生的其他重大事项等。

2. 被审查人的基本情况

被审查人的基本情况主要包括被审查人的姓名、性别、出生年月、民族、籍贯、文化程度、入党时间、参加工作时间、主要任职情况等。主要任职情况事项应写明被审查人在违纪行为发生时所任和现任的党内外职务。如果被审查人是党委委员、党代会代表、人大代表、政协委员等，应一并写明。

3. 违纪事实

请示中所叙述的违纪事实，其详略程度应介于案件审理报告和处分决定书中所叙述的违纪事实之间。叙述时要围绕违纪构成的要件展开，应写明违纪行为发生的时间、地点、情节、手段、后果以及应负责任等。对于情节复杂的案件，要围绕主线索对有关情节进行综合概括，简要陈述。要避免由于过于详尽而让人难以抓住重点，同时也要注意不要因为追求简练而没有把问题说清楚。

必要时，违纪事实中应写明被审查人对组织调查自己所实施的违纪行为的态度以及一贯工作表现等。

4. 定性、处理意见

请示中的定性、处理意见，一般经过纪检监察机关或同级党委讨论研究，代表着一级组织的意见，因此一定要写得具体明确，切忌模棱两可。请示中要具体写明请示机关对案件的定性、处理依据及处理意见。请示中如涉及对违纪款项物品的处理、建议撤销违纪人员在人大、政协或人民团体所担任的职务以及建议移送司法机关依法处理等事项的，应一并写明。

5. 结束语

结束语表达报请批准的请求。一般用"请审批"或"（以上意见）当否，请批示。"

简写方式一般用于向上级纪检监察机关呈报审批案件的请示。按照《中共中央纪律检查委员会关于审理党员违纪案件工作程序的规定》，上级纪检监察机关办理审批案件建立在对全案材料进行审理的基础之上，因此，请示写得简单一些不会影响上级纪检监察机关对案件的把握与判断。此外，在一般情况下，案件在呈报上级纪检监察机关审批之前，已形成一个向同级党委请示的公文，为避免重复繁琐，向上级纪检监察机关呈报审批案件的请示可以采用简写方式。

简写方式的主要内容包括违纪人员的姓名、职务、违纪性质、处理意见等。如涉及建议终止党代会代表资格或撤销违纪人员在人大、政协及人民团体所担任的职务以及建议移送司法机关处理的，应一并写明。

（九）附件

附件应按顺序列出各个附件名称，标注于正文之后发文机关署名之前。

呈报上级纪检监察机关审批案件的请示，应将处分决定书、受处分人的意见、有关单位或党组织对受处分人意见的说明、证据材料以及有关单位或党组织的意见等材料作为附件。

呈报同级党委、政府审批案件的请示，应将被审查人的简历、检讨材料（忏悔录）、违纪事实见面材料（如被处分人对违纪事实见面材料提出不同意见，应附调查组对其意见的书面说明）、相关党组织意见等作为附件。

（十）署名

以纪律检查机关名义上报的请示，应署发文的纪律检查机关的全称或规范化简称，标注于正文的右下方。

以监察机关名义上报的请示，不署发文机关名称，只加盖发文机关印章，端正、居中下压成文时间，印章用红色。

对于按照审批权限的规定，需报上级纪律检查机关或上级党委审批案件的请示，应署本级党委的名称。

（十一）成文日期

请示的成文日期一般署纪检监察机关领导签发日期，应写明年、月、日，标注于署名的下方。

（十二）印章

请示应在署名和成文日期上，加盖发文机关印章。

（十三）抄送机关

一般情况下，呈报审批案件的请示不需要抄送其他机关，因此可以省略。必要时，也可以将请示抄送有关机关阅知。应署抄送机关全称或规范化简称，标注于印制版记上方。

（十四）印制版记

印制版记由请示的印制机关及部门名称、印制日期和印制份数组成，标注于主题词或抄送机关下方。印制份数应根据实际需要确定。

五、注意事项

1. 请示应当一案一文。对于呈报审批的案件，请求批准的事项包括党纪、政纪处理意见，对违纪款项物品的处理意见以及建议移送司法机关处理等。共同违纪的案件，按照审批权限的规定，如果只涉及其中一个违纪人员的处分需要报请上级机关审批的，应仅就该违纪人员的处理意见请求审批，其他违纪人的处理情况，可以作为上级机关对该违纪人处理时的考虑因素写在请示中，但不属于上级机关审批的内容；如果同一案件中有两个以上的违纪人员的处理都需要报上级机关审批的，可以作为一个请求事项写在同一个请示中，但不能将互不关联的案件中的不同违纪人的处理写在同一请示中。

2. 请示的事项仅限于审批权限规定的内容。对于不属于上级机关审批权限范围内的事项，不应呈报该机关审批。如果按审批权限的规定，党纪处分应报上级机关审批，而行政处分的审批权在本级政府的，则应仅就党纪处分呈报审批，可将行政处分的内容及办理情况在请示中陈述，不应将党纪、政纪处分同时作为呈批事项。

3. 对需经本级机关报同级党委批准的案件，如果本级机关与请示机关在事实、定性、处理上有不同意见的，应写在请示中，并说明理由。

请示事项中如涉及其他单位的业务，应将与相关单位的协商意见在请示中写明。

4. 请示和报告分属两个不同的文种，各有各的用途和办理程序，不能串用，也不能联用。如将本机关的工作情况呈报上级机关，公文中并没有请求上级机关作出批示的事项，就不应使用请示文种，而应使用报告文种。将请示或报告的标题写成"关于×××的请示报告"是不正确的。

附：请示式样和附例

请示式样1

密级

中共××纪律检查委员会（请示）

×纪呈〔20××〕×号　　　　　　　　　　签发人：×××

────────────────────────────────

××××：

第一部分：导语。

第二部分：被审查人的基本情况。

第三部分：违纪事实。

第四部分：处理意见。

第五部分：结束语。

附件：1.××××××

2.××××××

中共××纪委

20××年×月×日

请示式样 2

密级

××监察（部、厅、局）文件

×监呈字〔20××〕×号　　　　　　　　　　　　　×××签发

关于××××的请示

××××：

第一部分：导语。

第二部分：被审查人的基本情况。

第三部分：违纪事实。

第四部分：处理意见。

第五部分：结束语。

附件：××××××

××监察（部、厅、局）
20××年×月×日

请示附例 1

密级

中共港口市纪委（请示）

港纪呈〔2015〕7 号　　　　　　　　　　　　　　签发人：××

关于给予李某某同志党内严重
警告处分的请示

中共港口市委：

现将市住建局党组书记、局长李某某同志违纪案的主要事实及处理建议报告如下。

李某某，男，汉族，1966 年 10 月生，××人，大学学历，1985 年 8 月参加工作，1993 年 4 月加入中国共产党。1996 年 4 月，任港口市委办公室副主任；2000 年 5 月，任港口市住建局党组书记、局长。

一、主要违纪事实

经审查，李某某同志存在以下违反中央八项规定精神和廉洁纪律的问题。

2015 年 2 月春节期间，李某某携家属下乡拜年，其违反中央八项规定精神，与其家属接受下级住建部门提供的公车服务，并由下级住建部门用公款支付其住宿费 500 元。

上述事实，有相关证人证言及物证、书证证实。李某某本人亦予承认，并在违纪事实材料上签写"同意"的意见。

二、处理意见

港口市纪委常委会会议讨论认为，李某某同志身为党员领导干部，严重违反中央八项规定精神和廉洁纪律，挥霍浪费公款，应予严肃处理。依据《中国共产党纪律处分条例》的有关规定，建议给予李某某同志党内严重警告处分。

请审批。

附件：1. 李某某同志简历

2. 李某某同志检讨材料

3. 李某某同志违纪事实材料

4. 港口市委组织部意见

5. 港口市住建局党组意见

中共港口市纪委

2015 年 4 月 21 日

请示附例 2

密级

<h2 style="text-align:center">港口市监察局文件</h2>

×监呈字〔2015〕12 号　　　　　　　　　签发人：××

<h2 style="text-align:center">关于给予李某某降级处分的请示</h2>

市政府：

现将市住建局党组书记、局长李某某严重违纪案的主要事实及处理意见报告如下。

李某某，男，汉族，1966 年 10 月生，××人，大学学历，1985 年 8 月参加工作，1993 年 4 月加入中国共产党。1996 年 4 月，任港口市市委办公室副主任；2000 年 5 月，任港口市住建局党组书记、局长。

一、主要违纪事实

经审查，李某某同志存在以下违反中央八项规定精神和廉洁纪律的问题。

2015 年 2 月春节期间，李某某携家属下乡拜年，其严重违反中央八项规定精神，与其家属接受下级住建部门提供的公车服务，并由下级住建部门用公款支付其住宿费 500 元。

上述事实，有相关证人证言及物证、书证证实。李某某本人亦予承认，并在违纪事实材料上签写"同意"的意见。

二、处理意见

市监察局研究认为，李某某同志身为党员领导干部，本应牢记党的宗旨，严格遵守党的纪律，保持清正廉洁，但他严重违反《中国共产党纪律处分条例》有关规定，使用公款支付个人费用，其行为已构成严重违纪，且在党的十八大后仍不收敛、不收手，应予严肃处理。根据《行政机关公务员处分条例》第二十三条之规定，建议给予李某某降级处分。

妥否，请审批。

市监察局

2015 年 5 月 11 日

中共港口市委办公室　　　　　　　　　　2015 年 4 月 28 日印发

请示附例 3

密级

中共港口市委（请示）

港委呈〔2015〕5 号　　　　　　　　　　　签发人：××

中共港口市委关于给予李某某同志
党内严重警告处分的请示

中共××省纪委：

现将第九届港口市委委员、港口市住建局党组书记、局长李某某同志的主要违纪事实及处理意见报告如下：

李某某，男，汉族，1966 年 10 月生，××人，大学学历，1985 年 8 月参加工作，1993 年 4 月加入中国共产党。1996 年 4 月，任港口市市委办公室副主任；2000 年 5 月，任港口市住建局党组书记、局长。系第九届港口市委委员。

2015 年 3 月 21 日，经港口市委批准，市纪委对李某某涉嫌违纪问题立案审查。

一、李某某同志主要违纪事实

经审查，李某某同志存在以下违反中央八项规定精神和廉洁纪律的问题。

2015 年 2 月春节期间，李某某携家属下乡拜年，其严重违反中央八项规定精神，与其家属接受下级住建部门提供的公车服务，并由下级住建部门用公款支付其住宿费 500 元。

上述事实，有相关证人证言及物证、书证证实。李某某本人亦予承认，并在违纪事实材料上签写"同意"的意见。

二、处理意见

2015 年 4 月 23 日，港口市委常委会会议讨论认为，李某某同志身为党员领导干部，严重违反中央八项规定精神和廉洁纪律，挥霍浪费公款，应予严肃处理。依据《中国共产党纪律处分条例》的有关规定，决定给予李某某同志党内严重警告处分。

鉴于李某某同志系第九届港口市委委员，根据《中共中央纪律检查委员会关于处分违犯党纪的党员批准权限的具体规定》的有关规定，现将给予其党内严重警告处分呈报省纪委审批。

妥否，请批复。

附件：1. 李某某同志简历

2. 李某某同志检讨材料

3. 李某某同志违纪事实材料

中共港口市委

2015 年 4 月 23 日

中共港口市委办公室　　　　　　　　2015 年 4 月 28 日印发

第五节　案件审理阶段的批复

一、案件审理阶段批复的概念

案件审理阶段的批复是指纪检监察机关根据党纪、政纪处分审批权限等规定，由案件审理部门代为制作的，对呈报本机关或经本机关呈报同级党委审批案件的请示予以答复的文书。

二、案件审理阶段批复的特点

批复是针对请示作出的，其内容不能涉及请示以外的其他事项。批复一经作出，对呈报请示的机关或部门处理所请示事项具有约束力。

三、案件审理阶段批复的适用范围

1. 纪律检查机关根据处分违纪党组织、党员批准权限的规定对呈报本机关审批案件作出批复的案件；

2. 纪律检查机关根据有关规定对呈报本机关审批的比照处理案件作出批复的案件；

3. 监察机关对下级监察机关就重要监察决定或重要监察建议的请示作出批复的案件。

四、案件审理阶段批复的式样

详见式样。

五、案件审理阶段批复的格式内容及要求

（一）版头

纪律检查机关批复的版头由发文机关全称或者规范化简称加括号标明文种即批复组成，用套红大字居中印在批复首页上部。

监察机关批复的版头由发文机关全称或规范化简称加文件组成，套红居中印在批复首页上部。

在民族自治地区，发文机关名称可以并用自治民族的文字和汉字印制。

（二）发文字号

纪律检查机关批复的发文字号由发文机关代字、发文年度和发文顺序号组成，标注于版头下方居中位置。

监察机关批复的发文字号由发文机关代字、文种代字（如复、函等）、发文年度和发文顺序号组成。

（三）标题

批复的标题主要由被处分人姓名、批复事项和公文种类即批复组成。如《关于给予许×同志党内严重警告处分的批复》《关于同意对林×的违纪行为比照处理的批复》。

（四）主送机关

批复的主送机关即呈报请示的机关，应用该机关的全称或规范化简称，标注于标题之下正文左上方顶格位置。

（五）正文

正文是批复的中心部分。主要由四部分组成。

1. 导语

即告知请示收到的情况。可简要引叙来文的时间、请示事项、文号等，作为批复的根据。

2. 批复内容

即对请示的事项予以批准或作出答复。书写批复内容时要区分两种情况：

（1）如果完全同意请示单位对案件的事实、定性、处理意见的，可以在简述有关组织审议的情况后，直接写明所同意的具体内容。

（2）如果批复机关与请示机关在案件的事实、定性或处理上有不同意见时，批复中一般不写"不同意你们的意见"，而是直接写明批复机关所认定的事实和定性处理意见。认定或处理的理由可以在批复中简要陈述，也可以不写在批复中，而用其他方式告知呈报请示单位。如果批复机关仅对请示机关在案件部分事实的认定或定性有不同意见，而在处理上同意请示机关的意见，则在写明本机关所认定的事实及定性意见后也可写上"同意你们提出的给予×××何种处分的意见"。

如果审批机关在批准党纪或政纪处分的同时，还有其他处理事项的，也应在批复内容中写明。

3. 要求回告执行情况

应在批复内容之后，写明要求请示单位及时回告处分执行情况。

4. 结束语

（六）附件

批复机关对在事实认定或定性处理意见上与请示单位有不同意见的案件，可另附材料详述理由，并将该材料作为批复的附件，列在正文之后。

（七）署名

以纪律检查机关的名义制作的批复，应署发文的纪律检查机关的全称或规范化简称，标注于正文的右下方。

以监察机关名义制作的批复，不署发文机关名称，只加盖发文机关印章，端正、居中下压成文时间，印章用红色。

（八）成文日期

批复的成文日期一般署纪律检查机关或监察机关领导人签发日期，应写明年、月、日，标注于发文机关署名的下方。

（九）印章

批复应在署名和成文日期位置上加盖发文机关印章。

（十）抄送机关

应使用抄送机关全称或规范化简称。审批案件的批复应抄送有关组织人事等部门；比照处理案件的批复，在必要时，也可以抄送其他纪律检查机关。

（十一）印制版记

由批复的印制机关及部门的名称、印制日期和印制份数组成，标注于主题词或抄送机关的下方。

七、注意事项

1. 制作批复针对性要强，一个请示一个批复，不能涉及请示以外的其他事项。对于属于批复机关审批权限的请示事项，都应在批复中写明，以避免出现遗漏批复事项的情况。

2. 批复是呈报请示的机关或部门贯彻执行批复意见的依据，因此批复的意见必须明确，同意与否，或不完全同意，都应该具体写明，不能模棱两可，使下级机关难以执行。

3. 批复所依据的事实要清楚，证据要确实充分。请示单位应根据批复制作或修改处分决定。

4. 由于批复的对象是呈报请示的单位，呈报单位应根据批复的内容制作或修改处分决定书，因此，对于纪律检查机关直接处理的案件，批复不必抄送受处分人。

5. 对于征求意见案件的请示，上级纪检监察机关应用函的形式回复意见，不使用批复文种。

附：批复式样和附例

批复式样 1

中共××纪律检查委员会（批复）

×纪〔20××〕×号

关于××××的批复

××××：

第一部分：导语。

第二部分：批复意见。

第三部分：要求回告执行情况。

第四部分：结束语。

附件：××××××

中共××纪委

20××年×月×日

抄送：×××。

中共××纪委办公厅（室）   20××年×月×日印

共印×份

批复式样 2

××监察（部、厅、局）文件

×监函〔20××〕×号

关于××××的批复

××××：

第一部分：导语。

第二部分：批复意见。

第三部分：要求回告执行情况。

附件：××××××

××监察（部、厅、局）

20××年×月×日

抄送：×××。

××监察（部、厅、局）办公厅（室）　　　　　　　　20××年×月×日印

共印×份

批复附例 1

中共港口市纪委（批复）

港纪〔2016〕20 号

关于同意给予陈某某同志撤销
党内职务处分的批复

中共××县委：

你们呈报的《关于给予陈某某同志撤销党内职务处分的请示》（×委〔2016〕41 号）收悉。依据 2016 年《中国共产党纪律处分条例》第××条第×款和 2003 年《中国共产党纪律处分条例》第××条第×款之规定，经市纪委常委会会议讨论并报市委批准，同意给予陈某某同志撤销党内职务处分。请抓紧制作处分决定并予执行，将执行情况于两个月内函告我委。

附件：陈某某主要违纪事实

中共港口市纪委
2016 年 4 月 25 日

附件

陈某某主要违纪事实

经审查，陈某某存在以下违反政治纪律、中央八项规定精神、廉洁纪律的问题。

一、违反政治纪律，对抗组织审查

2015 年 12 月，市纪委对陈某某有关问题进行初核。为逃避组织审查，陈某某于 2015 年底至 2016 年初，先后退还了与其有权钱交易关系的私营企业主所送财物，并与相关涉案人串供。

二、违反中央八项规定精神，违规配备和使用公务用车

2013年3月至2016年2月，陈某某在单位已按规定为其配备公务用车的情况下，还先后违规占用2辆4.0排量的越野车，供其在多地使用。

三、违反廉洁纪律，收受礼金

2007年至2016年，陈某某先后收受××等30人所送礼金折合共计20万余元。其中，党的十八大后收受10万余元。

抄送：市委组织部，××县纪委。

中共港口市纪委办公室　　　　　　　　　　　　2016年4月25日印

共印×份

批复附例2

××省监察厅文件

×监函〔2015〕17号

关于对某某花炮厂重大爆炸
责任事故有关责任人员处理意见的批复

××市监察局：

你们2015年5月11日《关于对某某花炮厂重大爆炸责任事故调查处理意见的请示》（×监呈字〔2015〕11号）收悉。经2015年5月23日省监察厅厅长办公会议讨论，同意你们对事故责任人员提出的处理意见。

请将处理结果及时回告我厅。

特此批复。

××省监察厅

2015年5月24日

抄送：市委组织部，××县纪委。

中共港口市纪委办公室   2016 年 4 月 25 日印

共印×份

第六节　处分决定书

处分决定书，是具有纪律处分权限的党组织、行政机关或纪检监察机关，依据法律、法规，对违反纪律的对象作出处分决定时使用的文书。本节仅指由纪检监察机关案件审理部门代本机关制作的党纪处分决定书和政务处分决定书。

一、党纪处分决定书

（一）党纪处分决定书的概念

党纪处分决定书，特指党的纪律检查委员会对违反党的纪律的党组织或党员作出党纪处分决定时所使用的文书。

（二）党纪处分决定书的特点

党纪处分决定书，是按照特定的程序制作的，具有党纪的约束力。党纪处分决定书一经批准即发生效力，有关党组织和党员必须无条件地执行，其效力不受被处分的党组织或党员申诉的影响。

（三）制作党纪处分决定书的依据

1. 十九大新修改的《党章》第 40 条规定："坚持惩前毖后、治病救人，执纪必严、违纪必究，抓早抓小、防微杜渐，按照错误性质和情节轻重，给以批评教育直至纪律处分。运用监督执纪'四种形态'，让'红红脸、出出汗'成为常态，党纪处分、组织调整成为管党治党的重要手段，严重违纪、严重触犯刑律的党员必须开除党籍。"

2.《纪检工作条例》第 42 条规定："案件经审理并报本级纪委常委会讨论后，应将调查报告、被审查人对错误事实材料的书面意见和检讨材料以及调查组对被调查人意见的说明材料的复制件，送交被调查人所在单位党组织作出处理决定。被调查人所在单位党组织应在一个月内作出处理决定，并按照处分党员的批准权限呈报审批。"

3.《党的纪律检查机关案件审理工作条例》第 18 条规定："党组织作出

的处分决定（或结论），需由本人签字，经上级批准后，连同批复给本人一份，并在适当范围内宣布。"

（四）党纪处分决定书的适用范围

凡经有决定或批准权限的纪律检查委员会决定给予党员警告、严重警告、撤销党内职务、留党察看、开除党籍，给予党组织改组、解散处分的，均需制作处分决定书。

（五）党纪处分决定书的格式内容及要求

1. 版头

党纪处分决定书的版头，由发文机关全称或规范化简称加括号标明文种（即决定）组成，用套红大字居中印在决定书首页上部，如"中共××省纪律检查委员会（决定）"。

在民族自治地方，发文机关名称可以并用自治民族的文字和汉字印制。

2. 发文字号

党纪处分决定书发文字号，由发文机关代字、发文年度和发文顺序号组成，标注于版头下方居中位置。如晋纪〔2016〕23号。

3. 标题

党纪处分决定书的标题，一般由受处分人的姓名、处分种类及文种组成。如"关于给予王××开除党籍处分的决定"。

4. 正文

党纪处分决定书的正文，主要由以下几部分组成：

（1）被处分人的基本情况

主要包括被处分人的姓名、性别、出生年月、民族、籍贯、文化程度、参加工作时间、入党时间、主要任职情况，如果处理时需要，还应写明职称、职级。被处分人所任职务一项，主要应写明被处分人现任的职务。被处分人的违纪行为不是在任现职期间发生的，应写明违纪行为发生时所担任的职务及担任上述职务的时间。已经离退休的，应写明离退休的时间及当时所任的职务。被处分人是现任人民代表大会代表、政治协商会议委员等，也应写明。

被处分人曾经受过处分或刑罚处罚的，应写明被处分人何时因何原因，受到何种处分或刑罚处罚。

（2）违纪事实

党纪处分决定书中的违纪事实，是指经过纪律检查机关审定的、作为处分依据的违纪事实。叙述违纪事实时，应根据违纪构成要件，完整表述违纪行为发生的时间、地点、情节、后果等内容。如果被处分人具有从轻、减轻或从重、加重处分的情节，应当写明。

违纪事实中如果有涉及党和国家秘密或其他不宜公开的内容，不要详加描述，应主要围绕被处分人的违纪行为概述事实经过。在叙述中应尽量避免涉及他人，如果必须出现相关人员的姓名时，可保留其姓氏隐去人名，如张××、杨××。

违纪事实作为处分决定的依据，是党纪处分决定书的重要组成部分，表述要求用词准确、逻辑严谨、详略得当，符合法律法规要求，切忌渲染夸张。

（3）处理决定及法律法规依据

应写明处理决定的具体内容及法律法规依据。应用概括、规范的用语写明违纪行为的性质、决定给予的处分种类及定性量纪的法规依据，引用法律法规时要完整引用题目。给予撤销党内职务处分的，要写明是撤销党内一切职务还是某个职务。给予留党察看处分的，要写明留党察看期限（一年或二年）。对经过上级机关批准后生效的处分决定，应写明批准的机关及时间。如果有责令退赔或收缴等处理事项的，应一并写明。

（4）结束语

由于党纪处分决定的生效时间涉及党纪处分的影响期限问题，因此，党纪处分决定书的结束语应写明处分决定的生效时间（一般是有最终决定权或批准权的机关决定或批准的时间）。如"本决定自 2017 年 5 月 15 日起生效"。同时，写明申诉权利、受理单位等。

5. 署名

党纪处分决定书应署发文的纪律检查机关的全称或规范化简称，标注于正文的右下方。

6. 成文日期

党纪处分决定书的成文日期应署纪律检查机关领导签批的日期，应写明年、月、日，标注于发文机关署名的下方。

7. 印章

应在署名和成文日期位置上，加盖发文机关的印章。

8. 主、抄送机关及人员

纪律检查机关的党纪处分决定书，应主送被处分人及其所在单位或主管单位,同时抄送对被处分对象有管理权的党组织、人事部门。应使用主送、抄送机关的全称或规范化简称,标注于主题词下方。

9. 印制版记

一般由党纪处分决定书印制机关及部门名称、印制日期、印制份数组成,标注于抄送机关的下方。党纪处分决定书的印制份数根据实际需要确定。

(六)注意事项

1. 党纪处分决定书,是党的纪律检查委员会处理违纪党组织或党员时制作并使用的文书,也是被处分人所在的党组织或单位执行纪律的依据。因此,对于需要呈报上级机关审批的案件,应根据上级机关批复的内容制作或修改党纪处分决定书,不能用批复代替党纪处分决定书。

2. 如果对同一违纪人员,既要给予党纪处分又要给予行政处分,一般情况下要分别制作党纪处分决定书和行政处分决定书。对于党的机关、人大机关、政协机关的党员干部给予党纪和政纪双重处分的,实践中是制作一份处分决定书。对行政机关、审判机关、监察机关以及行政机关任命的国有企业、事业单位党员干部,分别制作党纪处分决定书和行政处分决定书。

3. 对共同违纪案件,应对每一个违纪人员分别制作党纪处分决定书。

4. 委托有关单位代为宣布执行党纪处分决定及办理其他有关事项的,还应同时制作处分决定通知书。

5. 给予开除党籍处分的人员姓名后面不得再加"同志"称谓。

二、政务处分决定书

(一)政务处分决定书的概念

政务处分决定书,是指各级行政监察机关对违反行政纪律的行政监察对象作出政务处分决定时使用的文书。

(二)政务处分决定书的特点

政务处分决定书,是按照特定的程序制作的,具有行政纪律的约束力。政务处分决定书,一经批准送达,即发生效力,被处分对象及所在的单位必须执行,其效力不受被处分对象申诉的影响。

(三)制作政务处分决定书的依据

1.《公职人员政务处分暂行规定》第 6 条规定,监察机关对违法的公职人员依照法定程序可以依法作出警告、记过、记大过、降级、撤职、开除等政务处分决定。

2.《公职人员政务处分暂行规定》第 13、14 条规定，对违法的公职人员依法作出的政务处分决定应按照法定程序送达有关单位和个人。

（四）政务处分决定书的适用范围

凡经有决定或批准权限的监察机关决定给予行政监察对象警告、记过、记大过、降级、撤职、开除行政处分的，均需制作政务处分决定书。

（五）政务处分决定书的格式内容及要求

1. 版头

政务处分决定书，是监察决定书的一种，应根据《监察部关于实行监察文书格式标准文本的通知》的规定，使用监察决定书的版头。政务处分决定书的版头由发文的监察机关全称或规范化简称加"监察决定书"字样组成，分两行居中印在行政处分决定书首页上部。

在民族自治地方，发文机关名称可以并用自治民族的文字和汉字印制。

2. 发文字号

政务处分决定书的发文字号，由发文年度、发文监察机关代字、文种代字和发文顺序号组成，标注于版头右下方。如〔2015〕×监决字第 12 号。

3. 标题

政务处分决定书的标题，一般由被处分人的姓名、所给的处分种类和公文种类（即决定）组成。如《关于给予王××同志撤职处分的决定》。其中，对于已被建议开除党籍的被处分人，在标题中不再表述"同志"。

4. 正文

政务处分决定书的正文，主要由以下几部分组成：

（1）被处分人的基本情况

主要包括被处分人的姓名、性别、出生年月、民族、籍贯、文化程度、政治面貌、参加工作时间、所任职务等。

被处分人所任职务一项，主要应写明现任的职务；已经离退休的，要写明离退休的时间及当时所担任的职务。被处分人的违纪行为不是在现任职务期间发生的，还要写明其违纪行为发生时所任职务及任职时间。被处分人如果现任人民代表大会代表、政治协商会议委员等，也应写明。

如果被处分人曾经受过处分，或者在政务处分决定书下达时，已被判处刑罚的，应写明被处分人何时因何原因，受到何种处分或刑罚处罚。

（2）违纪事实

政务处分决定书中的违纪事实，是指经过监察机关审定，作为处分依据的违纪事实。叙述违纪事实时，应根据违纪构成要件，完整表述违纪行为发生的时间、地点、情节、后果等内容。如果被处分人具有从轻、减轻或从重、加重处分的情节，应当写明。

违纪事实中如果涉及党和国家秘密或其他不宜公开的内容，不要详加描述，应主要围绕被处分人的违纪行为概述事实经过。在叙述中应尽量避免涉及他人，如果必须出现相关人员姓名时，可保留其姓氏，隐去人名，如张××、周××。

违纪事实作为处分决定的依据，是政务处分决定书的重要组成部分。表述要求用词准确、逻辑严谨、详略得当，符合法律法规要求，切忌渲染夸张。

（3）处理决定及法律法规依据

应写明处分决定的具体内容及法律法规依据。应用概括、规范的用语写明违纪行为的性质、决定给予的处分种类及定性量纪的法律法规依据。引用法律法规时要完整引用法规题目。给予行政撤职处分的，要写明所撤销的具体职务。对经过上级机关批准后生效的处分决定，应写明批准的机关及时间。如果有没收、追缴或责令退赔等行政处罚事项的，应一并写明。

（4）结束语

由于政务处分决定的生效时间涉及处分的影响期限问题，因此政务处分决定书的结束语，应写明处分决定的生效时间（一般是有最终决定权或批准权的机关决定或批准的时间）。同时还应注明《监察法》第49条：监察对象对监察机关作出的涉及本人的处理决定不服的，可以在收到处理决定之日起一个月内，向作出决定的监察机关申请复审。

5. 署名

政务处分决定书应署发文的监察机关的全称或规范化简称，标注于正文右下方。

6. 成文日期

政务处分决定书的成文日期应署监察机关领导签批的日期，应写明年、月、日，标注于发文的监察机关署名的下方。

7. 印章

应在政务处分决定书的署名和成文日期位置上，加盖发文机关印章。

8. 主、抄送机关及人员

政务处分决定书应主送被处分人所在单位或主管单位及被处分人，同时抄送对被处分人有管理权限的组织人事部门，要用主送、抄送机关的全称或规范化简称。

9. 印制版记

一般由印制行政处分决定书的机关及部门名称、印制日期、印制份数组成。标注于抄送机关的下方。政务处分决定书的印制份数根据实际需要确定。

附：党纪处分决定书和政务处分决定书式样和附例

党纪处分决定书式样

中共××纪律检查委员会（决定）

×纪〔20××〕×号

────────────────────

关于给予×××处分的决定

第一部分：被处分人的基本情况。

第二部分：被处分人的违纪事实。

第三部分：处理决定及法规依据。

第四部分：结束语。

中共××纪律检查委员会

20××年×月×日

────────────────────

主送：（被处分人所在单位）、（被处分人）

抄送：（有关组织人事部门）

中共××纪委办公厅（室）　　　　　　　20××年×月×日印

共印×份

党纪处分决定书式样

中共港口市纪律检查委员会（决定）

港纪〔2016〕10 号

关于给予李某某党内严重警告处分的决定

李某某，男，汉族，1966 年 10 月生，××人，大学学历，1985 年 8 月参加工作，1993 年 4 月加入中国共产党。1996 年 4 月，任港口市委办公室副主任；2000 年 5 月，任港口市住建局党组书记、局长。系第九届港口市委委员。

经审查，李某某同志存在以下违反中央八项规定精神和廉洁纪律的问题。

2015 年 2 月春节期间，李某某携家属下乡拜年，其严重违反中央八项规定精神，与其家属接受下级住建部门提供的公车服务，并由下级住建部门用公款支付其住宿费 500 元。

李某某同志身为党员领导干部，严重违反中央八项规定精神和廉洁纪律，挥霍浪费公款，应予严肃处理。依据 2016 年《中国共产党纪律处分条例》第一百三十三条第二款和 2003 年《中国共产党纪律处分条例》第七十八条第（四）项、第四十一条之规定，经市纪委讨论、市委决定，并报省纪委批准，决定给予李某某同志党内严重警告处分，责成本人补交应由个人支付的费用。

本处分决定自 2016 年×月×日起生效。如不服本处分决定，可向市纪委、省纪委直至中共中央提出申诉。

中共港口市纪委

2016 年×月×日

主送：市住建局党组、李某某

抄送：市委组织部

中共港口市纪委办公室　　　　　　　　　　2016 年×月×日印

　　　　　　　　　　　　　　　　　　　　　　　共印×份

政务处分决定书式样

××监察（部、厅、局）
监 察 决 定 书

〔20××〕×监决字第×号

关于给予×××处分的决定

第一部分：被处分人的基本情况。

第二部分：被处分人的违纪事实。

第三部分：监察机关处理决定及法律法规依据。

第四部分：结束语。

　　　　　　　　　　　　　　　　××监察（部、厅、局）

　　　　　　　　　　　　　　　　20××年×月×日

主送：（被处分人所在单位）、（被处分人）

抄送：（有关组织人事部门）

××监察（部、厅、局）办公厅（室）　　　20××年×月×日印

　　　　　　　　　　　　　　　　　　　　　　　共印×份

政务处分决定书附例

港口市监察局
监察决定书

港监决字〔2016〕第 23 号

关于给予吴某撤职处分的决定

吴某，男，汉族，1965 年 4 月出生，××（省）××人，大学学历，1984 年 7 月加入中国共产党，1985 年 1 月参加工作，1994 年 2 月任港口市国土资源局办公室主任，1998 年 7 月任港口市国土资源局党组成员、副局长。

经审查，吴某同志存在以下违反组织纪律和生活纪律的问题。

一、违反组织纪律，不按规定报告个人有关事项

1999 年以来，吴某在填报《领导干部个人有关事项报告表》时，未按规定报告其妻×××名下的 3 套房产及由其亲属等人代持的 8 套房产。

二、违反生活纪律，与 3 名女性发生不正当性关系

2006 年至 2016 年 1 月，吴某与陈××、张××、刘××3 名女性多次发生不正当性关系。

吴某同志身为党员领导干部，理想信念动摇，纪律意识淡薄，严重违反组织纪律和生活纪律，且在党的十八大后仍不收敛、不收手，应予严肃处理。依据《行政机关公务员处分条例》第十九条第（八）项、第二十九条第一款第（四）项、第十条之规定，经报市政府批准，决定给予吴某同志撤职处分。

本决定自 2016 年 3 月 17 日起生效。如不服本决定，可自收到本决定之日起三十日内向监察部申请复审。

港口市监察局

2016 年 3 月 17 日

主送：市国土资源局、吴某

抄送：市委组织部、市人事局

港口市监察局办公室　　　　　　　　　　　　2016 年 3 月 20 日印

共印×份

第七节　处分决定通知书和免予处分决定通知书

一、处分决定通知书和免予处分决定通知书的概念

处分决定通知书和免予处分决定通知书，是指纪检监察机关需要通知被处分或者被免予处分对象所在党组织或单位执行处分、处理决定事项时使用的文书。它包括党纪处分、政纪处分决定通知书和免予党纪处分、政纪处分决定通知书。

二、处分决定通知书和免予处分决定通知书的特点

处分决定通知书和免予处分决定通知书，是与处分决定书或免予处分决定书相配套的文件，一般不单独使用。

三、处分决定通知书和免予处分决定通知书的适用范围

凡纪检监察机关通知下级党组织或单位，执行处分决定事项或免予处分决定事项的，均需制作处分决定通知书或免予处分决定通知书。

四、处分决定通知书和免予处分决定通知书的式样

详见式样。相关公文格式，依照中央办公厅、国务院办公厅 2012 年 4 月 16 日印发的《条例》以及国家质量监督检验检疫总局、国家标准化管理委员会 2012 年 6 月 29 日发布的《公文格式》执行。

五、处分决定通知书和免予处分决定通知书的格式内容及要求

（一）标题

处分决定通知书和免予处分决定通知书的标题一般由受处分人或被免予处分人姓名、处分种类或免予处分的类别、公文种类即通知组成。如《关于

给予李××同志撤销党内职务处分的通知》《关于给予王××降级处分的通知》《关于免予刘××同志党纪处分的通知》《关于免予张××政纪处分的通知》等。

（二）主送和抄送机关

按照党风廉政建设责任制的规定，受处分人或被免予处分人所在单位党委（党组）对处分或免予处分执行负主体责任，故处分决定通知书和免予处分决定通知书的主送机关，应当为受处分人或被免予处分人所在单位党委（党组）。为便于工作衔接，该通知亦应抄送相关党委组织部门。

比如，省纪委作出给予省公安厅副厅长开除党籍处分后，处分通知应当主送省公安厅党委，并抄送省委组织部；作出给予省辖市副市长开除党籍处分后，处分通知应当主送省辖市党委，并抄送省委组织部。

再如，省监察厅作出给予省财政厅副厅长撤职处分后，处分通知应当主送省财政厅，并抄送省委组织部；作出给予省辖市副市长降级处分后，处分通知应当主送省辖市人民政府，并抄送省委组织部、省辖市党委。

（三）正文

处分决定通知书或免予处分决定通知书的正文一般比较简短，主要应写明所决定的事项及要求受文单位办理的事项。一般由以下几部分组成：

1. 决定事项

决定事项中应完整表述所决定的各项内容。在写决定事项的具体内容之前，应简要交代该决定的审议或批准情况，如"经省纪委常委会会议讨论，并报省委批准，决定给予省民政厅副厅长、党组成员张×留党察看一年处分"。

2. 需要受文单位办理的具体事项

需要受文单位办理的事项，应在通知书中写明，如"现将《关于给予××同志撤销党内职务处分的决定》发给你们，请予执行""建议按程序罢免其市人大代表职务""建议按程序撤销其市政协委员资格"等内容。这部分还应写明要求受文单位将处分执行情况或建议办理情况及时回告发文的纪检监察机关。如"请将执行情况于一个月内函告我厅""请将处分执行情况及建议办理情况于两个月内部函告我委"。

这里需要说明的是，通知书中表述的决定事项，有的不能在处分决定书中表述，如提出组织处理建议等情况。

3. 结束语

通知的结束语一般写"特此通知"。

六、注意事项

1. 处分决定书或免予处分决定书作为纪律审查中最重要、最关键的法定文书，是独立的文件，不宜作为处分决定通知书或免予处分决定通知书的附件。

2. 处分决定通知书、免予处分决定通知书是发给受处分人或被免予处分人所在单位党委（党组）的，处分决定书、免予处分决定书也应同时发给上述单位。而对受处分人或被免予处分人，则只发处分决定书或免予处分决定书。

3. 违纪人员同时受到党纪、政纪处分的，一般要分别制发相应的通知书。同一案件涉及同一单位两个以上人员的，可以使用同一通知书。

4. 处分决定通知书和免予处分决定通知书与批复是两个不同的文种。批复是针对下级纪检监察机关的请示所作的答复；处分决定通知书和免予处分决定通知书，则是告知有关党组织或单位办理与处分或免予处分相关的事项，二者不能混用。

附：给予处分通知书和免予处分通知书式样和附例

给予处分决定通知书式样1

×纪〔20××〕×号

关于给予××××××处分的通知

××××：

第一部分：决定事项。

第二部分：受文单位办理的具体事项。

第三部分：结束语。

中共××纪委

20××年×月×日

抄送：（有关组织人事部门）。

给予处分决定通知书式样 2

〔20××〕×监通字第×号

关于给予××××××处分的通知

××××：

　　第一部分：决定事项。

　　第二部分：受文单位办理的具体事项。

　　第三部分：结束语。

××监察（部、厅、局）

20××年×月×日

抄送：（有关组织人事部门）。

免予处分决定通知书式样 1

×纪〔20××〕×号

关于免予××同志党纪处分的通知

××××：

　　第一部分：决定事项。

　　第二部分：受文单位办理的具体事项。

　　第三部分：结束语。

中共××纪律检查委员会

20××年×月×日

抄送：（有关组织人事部门）。

免予处分决定通知书式样2

〔20××〕×监通字第×号

关于免予××××处分的通知

××××：

第一部分：决定事项。

第二部分：受文单位办理的具体事项。

第三部分：结束语。

××监察（部、厅、局）
20××年×月×日

抄送：（有关组织人事部门）。

给予处分决定通知书附例1

×纪〔2014〕9号

关于给予周某开除党籍处分的通知

中共××市委：

2014年3月19日，××省委常委会议讨论了××省纪委《关于给予周某开除党籍处分的请示》，决定免去周某的××市委委员职务，并批准给予周某开除党籍处分。××省纪委负责向周某本人宣布处分决定。

现将××省纪委《关于给予周某开除党籍处分的决定》发给你们，请将××省委的免职决定和××省纪委的处分决定，分别在××市委常委会议和××市委全体会议上通报。以上决定请予执行，并在一定范围内宣布。执行和宣布情况请于两个月内函告我委（径送××省纪委案件审理室）。

特此通知。

中共××省纪委

2014 年 3 月 20 日

抄送：××省委组织部、××市纪委。

给予处分决定通知书附例 2

〔2014〕×监通字第 5 号

关于给予周某开除处分的通知

××市人民政府：

经省监察厅研究并报省人民政府批准，决定给予××市原副市长周某开除处分。省监察厅负责向周某本人宣布处分决定。现将《关于给予周某开除处分的决定》发给你们，请予执行，并在一定范围内宣布。执行和宣布情况请于三十日内函告省监察厅（径送××省纪委监察厅案件审理室）。

特此通知。

××监察厅

2014 年 3 月 25 日

抄送：××省委组织部、××市纪委、××市监察局。

免予处分决定通知书附例 1

×纪〔2015〕22 号

关于免予丁某同志党纪处分的通知

中共港口市委:

经省纪委常委会会议讨论,决定免予××市委常委、秘书长丁某党纪处分,责成丁某同志在××市委常委会议上作出深刻检查。现将《关于免予丁某同志党纪处分的决定》发给你们,请予执行,并在一定范围内宣布。执行和宣布情况请于两个月内函告我委(径送××省纪委案件审理室)。

特此通知。

×× 省纪律检查委员会
2015 年 4 月 10 日

抄送:××省委组织部、××市纪委。

免予处分决定通知书附例 2

〔2013〕×监通字第 11 号

关于免予王某政纪处分的通知

××市人民政府:

经省监察厅研究,决定对××市副市长王某免予政纪处分。现将《关于免予王某政纪处分的决定》发给你们,请予执行,并在一定范围内宣布。执行和宣布情况请于三十日内函告省监察厅(径送××省纪委监察厅案件审理室)。

特此通知。

××省监察厅

2013 年 9 月 9 日

抄送：××省委组织部、××市委、××市纪委。

第八节　纪律处理决定书

一、纪律处理决定书的概念

纪律处理决定书，是指对于严重违反党的纪律、本身又不能纠正的党组织，根据情节严重的程度，给予改组或解散处理时使用的文书。包括改组处理决定书和解散处理决定书两种。

二、纪律处理决定书的适用范围

依照《党章》第 44 条和 2018 年 10 月 1 日起施行的《党纪处分条例》第 9 条之规定，对于违犯党的纪律的党组织，上级党组织应当责令其作出检查或者进行通报批评。对于严重违犯党的纪律、本身又不能纠正的党组织，上一级党的委员会在查明核实后，根据情节严重的程度，可以予以改组或解散。

根据《党章》和《纪检工作条例》等有关规定，对党组织严重违反党纪问题，由上一级纪委报请同级党委批准立案，或者由再上一级纪委在征求同级党委意见后直接决定立案；对违纪党组织立案，应由有立案权的党委、纪委常委会会议研究决定。

（一）改组

1. 准确把握改组的适用

改组适用于严重违纪，本身又不能纠正的党组织领导机构。受到改组处理的党组织领导机构成员，区分以下情况进行处理：一是对经审查发现存在严重违纪问题，应当受到撤销党内职务及以上处分的，给予其撤销党内职务及以上处分；二是对经审查发现存在违纪问题，应当受到警告或严重警告处分的，给予其警告或严重警告处分，并自然免职；三是对经审查发现涉嫌违纪但短时间内难以查清的，先自然免职，再对其涉嫌违纪问题另案处理；四是对经审查未发现存在违纪问题的，自然免职。

2. 准确把握改组的程序

根据《党章》和《纪检工作条例》等有关规定，对党组织严重违犯党纪问题，由上一级纪检机关报请同级党委批准立案，或者由再上一级纪委在征求同级党委意见后直接决定立案；对违纪党组织立案，应由有立案权的党委、纪委常委会会议研究决定。改组由上一级党的委员会在查明核实情况后决定，并报再上一级党的委员会审查批准后，正式宣布执行。

3. 准确把握自然免职的含义

自然免职，是指相关党内职务自然免除，不需要再另行履行免职手续。纪律审查实践中，一般按照以下原则把握：

（1）自再上一级党组织作出改组处理决定之日起，党组织领导机构成员所任书记、副书记、常委、委员，党组书记、副书记、成员等职务自然免除，不需另行发文免职。

（2）党组织领导机构成员所兼任的其他党内职务，如纪委书记、组织部部长、宣传部部长、统战部部长、政法委书记等，因与其所任党组织领导机构成员职务紧密相关，亦应一并自然免除，不需另行发文免职。

（3）党组织领导机构成员所兼任的党外职务或军队领导职务，如人大常委会主任、副主任，市长、副市长，政协主席、副主席，省军区（卫戍区、警备区）、军分区（警备区）司令员（政委），县（市、区）人民武装部部长（政委）等职务，不属自然免除的范围，如需免职，则应履行相关法律程序。

（4）党组织领导机构成员所担任的上一级党委委员、候补委员、纪委委员等职务，因系上一级党的代表大会选举产生，不属自然免除的范围，如某市委书记担任的省委委员职务，某县纪委书记担任的市纪委委员职务。其中涉嫌违纪的，按现行有关规定办理。

此外，改组处理决定应抄送每一位被改组处理的党组织领导机构成员。

（二）解散

对于全体或者多数党员严重违犯党纪的党组织，应当予以解散。对于受到解散处理的党组织中的党员，应当逐个审查。其中，符合党员条件的，应当重新登记，并参加新的组织过党的生活；不符合党员条件的，应当对其进行教育、限期改正，经教育仍无转变的，予以劝退或者除名；有违纪行为的，依照规定予以追究。

党组织受到解散处理的，党组织中的党员所任该党组织内的领导机构成员等党内职务均自然免除，不需要再另行履行免职手续。但是对所担任的该党组织外的党内职务、所兼任的党外职务或军队领导职务，不属自然免除的范围，如需免职，则应履行相关免职程序。对经审查认为不符合党员条件，并对其进行教育、限期改正，经教育后仍无转变，予以劝退或者除名的，其所任一切党内职务均自然免除，不需要再另行履行免职手续，所担任的党外职务或者军队领导职务按照规定处理。

需要说明的是，根据《党章》第16条和《中国共产党党组工作条例》第2条、第12条之规定，党组是党在中央和地方国家机关、人民团体、经济组织、文化组织和其他非党组织领导机关中设立的领导机构，在本单位发挥领导作用，指导机关和直属单位党组织的工作；分党组的设立，由党组报本级党委组织部门审批，也就是说党组、分党组均系某一非党组织的领导机关的领导机构，对党组、分党组全体或者多数党组、分党组成员严重违犯党纪的，可以给予改组处理，但一般不适用解散这一纪律处理措施。

此外，解散处理决定应抄送每一位被解散处理的党组织领导机构成员，并向该党组织全体党员宣布。

三、纪律处理决定书的式样

详见式样。

附：纪律处理决定书式样和附例

纪律处理决定书式样 1

×纪〔20××〕×号

关于给予×××（党组织）改组处理的决定

第一部分：被改组处理的党组织领导机构成员情况。

第二部分：经审查认定的违纪事实。

第三部分：处理决定及法规依据。

第四部分：改组处理决定生效日期。

中共××纪委

20××年×月×日

纪律处理决定书式样 2

×纪〔20××〕×号

关于给予×××（党组织）解散处理的决定

第一部分：被解散处理的党组织领导机构成员情况。

第二部分：经审查认定的违纪事实。

第三部分：处理决定及法规依据。

第四部分：解散处理决定生效日期。

中共××纪委

20××年×月×日

纪律处理决定书附例

关于给予××市人民医院党总支委员会
改组处理的决定

××市人民医院（以下简称市人民医院）党总支委员会成员包括：总支部委员会书记王某（院长），副书记赵某某，组织委员张某某（常务副院长），青年和群团委员钟某某（副院长），纪律检查委员李某某（副院级专职纪律检查员）。

现查明，2012年至2016年间，市人民医院与××市医疗保险基金管理中心签订了《××市区城镇居民基本医疗保险定点医疗机构医疗服务协议》，其结算项目为医保门诊费用构成的个人账户及统筹支付、大病救助支付、公务员和参照公务员补助等部分。

2012年12月，市人民医院财务科科长李某某提议，采取空刷医保卡、虚列医疗费用等方式套取医保基金统筹部分，以筹集资金在单位账外设立"小金库"，更好地解决给全院职工发放过节费、一些不方便在医院账面上列支的特殊支出等问题。王某同意，并主持召开院党总支委员会会议集体讨论决定，按照李某某提出的办法具体操作，赵某某、张某某、李某某3人在会上均表示赞成，钟某某在会上表决时弃权。2013年上半年至2016年8月间，市人民医院先后采取空刷医保卡、虚列医疗费用等方式，套取医保基金统筹部分共计2 578 472.28元人民币（以下未标明币种的均为人民币），实际骗得2 456 090.81元，由医院涉案医保卡的参保人或者集卡人共同分配，医院所得部分纳入"小金库"管理，用于给职工发放过节费、加班费以及医院在节日期间送给市卫生局、市发展改革委等相关管理部门工作人员的购物卡等支出。

王某、赵某某、张某某、李某某等人作为市人民医院负责同志，违反《中华人民共和国社会保险法》第八十七条等规定，以非法占有为目的，组织领导该医院人员采取虚构事实、伪造材料等手段骗取医疗保险社会统筹基金，其行为已构成严重违纪。依照《中国共产党章程》第四十二条和《中国共产党纪律处分条例》第十四条之规定，经市纪委常委会会议讨论，并报市委常委会会议批准，决定给予市人民医院党总支委员会改组处理；给予王某、赵某某、张某某、李某某4人开除党籍处分，给予钟某某党内严重警告处分，处分决定均另行下达；钟某某所任市人民医院党总支委员会委员职务自然免职；按程序重新组建新一届党总支委员会。

本处理决定自2016年10月9日起生效。如不服本处理决定，可向市纪委、市委或者上级党组织提出申诉。

中共××市纪委

2016年10月9日

第九节　延长留党察看期限决定书

一、延长留党察看期限决定书的概念

延长留党察看期限决定书，是指党组织对受到留党察看一年处分的党员，在留党察看期满后，认为该名党员既不符合恢复党员权利的条件，也未达到给予开除党籍处分的标准，而按照规定作出的给予该名党员延长一年留党察看期限决定时使用的文书。

二、延长留党察看期限决定书的适用范围

依照《党章》第41条和《党纪处分条例》第12条，对于受到留党察看处分一年的党员，若留党察看期满后仍不符合恢复党员权利条件的，应当延长一年留党察看期限，且留党察看期限最长不得超过二年。

决定给予受到留党察看一年处分的党员延长一年留党察看期限的，按照现任职务履行审批手续，并将延长留党察看期限决定书抄送原作出留党察看一年处分的党组织备案。

需要注意的是，延长留党察看期限决定既可以由有管理权限的纪委作出，也可以由有管理权限的党委作出。同时，在延长留党察看期限决定书中应当说明该名党员所在党支部以及上级党委的意见。

三、延长留党察看期限决定书的式样

详见式样。

延长留党察看期限决定书式样

×纪〔20××〕×号

<h1 style="text-align:center">关于给予×××同志延长一年
留党察看期限的决定</h1>

×××同志简历（略）。

20××年×月×日，（经××党委批准）××纪委作出《关于给予×××同志留党察看一年处分的决定》（×纪〔20××〕×号），并于20××年×月×日向×××同志本人宣布。

一年来，×××同志……（表现情况）。20××年×月×日，×××同志本人书面申请要求按期恢复其党员权利。20××年×月×日，其所在的×××党支部经讨论，认为其不符合恢复党员权利的条件，建议延长一年留党察看期限。20××年×月×日，×××党委（基层党委）经讨论，同意×××党支部的意见。20××年×月×日，×××党委（基层党委的上级党委）经讨论，同意×××党委（基层党委）的意见。根据×××同志在留党察看期间的现实表现和其所在党组织的意见，经××纪委常委会会议讨论，决定给予×××同志延长一年留党察看期限（期限自原受到留党察看一年处分后留党察看期满次日即20××年×月×日起算）。

本决定自20××年×月×日（××纪委常委会会议讨论之日）起生效。如不服本决定，可向××纪委、××党委或者上级党组织提出申诉。

中共××纪委
20××年×月×日

延长留党察看期限决定书附例

×纪〔2017〕5 号

关于给予罗某同志延长一年
留党察看期限的决定

　　罗某，男，汉族，1961 年 8 月生，××省××市人，大学学历，1979 年 7 月参加工作，1984 年 6 月加入中国共产党。1998 年 3 月任共青团××省委书记；2008 年 4 月，任××市委书记；2015 年 2 月，任××省委组织部常务副部长。

　　2016 年 1 月 11 日，经××省委批准，××省纪委作出《关于给予罗某同志留党察看一年处分的决定》（×纪〔2016〕4 号），并于 2016 年 1 月 14 日向罗某同志本人宣布。

　　一年来，罗某同志思想消极，不能正确对待组织给予的党纪处分，在被调整为省委老干部局办公室调研员后，工作不积极，不参加组织生活，不接受组织的考察教育，不主动向党组织汇报自己的思想。2017 年 1 月 12 日，罗某同志本人书面申请要求按期恢复其党员权利。2017 年 1 月 16 日，其所在的省委老干部局办公室党支部经讨论，认为其不符合恢复党员权利的条件，建议延长一年留党察看期限。2017 年 1 月 19 日，省委老干部局直属机关党委经讨论，同意省委老干部局办公室党支部的意见。2017 年 1 月 25 日，省直机关纪工委经讨论，同意省委老干部局直属机关党委的意见。根据罗某同志在留党察看期间的现实表现和其所在党组织的意见，经报省直机关工委全体会议批准，决定延长罗某同志一年留党察看期限（期限自原受到留党察看一年处分后留党察看期满次日即 2017 年 1 月 12 日起算）。

　　本决定自 2017 年 1 月 28 日起生效。如不服本决定，可向省直机关纪工委、省直机关工委或者上级党组织提出申诉。

中共××省直机关纪工委

2017 年 1 月 28 日

第十节　恢复党员权利决定书

一、恢复党员权利决定书的概念

恢复党员权利决定书，是指党组织对受到留党察看处分的党员，在留党察看期满后，认为该名党员在留党察看期间确有悔改表现的，按照规定恢复其党员权利时使用的文书。

二、恢复党员权利决定书的适用范围

依照《党章》第41条第2款和2018年《党纪处分条例》第12条，对受到留党察看处分的党员，在留党察看期间确有悔改表现的，期满后恢复其党员权利。

恢复党员权利应当经过支部大会讨论通过，并报党的基层委员会或者上一级纪委批准。特殊情况下，可由县级或者县级以上党委和纪委直接作出恢复党员权利决定。需要注意的是，恢复党员权利决定既可以由有管理权限的纪委作出，也可以由有管理权限的党委作出。同时，恢复党员权利决定书中应当说明该名党员所在党支部的意见，并通过上级党组织抄送原作出留党察看处分的党组织备案。

三、恢复党员权利决定书的式样

详见式样。

恢复党员权利决定书式样

×纪〔20××〕×号

关于给予×××同志恢复党员权利的决定

×××同志简历（略）。

20××年×月×日，（经××党委批准）××纪委作出《关于给予×××同志留党

察看一年（二年）处分的决定》（×纪〔20××〕×号），并于20××年×月×日向
×××同志本人宣布。

一年来，×××同志，……（表现情况）。20××年×月×日，×××同志本人书
面申请要求按期恢复其党员权利。20××年×月×日，其所在的×××党支部经讨
论，认为其符合恢复党员权利条件，建议按期恢复其党员权利。根据×××同志
在留党察看期间的现实表现和其所在党支部的意见，经报×××党委（基层党
委）会议批准，决定按期恢复×××同志党员权利（期限自原受到留党察看处
分后留党察看期满次日即20××年×月×日起算）。

本决定自20××年×月×日（×××党委（基层党委）会议讨论之日）起生
效。如不服本决定，可向××纪委、××党委或者上级党组织提出申诉。

中共××纪委

20××年×月×日

恢复党员权利决定书附例

×纪〔2017〕9号

关于给予李某同志恢复党员权利的决定

李某，男，汉族，1965年8月生，××省××市人，大学学历，1979年7月参
加工作，1984年6月加入中国共产党。1998年3月任共青团××省委书记；2008
年2月，任××市委副书记、市长；2015年1月，任××省委政法委员会副书记。

2016年1月21日，经××省委批准，××省纪委作出《关于给予李某同志
留党察看一年处分的决定》（×纪〔2016〕17号），并于2013年1月27日向
李某同志本人宣布。

一年来，李某同志深刻认识到自己所犯错误的严重性，在被组织调整为
省地方志办公室综合处副调研员后，积极工作，主动向所在党组织汇报思想，
确有悔改表现。2017年1月22日，李某同志本人书面申请要求按期恢复其党
员权利。2017年1月26日，其所在的省地方志办公室综合处党支部经讨论，
认为其符合恢复党员权利条件，建议按期恢复其党员权利。根据李某同志在
留党察看期间的现实表现和其所在党支部的意见，经报省地方志办公室直属

机关党委全委会议批准，决定按期恢复李某同志党员权利（期限自原受到留党察看处分后留党察看期满次日即 2017 年 1 月 22 日起算）。

本决定自 2017 年 2 月 2 日起生效。如不服本决定，可向省地方志办公室直属机关纪委、省地方志办公室直属机关党委或上级党组织提出申诉。

中共××省地方志办公室直属机关纪委

2017 年 2 月 2 日

第十一节　中止和恢复党员权利决定书

一、中止和恢复党员权利决定书的概念

中止党员权利决定书，是指党组织对因涉嫌犯罪被司法机关依法逮捕的党员，在不具备及时作出党纪处分决定情况下，作出暂停其行使表决权、选举权和被选举权等党员权利的组织措施时使用的文书。需要指出的是，《中华人民共和国刑事诉讼法》（以下简称《刑事诉讼法》）规定的逮捕条件中最重要的是必须"有证据证明有犯罪事实"，各级人民检察院在审查批准或者决定逮捕时，始终严把案件质量，逮捕后无罪判决率一直保持在极低比例，故对党员被依法逮捕的，党组织应当优先审查是否符合作出给予被审查党员留党察看以上党纪处分的条件，只有不具备该条件或者虽然具备该条件、但依照党内法规规定需要呈报上级党组织审批的情况下，才按程序中止其党员权利。

恢复党员权利决定书，是指党组织在作出中止党员权利决定后，根据司法机关处理结果，对应当恢复其表决权、选举权和被选举权等党员权利的，及时作出的恢复其被中止的党员权利的组织措施时使用的文书。

二、中止和恢复党员权利决定书的适用范围

（一）中止和恢复党员权利的范围

《党章》规定党员有八项权利，其中表决权、选举权和被选举权是较为重要的政治权利，中止党员权利一般是中止这三项权利；在确有必要的情况下，参加会议、阅读文件等其他党员权利，也可纳入中止党员权利的范围，并在中止党员权利的决定中予以明确；但党员的申辩权、申诉和控告权，应按照

有关规定予以充分保障。

需要注意的是，中止党员权利不影响党员义务的履行，被中止相关权利的党员，仍需履行《党章》所规定的党员义务。

（二）中止和恢复党员权利的办理程序

中止党员权利，应由县级和县级以上各级党委或纪委作出书面决定，并送达本人，抄送同级党委组织部门和该党员所在单位党组织。

中止党员权利的管理权限，原则上与《纪检工作条例》关于党纪案件的立案审查决定权一致，并与干部管理权限和处分违纪党员批准权限相适应。其中，对立案审查需报请同级党委审批的党员，可由纪委作出中止其党员权利的决定，并报同级党委备案、抄送同级党委组织部门和该党员所在单位党组织。

有关党组织作出中止党员权利的决定后，应根据司法机关的处理结果，及时对被中止党员权利的党员进行处理。其中：

1. 根据司法机关作出的生效结论和《纪检工作条例》等相关规定，经审查认为应当给予开除党籍处分的，不存在恢复党员权利问题，按程序作出开除党籍的处分决定即可。

2. 经审查认为应当给予留党察看处分的，其被中止的表决权、选举权和被选举权不能立即恢复，如其在留党察看期间确有悔改表现，可待留党察看期满后恢复其党员权利；其被中止的其他党员权利，应及时予以恢复。

3. 经审查认为应当给予其他党纪处分或者不予处分的，应及时恢复其党员权利。恢复党员权利的程序，参照中止党员权利的程序办理，并可与党纪处分一并报批。恢复党员权利应作出书面决定，并送达本人，抄送同级党委组织部门和该党员所在单位党组织。

需要注意的是，司法机关在案件办理过程中，根据《刑事诉讼法》的规定，对已被执行逮捕的涉嫌犯罪党员，采取变更刑事强制措施（如取保候审、监视居住等），或者因法定期限届满予以释放，或者因一审人民法院判决被告人无罪、免除刑事处罚、宣判后立即释放的，应在司法机关对该涉嫌犯罪党员作出的司法结论生效后，再视情况作出是否恢复党员权利的相应决定。

（三）中止和恢复党员权利决定书的具体适用范围

中止党员权利必须以党员被依法逮捕为前提，主要适用于三种情况：一是司法机关查办的党员涉嫌犯罪案件，该党员被司法机关依法逮捕后，若不具备及时作出党纪处分决定的条件，则党组织应根据相关司法文书，决定中止其党员权利；二是纪检机关在纪律审查中发现党员有刑法规定的涉嫌犯罪的行为，一般应当按照纪法分开、纪在法前的原则，在移送司法机关前先行作出党纪处分；特殊情况下，如案情疑难、复杂，对事实证据、行为性质的认定把握困难或者有重大争议，难以作出党纪处分决定的，可将该案件先行移送司法机关，并在该党员被司法机关依法逮捕后，由党组织决定中止其党员权利；三是纪检机关在纪律审查中发现党员有刑法规定的涉嫌犯罪的行为，根据《纪检工作条例》第37条的规定先行给予其撤销党内职务处分并将其移送司法机关后，该党员被司法机关依法逮捕的，党组织也应决定中止其党员权利。

需要注意的是，中止党员权利仅适用于党员涉嫌犯罪被司法机关依法逮捕的情况，不适用于党员被司法机关采取拘传、拘留、取保候审、监视居住等其他刑事强制措施的情况。

三、中止和恢复党员权利决定书的式样

详见式样。

中止党员权利决定书式样

关于中止×××党员权利的决定

×××简历。

20××年×月×日，×××被依法逮捕。依据《中国共产党纪律处分条例》第×××条之规定，经××纪委常委会会议讨论，决定中止×××表决权、选举权和被选举权等党员权利。

本决定自20××年×月×日（××纪委常委会会议讨论之日）起生效。

中共××纪委

20××年×月×日

恢复党员权利决定书式样

关于恢复×××党员权利的决定

×××简历。

20××年×月×日，经×××纪委常委会会议讨论，决定中止×××表决权、选举权和被选举权等党员权利。

20××年×月×日，××人民法院（人民检察院、公安机关）依法作出判决（裁定、决定），（对×××的司法处理结果）。依据《中国共产党纪律处分条例》第×××条之规定，经××纪委常委会会议讨论，决定给予×××撤销党内职务处分（其他党纪处分或者不予处分），并恢复其表决权、选举权和被选举权等党员权利。

本决定自20××年×月×日（××纪委常委会会议讨论之日）起生效。

中共××纪委
20××年×月×日

恢复党员权利决定书附例

关于恢复王某党员权利的决定

王某，男，汉族，1970年8月生，××省××市人，大学学历，1981年7月参加工作，1984年6月加入中国共产党。1998年3月任共青团××省委书记；2008年2月，任××市委副书记、市长；2015年1月，任××省政府办公厅党组副书记、副主任（正厅长级）。

2015年3月3日，经××省纪委常委会会议讨论，决定中止王某表决权、选举权和被选举权等党员权利。

2016年4月5日，××省××市中级人民法院依法作出判决，认定王某犯受贿罪，免予刑事处罚，该判决已生效。依据《中国共产党纪律处分条例》第×××条之规定，经××省纪委常委会会议讨论，决定给予王某同志撤销党内职务处分，并恢复其表决权、选举权和被选举权等党员权利。

本决定自 2016 年 5 月 9 日起生效。

中共××省纪委

2016 年 5 月 9 日

第十二节　纪律检查建议书

一、纪律检查建议书的概念

纪律检查建议书，是指纪检机关根据审查情况，依照《党章》第 44 条、《党的纪律检查机关案件审理工作条例》第 28 条和《中共中央纪律检查委员会关于审理党员违纪案件工作程序的规定》第 20 条、第 35 条等规定，建议有关党组织进一步完善廉政、勤政制度，对被审查人作出政纪处分，以及作出对被审查人的工作或职务进行调整、在一定范围内进行通报批评、降低被审查人的职级待遇等组织处理措施时所使用的法定文书。这里重点是指案件审理阶段需要制作的纪律检查建议书。

二、纪律检查建议书的特点

纪律检查建议权是纪检机关的重要职权。纪检机关根据审查情况，就案件涉及的人员或组织的处理，向有关单位提出建议，是纪检机关行使建议权的形式之一。纪律检查建议书对接受建议的党组织具有较强的约束力。接受建议的党组织，对纪律检查建议无正当理由的，应予采纳，并应将对建议的办理情况和处理结果及时报告或告知提出建议的纪检机关。

三、纪律检查建议书的适用范围

纪律检查建议书的适用范围较为广泛，其中有下列情形之一的，纪检机关可以提出纪律检查建议，并制作纪律检查建议书：

1. 根据干部管理权限规定，需要建议处分决定机关给予被审查人政纪处分的；

2. 根据处分党员批准权限规定，需要建议有关党组织给予被审查人党纪处分的；

3. 对在党外组织担任职务，并受到撤销党内职务以上处分的党员，应当建议党外组织撤销其党外职务的；

4. 对国家工作人员中的党员受到撤销党内职务以上处分，但不再适用政纪处分，或者未受到撤职以上政纪处分，应当建议有关党组织降低其相应职级待遇的；

5. 对违纪情节轻微，不需追究党纪责任，但需建议有关党组织给予相应组织处理的；

6. 对需要追究党纪责任，同时还需建议有关党组织给予相应组织处理的；

7. 其他需要提出建议的情况。

纪律检查建议书的接受单位，应是有关党组织，或其工作部门、派出机关、派驻机构。

四、纪律检查建议书的式样

详见式样。

五、注意事项

1. 纪律检查建议书适用于向与纪检机关同级党组织的工作部门，如组织部、宣传部、统战部等；同级党组织批准设立的党组，如人大党组、政协机关党组、检察院党组、妇联党组等；下级党组织；企事业等单位的党组织提出建议的情况。

根据纪检机关的领导体制，纪检机关不宜以纪律检查建议书的形式向同级党委提出工作建议；一般也不宜以纪律检查建议书的形式向下级纪检机关提出工作建议。

2. 纪律检查建议的内容，应当是属于接受该建议的单位职责范围内的事项。

3. 纪律检查建议书应当是根据审查情况，提出纪律检查建议，制作纪律检查建议书。

4. 纪律检查建议书应当以书面形式送达有关单位。纪检机关制作的纪律检查建议书，须经纪检机关主要负责人审核批准后，才能正式发出。

附：纪律检查建议书式样和附例

纪律检查建议书式样

×纪〔20××〕×号

中共××纪律检查委员会
纪律检查建议书

××××：

第一部分：审查机关和核实认定的违纪问题。

第二部分：处理建议。

第三部分：要求将办理结果及时报告或告知纪检机关。

中共××纪律检查委员会
20××年×月×日

抄送：×××。

纪律检查建议书附例1

×纪〔2012〕12号

关于降低吴某同志职级待遇的建议

省公安厅党委：

经××省纪委常委会会议讨论，决定给予省公安厅治安管理总队原副总队长吴某留党察看一年处分。鉴于吴某已退休，不再适用政纪处分，依照《中国共产党纪律处分条例》第×××条第×款、第×××条和《行政机关公务员处分条例》第五十二条之规定，建议你委按程序将吴某的退休待遇降为副处级非领导职务，并将办理情况于两个月内函告省纪委（径送××省纪委案件审理室）。

附件：关于给予吴某同志留党察看一年处分的决定

×× 省纪委

2012 年 3 月 1 日

抄送：省公安厅纪委。

纪律检查建议书附例 2

×纪〔2015〕第 77 号

关于给予李某撤职处分的建议

省高级人民法院党组：

经××省纪委常委会会议讨论，决定给予省高级人民法院审判监督庭庭长李某撤销党内职务处分。根据已查明的李某的违纪事实，建议你们依照《中华人民共和国法官法》第×××条、第×××条和第×××条之规定，按程序作出给予李某撤职处分的决定，并将办理情况于两个月内函告省纪委（径送××省纪委案件审理室）。

附件：关于给予李某同志撤销党内一切职务处分的决定

×× 省纪委

2015 年 6 月 6 日

抄送：省纪委驻省高级人民法院纪检组。

纪律检查建议书附例 3

×纪〔2015〕38 号

关于完善公款存放有关制度的建议

中共××市委：

我委在查办你市原常务副市长张某某严重违纪案件过程中，发现张某某利用职务上的便利，通过向市直机关及部分国有企业领导打招呼，为其女儿、女婿承揽银行存款业务谋取利益问题，这同时也反映出部分财政预算单位和国有企业在公款存放方面存在管理不规范、监督不到位、制度不健全等问题。经省纪委常委会会议讨论，建议由你们深入剖析，围绕防止党员领导干部在公款存放方面发生利益冲突和利益输送问题进行认真研究，进一步完善相关制度和监督管理措施。请将办理结果于六个月内函告我委（径送××省纪委案件审理室）。

中共××省纪委

2015 年 5 月 5 日

第十三节　备案报告和备案案件审查表

备案制度是党委对本级纪委或本级纪委对下级党组织和纪委查处的案件依照规定进行审核监督的制度。备案报告及备案案件审查表是纪律检查机关执行备案制度时使用的文书。

一、备案报告

（一）备案报告的概念

备案报告是指纪律检查机关对经本机关决定或党委批准给予党纪处分的案件，按照处分违反党纪党员批准权限的有关规定，向同级党委或上级纪委报告案件处理情况时所使用的文书。

243

（二）备案报告的特点

备案报告是处分决定已经生效的案件，按规定向同级党委或上级纪委报告案件情况时所制作的呈送性文书。

（三）备案报告的制作依据

1.《中共中央纪律检查委员会关于处分违犯党纪的党员批准权限的具体规定》以及《中共中央纪律检查委员会关于修改〈关于处分违犯党纪的党员批准权限的具体规定〉的通知》中，对各级纪委向同级党委或上级纪委报送备案案件提出了明确要求。

2.《中共中央纪律检查委员会关于审理党员违纪案件工作程序的规定》第28条规定，呈报上级纪委备案的案件，应呈报备案报告。

（四）备案报告的适用范围

根据有关规定，下列案件应报备案，并制作备案报告：

1. 向同级党委报送备案的案件

凡各级党委管理的干部，按批准权限由本级纪委决定给予党纪处分后，应向同级党委备案。

2. 向上级纪委报送备案的案件

（1）向中央纪委报送备案的案件

根据1983年7月6日印发的《中共中央纪律检查委员会关于处分违犯党纪的党员批准权限的具体规定》、1987年3月28日印发的《中共中央纪律检查委员会关于修改〈关于处分违犯党纪的党员批准权限的具体规定〉的通知》等规定，下列案件应当呈报中央纪委备案：

①省（部）级纪委按照权限批准的比照处理案件；

②给予各省、自治区、直辖市纪委委员党纪处分的案件；

③给予中央直属机关、中央国家机关以及企业、事业单位、高等院校列入《向中央备案的干部职务名单》的党员干部撤销党内职务、留党察看、开除党籍处分的案件；

④给予各省、自治区、直辖市列入《向中央备案的干部职务名单》的正部、厅、局级党员干部，地、市、州、盟委书记、专员、市长、州长、盟长、直辖市区委书记、区长撤销党内职务、留党察看、开除党籍处分的案件。

（2）向地方各级纪委备案的案件

根据1983年7月6日印发的《中共中央纪律检查委员会关于处分违犯党

纪的党员批准权限的具体规定》、1987 年 3 月 28 日印发的《中共中央纪律检查委员会关于修改〈关于处分违犯党纪的党员批准权限的具体规定〉的通知》等规定的原则精神，向地方各级纪委备案的，主要是给予下级党的委员会管理干部撤销党内职务、留党察看、开除党籍处分，以及下级地方纪委委员警告、严重警告处分的案件。由于各地制定的处分党员批准权限规定有所不同，相应向各级纪委备案的案件范围也会有所不同。

（五）备案报告的式样

详见式样。

（六）制作备案报告的注意事项

1. 备案报告是报送备案案件时，对所报案件情况的概要介绍，正文内容不宜过细、过多，语言应简练、概括。

2. 向上级纪委报送的备案报告，其主送机关应为上级纪委，而不是上级纪委的案件审理室。

3. 向同级党委报送的备案报告可以把案件情况的介绍放在正文中；向上级纪委报送的备案报告则要另附材料。

二、备案案件审查表

（一）备案案件审查表的概念

备案案件审查表是指纪律检查机关的案件审理部门，按照有关制度和程序的规定，对下级纪律检查机关报送的备案案件进行审核并同意下级党委、纪委的意见时使用的表格性文书。

（二）备案案件审查表的特点

备案案件审查表主要是对备案案件的违纪事实是否清楚，证据是否确实充分，定性、处理是否准确、恰当的一种评判性文书，其内容要概括，观点要鲜明，要有准确的结论性意见。

根据《中共中央纪律检查委员会关于审理党员违纪案件工作程序的规定》，审理备案案件的重点是处分决定所依据的错误事实是否清楚、证据是否确凿、定性是否准确和党纪处分是否恰当。所涉政纪处分以及是否移送司法机关处理则不属于备案审核范围。若备案审核中发现政纪处分明显不当的，一般可先与呈报单位沟通，必要时可采取适当方式请其自行纠正，或者按程序予以纠正。

（三）制作备案案件审查表的依据

《中共中央纪律检查委员会关于审理党员违纪案件工作程序的规定》第30条规定："对下级纪委报来的备案案件，审理部门如同意下级党委、纪委的意见，经有关领导批准后归档。如对下级党委、纪委对案件的处理有不同意见，审理部门将审理报告连同备案材料一并提请本级常委会讨论。"

（四）备案案件审查表的适用范围

下级纪委报来的备案案件，案件审理部门经审查同意备案的，应填写备案案件审查表；对下级党委、纪委对案件的处理有不同意见，确需请下级党委、纪委自行纠正，或者责令下级纪委纠正的，一般以制作案件审理报告的方式提出处理意见，按程序报请本机关领导审批，或者提请本级纪委常委会讨论。

（五）备案案件审查表的式样

详见式样。

（六）填写备案案件审查表的注意事项

1. 对备案案件经审理同意备案的，填写备案案件审查表，经批准同意后留存归档即可，一般不需回复呈报备案的单位。

2. 案件审理部门对下级机关呈报备案案件的定性处理有异议的，应调阅全部案卷。在全面审理的基础上，认为确有必要纠正的应制作案件审理报告，连同备案材料一并提请本级纪委常委会讨论。备案案件的审理报告与审理自办案件、报批案件的审理报告内容上基本相同。在审理意见部分要写明不同意备案的依据和理由并提出下一步的工作建议。

附：备案报告式样和附例

备案报告式样1

×纪〔20××〕×号

关于给予×××（同志）××处分的备案报告

中共××委员会：

第一部分：导语。

第二部分：受处分人基本情况。

第三部分：主要事实、定性及处分。

第四部分：结束语。

中共××纪委

20××年×月×日

备案报告式样2

×纪〔20××〕×号

关于给予×××（同志）××处分的备案报告

中共××纪委：

20××年×月×日，经××纪委常委会会议讨论，并报××党委批准，决定给予×××（同志）××（警告、严重警告、撤销党内职务、留党察看、开除党籍）处分，并已向×××本人宣布。现将有关处分材料报上，请予备案。

附件：××××××

中共××纪委

20××年×月×日

备案案件审查表式样

中共××纪委备案案件审查表

报送单位				受理时间	
被处分人姓名		性别		出生年月	
民族		籍贯		入党时间	
文化程度		参加工作时间			
工作单位及职务					
给予何种处分					
主要违纪事实及定性处理意见					
承办人意见					

报送单位		受理时间	
室处意见			
领导批示			
备注			

备案报告附例 1

×纪〔2014〕21 号

关于给予萧某某同志
党内严重警告处分的备案报告

中共××市委：

现将××市人民政府副秘书长萧某某的违纪事实和处理情况报告如下。

萧某某，男，1967 年 6 月生，汉族，在职研究生学历，1989 年 7 月参加工作，1990 年 10 月加入中国共产党。2013 年 1 月任××市人民政府副秘书长。

一、主要违纪事实

2013 年 6 月 19 日，××市人民政府法制工作办公室在未制订会议方案、未申请会议经费的情况下，组织召开与市人大常委会法规工作室的立法工作沟通协调会，萧某某应邀出席会议并讲话。会后，市人民政府法制工作办公室安排相关人员在××市迎宾馆对外经营的××餐厅就餐，萧某某参加。就餐人员共计 26 人，花费公款 34 810 元，就餐费用纳入其他会议经费结算。

以上事实，有相关证人证言和书证证实。萧某某本人亦予承认，并在违纪事实材料上签写了"属实，同意"的意见。

调查期间，萧某某主动作出书面检查，并向××市人民政府办公室上缴了用餐费用。

二、处理情况

××市纪委常委会会议讨论认为，萧某某同志作为党员领导干部，在全党深入开展党的群众路线教育实践活动期间，违反中央八项规定精神，参加分管部门的公款宴请，其行为已构成违纪。鉴于萧某某同志认错态度较好，且主动退赔了相关宴请费用，依照《中国共产党纪律处分条例》第七十八条第（四）项之规定，决定给予萧某某同志党内严重警告处分。

特此报告，请予备案。

中共××市纪委

2014 年 9 月 26 日

备案报告附例 2

×纪〔2015〕7 号

关于给予张某某开除党籍处分的备案报告

中共××省纪委：

2015 年 4 月 5 日，经××市纪委常委会会议讨论，并报××市委批准，决定给予××市财政局原党组书记、局长张某某开除党籍处分，并已向张某某本人宣布。现将有关处分材料报上，请予备案。

附件：1. 处分决定

2. 违纪事实见面材料（若被审查人对违纪事实材料有异议的，应同时附具被审查人对违纪事实材料的意见及调查组对其意见的说明）

3. 调查报告及主要证据材料

4. 张某某的忏悔书

5. 市委的批复

中共××市纪委

2015 年 4 月 10 日

（注：若张某某系××市委委员或候补委员，则给予其开除党籍处分需经××省纪委核报省委审批。）

备案案件审查表附例

中共××省纪委备案案件审查表

报送单位	××市纪委			受理时间	××
被处分人姓名	朱××	性别	男	出生年月	××
民族	汉族	籍贯	北京	入党时间	××
文化程度	大学	参加工作时间		××××	
工作单位及职务	××××××				
给予何种处分	开除党籍				
主要违纪事实及定性处理意见	2013年10月20日××市中级人民法院〔2014〕初字第415号刑事判决书判决朱××犯受贿罪，判处有期徒刑十年零六个月，主要犯罪事实：朱××于2007年2月间利用担任××市委副秘书长、办公室主任的职务便利，在×市委机关办公信息化系统有关设备采购中，收受业务单位××海兰科技有限公司现金16万元；于2008年5月间，接受××市委办公室机要科副科长陈×的请托，为陈×得以担任××市委书记机要秘书提供帮助，并收受陈×现金5万元。以上共计21万元。在上诉期限内，朱××未提出上诉，检察机关也未提出抗诉，判决生效。2013年11月15日，××市纪委常委会会议讨论认为鉴于朱××已被法院以受贿罪判处有期徒刑十年零六个月，依据《中国共产党纪律处分条例》第三十条第一款第（一）项之规定，决定给予其开除党籍处分。同年12月30日，××市委常委会议经审议，批准给予朱××开除党籍处分，并已向朱××本人宣布（××市委常委会议同时决定给予朱××开除处分）。				
承办人意见	经审核备案材料，朱××案符合备案条件，建议同意备案。 承办人：张×× 2014年1月21日				

报送单位	××市纪委	受理时间	××
室处意见	拟同意承办人意见，报请××同志审示。 　　　　　　　承办人：李×（省纪委案件审理室副主任） 　　　　　　　　　　2014 年 1 月 21 日		
领导批示	同意备案。 　　　　　　　承办人：孟××（省纪委案件审理室主任） 　　　　　　　　　　2014 年 1 月 22 日		
备注			

第十四节　案件办理意见书

一、案件办理意见书的概念

案件办理意见书，是指纪检监察机关案件审理部门对于按规定送本部门征求意见的案件，针对送审单位所提问题，提出审核意见，需要提请本级纪委常委会会议、监察（部、厅、局）长办公会议或本机关分管案件审理工作的领导审定时所使用的文书。

二、案件办理意见书的特点

案件办理意见书的内容具有说理性、论证性的特点，与案件审理报告的内容相比更具灵活性。它针对送审单位征求意见的问题提出意见。通常情况下，案件办理意见书不得直接对外发送，其意见一般是以函的形式告知送审单位，对送审单位具有指导作用。

三、案件办理意见书的制作依据

1991 年 6 月 13 日中共中央纪律检查委员会办公厅发布的《关于中央纪委案件审理室承办的征求意见案件的办理办法》规定，中央纪委审理室对征求意见案件必须指定专人认真审理，经室务会集体讨论，提出审理意见，有些审理意见还要报请中央纪委常委会会议讨论或分管案件审理室的领导同意。

中央纪委办公厅《关于印发〈关于中央纪委案件审理室承办的征求意见案件的办理办法〉的通知》规定，各地纪检机关办理征求意见案件，可参照中央纪委这一规定的办理办法执行。

四、案件办理意见书的适用范围

下列征求意见案件，如有必要可制作案件办理意见书：

1. 应由下级党委、政府、纪检监察机关决定或批准的案件，决定或批准机关对案件的事实、性质的认定或对被审查人的处分把握不准，征求本机关或其案件审理部门意见的；

2. 本机关领导同志交办的征求意见案件；

3. 其他需制作案件办理意见书的征求意见案件。

五、案件办理意见书的式样

详见式样。

六、注意事项

1. 对于目前在各地普遍存在的协审案件的审理，提出的书面审理意见不宜称为"审理报告"，可采用"案件办理意见书"这一文书形式，但在具体格式要求上则要参考案件审理报告。

协审案件，指本应由下级党组织或纪检监察机关审定，在该机关正式批准或审定之前，由上一级纪检监察机关的案件审理部门协助下级纪律审查工作人员进行审理，提出处理建议，返回送审单位按程序审批的案件。

协审案件的办理意见书与案件审理报告虽在形式结构上较为相似，但实际作用却有着严格的区别。案件审理报告主要是在纪检监察机关自办案件和报批案件审理时使用，它是本机关内部和上下级机关之间制约机制的反映，而协审案件的案件办理意见书则反映了上级对下级的指导和帮助。协审案件的案件办理意见书是上级纪检监察机关的案件审理部门对有处分权的下级党组织和纪检监察机关查处的案件提出办理意见，是加强审理环节、保证案件质量、提高纪律审查效率的一种方法，并不是代替下级党组织和纪检监察机关行使处分权、审批权。协审后，案件还应履行规定的批准程序。

2. 案件办理意见书涉及的内容、对象等如属于保密范畴，应严格按照党和国家有关保密方面的法律法规确定、划分密级。案件办理意见书有密级的，要标明密级，无密级的也应注意发放范围。

3. 制作案件办理意见书要规范性与灵活性相结合。鉴于办理意见书的特点，在使用中应注意从案件实际情况出发，不必完全拘泥于固定模式。

附：案件办理意见书式样和附例

案件办理意见书式样

密级

关于×××的办理意见

第一部分：导语。

第二部分：被审查人的基本情况。

第三部分：简要案情。

第四部分：征求意见单位的倾向性意见。

第五部分：办理意见。

附件：×××××

案件审理室

20××年×月×日

案件办理意见书附例

关于对××市纪委案件审理室请示的乔某
申诉案适用党纪条规问题的办理意见

近日，我室收到××市纪委案件审理室《关于乔某申诉案如何适用党纪条规的请示》（×纪审〔2014〕1号，以下简称《请示》）。经对《请示》反映的问题进行认真研究，并书面征求法规室意见，现提出如下办理意见。

乔某，男，汉族，1958年9月生，初中文化，1981年6月加入中国共产党。1985年任××市高新技术开发区西图乡木棉村村长（1988年6月1日《村民委员会组织法（试行）》施行后，改称村民委员会主任），1994年11月至2000年10月任该村党支部书记。

一、《请示》反映的主要问题

（一）关于乔某违纪案原案处理情况

2000年1月16日，××市高新技术开发区西图乡纪委对乔某涉嫌违纪问题立案审查。同年1月20日，将乔某涉嫌犯罪问题移送××市高新技术开发区人民检察院。

在检察机关侦查过程中，2000年11月28日，××市高新技术开发区纪委报经开发区党委同意，作出《关于给予乔某开除党籍处分的决定》（×开纪〔2000〕7号），认定：1995年1月，乔某在任木棉村党支部书记期间，在集体土地承包过程中，答应缓交承包费及在治安、灌溉等方面给予土地承包人王某某照顾，收受王某某2万元现金。依照《中国共产党纪律处分条例（试行）》（以下简称《试行条例》）第六十一条之规定，决定给予乔某开除党籍处分。

2000年1月20日，××市高新技术开发区人民检察院以涉嫌犯受贿罪，对乔某立案侦查，并扣押乔某涉嫌受贿款2万元。2003年1月25日，××市高新技术开发区人民检察院经审查认为，乔某作为村党支部书记，利用职务上的便利，在集体土地承包过程中，答应缓交承包费及在治安、灌溉等方面给予对方照顾，收受他人钱款，依照《中华人民共和国刑法》第九十三条第二款的有关规定，其身份不符合受贿罪的主体要求，遂撤销此案。

2006年11月30日，××市高新技术开发区人民检察院向开发区纪委发出《检察建议书》，认为乔某收受他人2万元的行为虽不构成犯罪，但违反了《试行条例》第六十一条、第一百六十八条的规定，建议开发区纪委按规定对乔某的违法所得作出处理。

（二）关于乔某违纪案申诉处理情况

2004年8月，××市高新技术开发区纪委作出《关于乔某申诉案的复议决定》（×开纪〔2004〕119号），认为：原处分依据的事实清楚、证据充分、适用条规正确、处分恰当决定维持原处分。

2013年5月，乔某不服××市高新技术开发区纪委作出的复议决定，向××市纪委提出申诉，主要理由：一是认为自己虽然违反党的纪律，但是其不属于国家工作人员，主体身份不符合《试行条例》第六十一条受贿错误规定；二是认为自己没有为承包人谋取利益，不构成受贿，不能适用《试行条例》第六十一条；三是处理偏重。

××市纪委经复议认为：乔某收受承包人2万元，为承包人谋取利益的事实清楚，证据确凿充分，有乔某本人多次的供述、承包人王某某等证人证言、土地承包合同及相关账目资料等书证印证，形成证据链。乔某辩称没有为对方谋取利益的理由不能成立。同时，乔某的违纪行为发生在1995年，于2000年11月结案。依照2003年12月31日印发的《中国共产党纪律处分条例》（以下简称《条例》）第一百七十八条"本条例发布前，已结案的案件如需进行复查复议，适用当时的规定或者政策"之规定，乔某申诉案应适用《试行条例》的相关规定。但在乔某是否构成受贿主体、是否适用《试行条例》第六十一条的问题上，复议时存在两种分歧意见：

第一种意见，乔某不符合受贿错误主体要件，建议变更原处分依据，处分档次仍维持原开除党籍处分不变，理由是：（1）乔某不符合受贿主体要件，不能按照《试行条例》第六十一条规定处理；（2）乔某的行为应依照《试行条例》第七十四条规定处理。

第二种意见，乔某符合受贿错误主体要件，适用《试行条例》第六十一条，建议维持原处分，理由是：（1）乔某属于党的工作人员，符合《试行条例》第六十一条规定的主体要件；（2）乔某利用了职务上的便利，为对方谋取了利益；（3）乔某的行为不宜适用《试行条例》第七十四条的规定；（4）检察机关撤案，并不影响纪检机关对其违纪行为的认定。

经认真研究，××市纪委倾向按照第二种意见办理，并于2014年2月28日向省纪委案件审理室征求意见。

二、办理意见

经研究，我们倾向同意××市纪委案件审理室意见，即乔某的行为可以依照《试行条例》第六十一条第一款规定定性处理，主要理由如下。

（一）乔某申诉案可以适用《试行条例》处理

××市高新技术开发区西图乡纪委2000年1月对乔某涉嫌违纪问题立案审查，2000年11月结案。乔某的违纪行为虽发生在1995年，但根据《试行条例》第一百七十二条关于"尚未结案的案件，依照本条例处理"的规定，可依照《试行条例》处理。同时，根据《条例》第一百七十八条关于"本条例发布前，已结案的案件如需进行复查复议，适用当时的规定或者政策"的规定，对××市纪委案件审理室所提关于乔某申诉案应适用《试行条例》处理的意见，我们没有不同意见。

（二）乔某属《试行条例》第六十一条第一款规定的"党的工作人员"

《中国共产党章程》第三十二条规定："街道、乡、镇党的基层委员会和村、社区党组织，领导本地区的工作，支持和保证行政组织、经济组织和群众自治组织充分行使职权。"实践中，村党支部书记不仅从事党内事务，而且对全村事务具有管理和决定权。本案中，乔某任木棉村党支部书记期间，对全村土地承包工作具有实质性的管理和决定权，且其在土地承包等事项上为他人谋取利益，并收受他人财物的行为，在谋利事项、收钱行为以及谋利与收钱之间因果关系等方面完整、清晰，具有明显的权钱交易性质，应当追究其党纪责任。

根据《条例》第三十四条规定，"党的工作人员，是指党的各级机关中除工勤人员以外的工作人员和党的基层组织中专职、兼职从事党内事务的党员"，故村党支部书记属于《试行条例》第六十一条第一款规定的"党的工作人员"，具备从党纪角度认定构成受贿行为的主体要件。需指出的是，《试行条例》虽未对"党的工作人员"如何理解作出规定，但根据《中国共产党章程》第三十一条关于"党的基层组织是党在社会基层组织中的战斗堡垒，是党的全部工作和战斗力的基础"以及党的基层组织的基本任务的规定，执纪实践中一直以来均是按照上述原则把握的。

（三）乔某的行为不宜适用《试行条例》第七十四条的规定处理

《试行条例》第七十四条主要规范的是违反国家规定扰乱市场秩序的行为，该行为主要损害的是公平交易、正当竞争、合法经营等市场秩序。乔某在土地承包等事项上为他人谋取利益，并收受财物的行为，主要损害的是农村基层组织人员的职务廉洁性，这与《试行条例》第七十四条的规定有较大差别。故依照《试行条例》第七十四条规定定性处理既不能准确客观地反映乔某违纪行为的实质，也不够妥当。

（四）乔某的行为可以适用《试行条例》第六十一条第一款规定处理

从违纪构成要件分析，乔某系村党支部书记，属《试行条例》第六十一条第一款规定的"党的工作人员"，符合构成受贿行为的主体要件。同时，根据××市纪委案件审理室《请示》反映，乔某利用其担任村党支部书记具有的对村集体事务的管理和决定权，接受他人请托，在集体土地承包过程中缓交承包费等方面为他人谋取利益，并收受他人财物，且乔某明知其收受他人财物，系对其职务行为的对价而仍予以收受，其行为侵害了村党支部书记的职务廉洁性。因此，乔某的行为符合《试行条例》第六十一条第一款规定的违纪构成要件。

综上，我们认为，乔某的行为可以依照《试行条例》第六十一条第一款规定定性处理，法规室同意我室意见。按照上述意见，我们草拟了给××市纪委案件审理室的电话答复稿。

以上意见妥否，请审示。

附件：1. 给××市纪委案件审理室的电话答复稿

2. 关于《条例》和《试行条例》以及刑法关于受贿规定的比较分析

3.××市纪委案件审理室《关于乔某申诉案如何适用党纪条规的请示》（×纪审〔2014〕1号）

4. 相关党纪条规节录

××省案件审理室

2014 年 3 月 16 日

第十五节　案件审理中的常用函

纪检监察机关案件审理部门在办理案件过程中，与不相隶属机关之间商洽工作、询问和答复问题时都需要使用函。

函的格式简单，写作简便、灵活，应用广泛。同时，答复类函因针对性强、所答复的内容对征求意见单位处理相关事项具有一定的指导性等特点，有的还对其他单位处理类似事项有普遍指导意义。

根据函的特点和案件审理工作的需要，这里将函分为询问函和答复函两种作介绍。

一、询问函

（一）询问函的概念

询问函是指案件审理部门在办理案件过程中就案件的事实认定、定性、处理等问题，向有关机关或部门征求意见，并请求答复时使用的文书。有些询问函是案件审理部门代本机关制作的。

（二）询问函的适用范围

1. 就有关案件的定性、处理等问题向上级纪检监察机关案件审理部门征求意见的。

2. 纪检监察机关就对被审查人的处理意见等问题征求有关党组织或单位意见的。

3. 纪检监察机关就有关案件事项向党委和政府的其他工作部门以及人大机关、政协机关、司法机关征求意见的。

4. 案件审理部门就对某类违纪行为的定性、处理以及有关政策问题等咨询上级纪检监察机关有关部门意见的。

5. 案件审理工作中其他需要使用询问函的情况。

（三）询问函的式样

详见式样。

（四）注意事项

1. 本书虽列示了询问函的文书式样，但考虑到询问函的特点，在具体运用中应从实际情况出发，不必拘泥于下附式样。

2. 询问函一般不能越级使用。

3. 案件审理部门与有关部门的其他工作联系，也可使用函的形式。其格式要求与询问函基本相同。

二、答复函

（一）答复函的概念

答复函是指上级纪检监察机关及其案件审理部门对下级机关或部门在询问函或请示中所提出的问题作出答复的文书。

（二）答复函的适用范围

1. 需对下级纪检监察机关征求意见案件的请示作出答复的。

2. 案件审理部门对下级纪检监察机关及其案件审理部门就有关案件事项征求意见作出答复的。

3. 其他需要使用答复函的情形。

（三）答复类函的式样

详见式样。

（四）注意事项

1. 答复的意见要明确、具体，且要针对所询问的事项，不能所答非所问，玩文字游戏，使得征求意见单位无所适从。

2. 对于案件审理部门以其他方式作出答复的，对所答复的内容也应形成文字材料，并经案件审理部门主要负责人同意后方可答复。

3. 鉴于用函的形式答复的意见，一般均经过案件审理部门的慎重研究，有的咨询或征求了有关部门的意见，有的还经过纪检监察机关领导或常委会批准。因此，下级纪检监察机关或案件审理部门对函的答复意见的办理情况应及时回告上级机关或案件审理部门。有不同意见的应当及时明确地提出，不能随意决定取舍。

附：函、答复函式样和附例

函式样1

×纪〔20××〕××号

关于××××的函

第一部分：导语。

第二部分：案件基本情况。

第三部分：征求意见的主要问题、讨论中的分歧及倾向性意见。

第四部分：结束语。

附件：××××××

中共××纪委

20××年×月×日

抄送：×××。

函式样 2

×监函〔20××〕××号

关于××××的函

第一部分：导语。

第二部分：案件基本情况。

第三部分：征求意见的主要问题、讨论中的分歧及倾向性意见。

第四部分：结束语。

附件：××××××

×××监察（部、厅、局）

20××年×月×日

抄送：×××。

答复函式样 1

×纪〔20××〕××号

关于××××答复的函

×××：

第一部分：导语。

第二部分：答复意见。

第三部分：结束语。

附件：××××××

中共××纪委

20××年×月×日

263

答复函式样 2

×监函〔20××〕××号

关于××××答复的函

×××：

第一部分：导语。

第二部分：答复意见。

第三部分：结束语。

附件：××××××

×××监察（部、厅、局）

20××年×月×日

函附例 1

×纪〔2015〕138号

关于对陈某某处分问题征求意见的函

中共××省委组织部：

2015年2月28日，××省纪委常委会会议讨论了××市委原常委、组织部原部长陈某某严重违纪案，拟给予其开除党籍、开除公职处分。

现根据中共中央纪委、中共中央组织部、监察部、原人事部《关于加强工作联系的通知》（组通字〔1990〕22号）的规定，在报请××省委批准前征求你们意见。请于2015年3月2日15时前函复我委。

附件：陈某某主要违纪事实

中共××省纪委

2015年2月28日

附件

陈某某主要违纪事实

陈某某，男，汉族，1955 年 7 月生，××省××市人，大普学历，1976 年 10 月参加工作，1973 年 8 月加入中国共产党。2003 年 1 月，任××省××市财政局局长、党组书记；2004 年 2 月，任××市副市长；2006 年 2 月，任××市副市长，市高新技术开发区党工委书记、管委会主任；2011 年 1 月，任××市委常委、组织部部长。2014 年 10 月被免职。

现查明，陈某某的主要违纪事实如下：

一、收受贿赂折合共计 1 945.79 万元人民币（币种下同）

2004 年至 2013 年，陈某某利用职务上的便利，先后在干部选拔任用、当选全国人大代表等方面，为××省华山市政府秘书长刘某、××市高新技术开发区管委会副主任牛某某等 7 人谋取利益，收受上述人员贿赂折合共计 1 945.79 万元。

二、收受礼金、礼品折合共计 530.76 万元

2004 年至 2012 年，陈某某先后收受××市××县县委书记朴某某等 9 人所送礼金、礼品折合共计 530.76 万元。

三、与他人发生不正当性关系

1990 年至 2014 年，陈某某分别与白××等 3 名女性多次发生不正当性关系。

函附例 2

×纪〔2015〕139 号

关于对陈某某处分问题征求意见的函

中共××市委：

2015 年 2 月 28 日，××省纪委常委会会议讨论了××市委原常委、组织部

原部长陈某某严重违纪案，拟给予其开除党籍、开除公职处分。

现根据《中国共产党章程》第十四条、《中国共产党纪律检查机关案件检查工作条例》第四十二条第三款等规定，在报请××省委批准前征求你们意见。请于 2015 年 3 月 2 日 15 时前函复我委。

附件：陈某某主要违纪事实

中共××省纪委

2015 年 2 月 28 日

附件

陈某某主要违纪事实

陈某某，男，汉族，1955 年 7 月生，××省××市人，大普学历，1976 年 10 月参加工作，1973 年 8 月加入中国共产党。2003 年 1 月，任××省××市财政局局长、党组书记；2004 年 2 月，任××市副市长；2006 年 2 月，任××市副市长，市高新技术开发区党工委书记、管委会主任；2011 年 1 月，任××市委常委、组织部部长。2014 年 10 月被免职。

现查明，陈某某的主要违纪事实如下：

一、收受贿赂折合共计 1 945.79 万元人民币（币种下同）

2004 年至 2013 年，陈某某利用职务上的便利，先后在干部选拔任用、当选全国人大代表等方面，为××省××市政府秘书长刘某、××市高新技术开发区管委会副主任牛某某等 7 人谋取利益，收受上述人员贿赂折合共计 1 945.79 万元。

二、收受礼金、礼品折合共计 530.76 万元

2004 年至 2012 年，陈某某先后收受××市××县县委书记朴某某等 9 人所送礼金、礼品折合共计 530.76 万元。

三、与他人发生不正当性关系

1990 年至 2014 年，陈某某分别与白××等 3 名女性多次发生不正当性关系。

函附例 3

×纪〔2014〕14 号

关于王某某案件有关问题答复的函

××市纪委：

你委《关于××市东湖区区委委员、区交通局局长王某某案件有关问题的请示》（×纪〔2014〕99 号）收悉。根据《中国共产党章程》第四十条第二款、《中国共产党纪律处分条例》第三十七条、《中国共产党党员权利保障条例》第十三条第二款和《中共中央纪律检查委员会关于审理党员违纪案件工作程序的规定》第三十二条之规定，经认真研究，现答复如下。

鉴于××市东湖区纪委已查明该区区委委员、区交通局局长王某某违反中央八项规定精神滥发津补贴，拟给予其撤销党内职务、撤职处分，且在党纪处分呈报××市纪委审批期间，被审查人王某某心脏病猝发去世，若××市纪委经审查认为王某某的行为应当给予撤销党内职务处分，则仍应由××市纪委报请××市委批准后（修订后的《中国共产党地方委员会工作条例》2015 年 12 月 25 日起施行，其中第七条规定："死亡、丧失国籍、被追究刑事责任、被停止党籍、受到留党察看以上党纪处分的，委员、候补委员职务自动终止。"据此，委员、候补委员死亡后其职务自动终止，不再需要报请上级党委、纪委审批），再由××市东湖区纪委以"审查结论"的形式作出书面结论，不再给予党纪处分。需要指出的是，审查结论的标题可表述为"关于给予王某某撤销党内职务处分的审查结论"，正文内容参照现行党纪处分决定的格式，因王某某已死亡，不需要在审查结论中告知申诉权。但为保障被审查人王某某的权利，审查结论应发被审查人王某某的配偶（或其子女、父母）1 份。

中共××省纪委

2014 年 9 月 29 日

函附例 4

×纪〔2015〕102 号

关于对孙某某违纪行为定性意见的复函

中共××市纪委：

你委《关于孙某某的违纪行为如何定性问题的请示》（×纪〔2015〕7号）收悉。对孙某某任××市住房和城乡建设委员会主任期间，占用其下属单位××市房屋管理局所属国有酒店为其安排的该酒店 1 间套房，长达 7 年时间未支付任何费用的问题，依照《中国共产党纪律处分条例》第××条第×款之规定，经 2015 年 7 月 7 日省纪委常委会会议讨论，同意你委对孙某某的上述行为认定为占用公物性质的意见。请将该案的办理情况及时书面回告我委。

此复。

中共××省纪委
2015 年 8 月 25 日

思考题

1. 案件审理报告的写作注意事项，并以××案为例写作案件审理报告。
2. 案件审理中的请示和批复的注意事项是什么？
3. 以××案为例写作党（政）纪处分决定书。
4. 案件办理意见书的写作注意事项。

第四章

纪检监察信息写作

纪检监察信息工作是纪检监察工作的重要组成部分。做好纪检监察信息工作是纪检监察干部的一项基本功，是高标准、高质量做好纪检监察文字综合工作的前提和必要条件。

第一节　纪检监察信息概述

一、纪检监察信息的概念

纪检监察信息是各级纪检监察机关在实际工作中通过某种载体的传递而获得的关于党风廉政建设和纪检监察工作方面的情况（情报）等。在实际运用中纪检监察信息往往会认为就是宣传信息，把宣传稿件当纪检监察信息报送。纪检监察信息是各级纪检监察机关在实际工作中通过文字、语言载体的传递而获得关于纪检监察反腐倡廉和党风廉政建设工作方面的情况、情报，是下级向上级汇报工作的重要渠道，是上级了解下级的重要途径，是科学决策的重要依据，是领导指导工作、解决问题的依据和保障。

纪检监察信息与新闻宣传信息既有联系又有区别：纪检监察信息是内部的新闻，新闻宣传信息是公开的信息。两者区别在于：一是服务对象不同。新闻服务对象是整个社会，纪检监察信息服务对象是各级党政机关、纪检监察机关的领导同志和工作人员；二是公开程度不同。新闻强调内容公开，即追求所谓"新闻效应""轰动效应"。信息的内容则是保密的，是不对外公开的，有一定传阅范围；三是运行方式不同。新闻以报纸、杂志、电视、广播、网站等大众传媒为载体在社会上广泛传播。信息则以内部信息刊物在组织机构内部传送；四是写作手法不同。从结构来讲，新闻一般要求五要素俱全。

信息有时只交代时间、地点、人物、事件，而不必强调事件发生的原因和结果。从表现形式上来讲，新闻形式灵活多样，语言要求生动活泼，而信息语言要求准确、平实。新闻经常使用多种修辞手法，而信息要求规范，避免任何歧义。现在常见的一种现象就是用写新闻稿件的方式写信息，语言看似形象生动，但从信息的角度来看文字表达不客观、不准确、不精练。例如建立廉政灶制度，新闻就要从廉政灶在社会上产生的社会影响入手，阐明廉政灶制度和推行的基本情况，注重运用事例支撑，而信息，则开门见山点名廉政灶制度取得的成效，其次介绍廉政灶制度基本情况和推广的意义，总之信息就是去了肉的骨架，没有多余话，这样大家就比较容易区分和理解。

二、纪检监察信息的特点

1. 政治性。主要包括鲜明的政治立场、准确的政治观点和正确的政治方向。

2. 政策性。突出表现在宣传党的政策，并为深入落实党的政策反馈情况，提出意见、建议，以利于政策的修订和完善。

3. 全局性。它涉及党的政治建设、思想建设、组织建设和经济发展、社会稳定的各个方面，必须从党的工作全局、全方位反馈，为党委、纪委中心工作服务。

4. 典型性。抓典型是各级党委、纪委一贯坚持的行之有效的做法。正面典型和经验可以指导推动工作深入开展；反面典型和问题可以帮助党委、纪委及时采取措施修正决策失误和偏差。

5. 超前性。它的收集、加工、传递应在决策实施以前，抓住倾向性、苗头性问题。

6. 保密性。必须坚持保密原则，坚决不给腐败分子以可乘之机。

7. 负面性。纪检监察工作中经常涉及案件、群众上访以及倾向性、苗头性问题和突发性事件，带有负面色彩的问题，这是区别于其他信息的重要特征之一。

8. 篇幅短小。少则几十字，长的不过数百字。

9. 主题精练。主题精练，深刻而有高度。

10. 言简意赅。开门见山，语句通俗易懂。

三、纪检监察信息的种类

信息分类的方法不尽相同。对于纪检监察信息来讲，多是从内容上来划分的，一般可以分为综合性信息、调研性信息、经验性信息、负面信息、动态性信息、预测性信息等。

动态性信息是反映我们某项工作、活动发生、发展和变化情况。主要有会议动态信息、工作动态信息、社会动态信息等。动态性信息的写作必须善于捕捉、快写快报、简明扼要。

经验性信息是反映我们纪检监察机关在工作中取得的、具有指导和参考意义的做法、经验。经验性信息按其用途可分为指导性经验信息、启发性经验信息、创造性经验信息三类。经验性信息不仅要注重总结经验，更要重视启发他人、指导工作。

四、纪检监察信息的作用

对于纪检监察信息工作的作用，中纪委有位领导曾经作过四个比喻。他说：信息工作是领导决策的"情报部"，是领导掌握工作进度的"显示器"，是社情民意的"晴雨表"，是超前防范的"预警器"。

所谓领导决策的"情报部"，是说信息工作给领导决策提供情报，对领导决策起参谋作用。

所谓领导掌握工作进度的"显示器"，是说信息工作能把各级各地落实各项政策的情况和工作的完成情况汇总起来起到随时监测的作用，预测工作发展趋势，指导和推动工作。

所谓领导掌握社情民意的"晴雨表"，是说信息工作能及时反馈人民群众的呼声和要求，特别是涉及人民群众切身利益的热点问题，以便使领导机关及时、准确、全面地了解社会动向，了解人民群众所思所想。

所谓超前防范的"预警器"，是说信息工作能起到对一些苗头性和倾向性的问题超前预测作用。

可见，纪检监察信息的作用主要有：

1. 领导决策的参谋助手作用。

2. 对政策落实和工作部署情况的监测作用。

3. 对社情民意的反馈作用，成为各级领导掌握下情和大局趋势的"晴雨表"。

4. 对倾向性和苗头性问题的超前预测作用，成为领导处理问题的"预警器"。

第二节　纪检监察信息的写作

一、纪检监察信息的主题

纪检监察信息的主题就是指纪检监察信息的中心思想。信息的主题是信息的灵魂，信息材料的取舍、结构安排、语词使用，都要围绕表达信息主题的需要。一般来讲，信息与机关公文对主题的要求是一致的，一则信息只有一个主题，即主题的单一性。

（一）主题的确定

一要新。即观点明确、角度新颖。对于已有的观点，如果紧密结合上级要求，选择一个新的角度来确定主题，信息就会焕发新的生命力，价值就会更高。即便是一些老材料，在原有观点的基础上选择新角度，也能挖掘出好信息。

二要深。就是深刻、典型，有高度。就像实弹射击，光"上靶"不行，还要力求正中"靶心"。也就是说不能浮于工作的表面，要挖掘深层次的内容。

三要准。观点不准确，信息写得再精彩，也不能算是好信息。

（二）主题的选择

纪检监察信息的主要目的就是为了服务领导决策，对此，信息要围绕领导的决策需要来选题。结合实践，信息的选题可以总结为一句话：重点围绕领导关注的"重点"、具有特色的"亮点"、群众反映的"热点"、工作落实的"难点"来选题。具体来讲，应注意把握以下四个方面：

1. 围绕全党工作大局选题。近年来反腐倡廉工作与党的中心工作联系越来越紧，与有关部门的合作越来越多，要求我们必须掌握更多的相关信息，延伸信息工作的触角，选准领导关注的信息，提高信息参与决策的作用。围绕大局采编信息，要突出这样几个方面：贯彻中央、省、市重大会议及中央领导人重要讲话精神情况；基层党组织和政权建设中的苗头性、倾向性问题；

落实重大改革措施中的情况；对领导决策具有重要参考价值的苗头性、倾向性、政策性问题；重要社会动态、突发性事件及其他紧急情况，等等。如《认真学习贯彻习近平总书记在十八届中央纪委三次全会上的重要讲话精神》，针对习总书记的讲话精神，及时组织传达学习，结合纪检监察工作，提出下一阶段工作重点。

2. 围绕反腐倡廉中心工作选题。信息的选题必须紧密结合纪检监察工作实际，在及时有效地反映各地各部门纪检监察工作情况的基础上，突出反映开展党风廉政建设和反腐败斗争的工作重点。每年纪委全会都部署新一年的任务，不同时期都有特定的工作重点，我们信息工作的重心要随着不同阶段工作重心的转变而转变。一般来说，信息的选题主要是重点工作的贯彻落实情况；落实中省市关于反腐败工作重大决策部署和阶段性工作进展情况，采取的重要措施、遇到的困难、阻力和存在的问题与建议；重点工作中的薄弱环节和政策推行中的问题，开展工作的典型经验、好做法及正反典型等。比如，中纪委《关于严格禁止利用职务上的便利谋取不正当利益的若干规定》执行情况，清理楼堂管所的问题，党政机关公务员会员卡清退的问题等，特别是纠正损害群众利益不正之风。如《陕西省结合实际突出抓好五项纠正损害群众利益不正之风》，就是对纠风工作任务的具体落实情况。《基层医疗机构药品"三统一"制定推行中存在的问题应引起重视》，对药品"三统一"存在问题进行梳理和挖掘，提出治理的对策及建议。

3. 围绕领导关注的大事和群众反映的热点问题选题。群众反映强烈、集中的热点、敏感问题，往往是领导关注的问题。从近年情况看，以下几个方面领导都很关注：一是涉及党的建设和政权建设的重大政治问题和违反政治纪律的信息；二是司法腐败问题和发生在执法执纪部门影响恶劣的案件；三是发生在重点行业部门的重大案件和严重违纪问题及典型案件，以及主要部门主要领导的严重违纪违法案件。如《陕西两所小学一年乱收费 1 611 万余元被查》等；四是农村基层党员干部严重违纪违法等问题。如《广东佛山市一居委会党支部书记伙同他人侵占集体资金千万元赌博挥霍》《3 名住洋房开小车村官合伙骗吃低保长达 5 年》等，均是对农村基层党员干部违纪违法行为的曝光，引起上层领导的重视，及时预防基层党员干部的腐败行为。

4. 围绕一些倾向性、苗头性信息选题。问题信息对领导机关决策具有重要参考价值。一般来说，这类信息特点突出，反映问题，要突出地方、部门、行业的特点，做到有个性、有特性、有典型性。如《招投标领域中违纪违法案件的主要形式》《就业再就业资金管理使用中存在的几个问题》等信息，对一些领域苗头性的问题进行总结，为上层制定预防措施提供依据。

（三）主题的形成

纪检监察信息主题形成的方式主要有两种：一种是从掌握的大量信息材料中提炼而成，另一种是以上级党委、纪委工作要点和领导要求为依据，确定需要信息的主题，再围绕这一主题收集材料。如上级党委、纪委年度或半年工作安排，信息需求要点等。

二、纪检监察信息的结构

纪检监察信息的结构一般是由导语、主体（背景）、结尾三个主要部分组成。常采用的是一种"倒金字塔"式的结构，即把重要的事放在第一段，次要的放在第二段，再次要的放在最后。不同类型的纪检监察信息有着不同的基本结构，不是每篇信息都具有这几部分，有的动态性信息或较短的信息，用题目代替导语，也有的信息导语与主体没有明显分开，背景也往往不独立成为一部分。

（一）导语

纪检监察信息的导语就是在信息开头的第一自然段或第一句话，即用最简要的语句说明全文的目的或结论，揭示主题思想，"立片言以居要"，唤起读者的注意。

纪检监察信息导语常见的有以下几种：

1. 概括式。把信息中最重要、最鲜明的事实，用概括的方法，简明扼要、开门见山地写在信息的篇首。如《长白做好查案后半篇"文章"》的导语是：长白坚持把查办案件和警示教育相结合，推出了"四个一"工作法。《朱仙镇为"公务灶"立规》的导语是：河南省开封县建立健全"公务灶"管理、接待、监督等制度。

2. 结论式。把结论写在开篇，作为导语，提示信息内容的意义和目的。如：《云南省直机关工委案件审理结案率100%》的导语是：两年来集中受理和审理的42件案件中，不仅实现了结案率100%，而且实现了零申诉，并通过查办案件收缴涉案违纪款460多万元，挽回经济损失3300多万元。如《佛山"身价过亿"官员被双开》的导语是：经查，佛山市高明区人大常委会原副主任陆帜然严重违纪并涉嫌犯罪。经市纪委常委会审议并报市委批准，决定给予陆帜然开除党籍、开除公职处分并移送司法机关处理。

3. 设问式。在信息的开篇就提出问题，具体事实在后面主体部分叙述。这样可以把信息所要解决的问题更突出、更尖锐的提到读者面前，引起人们的关注和深刻的思考。

4. 评论式。在导语中对信息的内容进行重点评论。有的在点名题旨以前，简要地说明原委，交待动机，借端生由，引人入胜；有的首先判别是非，议定从违，鲜明地提出赞成什么，反对什么，提倡什么，批判什么；有的对迫切需要解决的问题，加以褒贬，不是坐而论道，而是对大家关心的问题予以正面回答。这样的导语具有更强的针对性。如《澄江推行村（社区）组干部问责制》的导语是："自从有了问责办法，村组干部有了制度约束和处置措施，上级的决策部署到村组执行落实起来顺畅多了。近日，云南省澄江县九村镇党委书记余安全谈到该县实施的村组干部问责办法，深有体会。"

5. 议论式。就是在导语中运用概念、判断、推理等逻辑方法阐明事理，把具体的问题典型化，对信息的内容进行理性议论。这样的导语具有指导性。

6. 对比式。一开头就运用对比、衬托的方法，把信息所要叙述的事实观点，鲜明地突出出来。对比材料是多方面的，包括典型事例对比、概括事实对比、数字对比、语言对比等。如《新宁"廉政灶"降接待费 24.6%》的导语是：该县 18 个乡镇和 42 个县直单位均设立"廉政灶"，这些单位的公务接待费用较去年同期下降 24.6%。这是数字对比。如《玉环"驻村工作室"全覆盖》的导语是："以前找干部办点事，总找不到人，现在干部在村里上班，办事方便多了。"3 月 13 日上午 10 时许，浙江省玉环县清港镇徐都村村民潘守龙拿着刚审批好的建房手续，高兴地说。这是语言对比。

信息的导语是多种多样的，不管用何种形式的导语写信息，都要根据不同的信息内容，在整个信息结构中恰如其分，自然、鲜明地为突出主题服务。

（二）主体

主体是信息的重要部分，它在导语之后，用充分的事实材料和典型的事例把导语中所概括的内容，提出的问题或结论，加以详尽地展开阐述，体现主题。

安排纪检监察信息结构的方法主要有五种：

1. 重点表现法。就是以一个问题或一个事件，沿着一条主线写，突出反映比较集中的问题，这种结构可以用少量的文字，突出地体现主题，给人以鲜明、畅达感。如《鹤峰干部公务活动"拼车"出行》的主体就是围绕"拼车"事件，沿着节约的主线，先写拼车的结果是一年可节省开支400余万元；接着写拼车的背景和原因是鹤峰地处偏远，交通非常不便，导致花费很大；接着写拼车的方法，QQ群实时沟通信息，成立"拼车"出行领导小组统一调度安排；最后写对拼车行动的监督和问责。让人印象十分深刻。

2. 时序表现法。就是按信息内容反映的问题或事件所发生的先后顺序安排层次，可以使读者了解事件发展的全过程，给予读者鲜明的印象。比如写作"××年开展××活动"时就可以按照时间先后顺序安排主体内容。

3. 因果表现法。就是按信息内容材料的内在联系，按因果的关系，来考虑信息主体的层次结构。

4. 并列表现法。以几个不同的问题或几个事件并列地表现一个主题。这种方法可以把一些表面上看来互不相关的事情或问题联系在一起，从多方面、多层次、多角度地反映问题，统一在一个主题思想下，增大信息量，对于综合性的信息尤为适用。比如《毕节"望闻问切"纠正医疗不正之风》的主体就是围绕纠正医疗不正之风的主题，通过望——实地查看、闻——受理群众投诉、问——询问病人和家属或电话回访、切——对苗头性问题及时教育，这四个方面和角度全方位会诊，医治医疗不正之风。

5. 分层表现法。一则信息有若干个材料，每个材料各表达一层意思，每层意思之间有轻有重，而且能排列一定的次序，表达一个中心思想，对这样的信息采用分层表现法安排主体结构，集中体现一个主题，使该信息产生一种递进的逻辑力量。《平顶山拉长信访"工作链条"》的主体部分有三层意思组成：案前重防范、案中重质量、案后重整改，环环相扣，集中体现该市构建化解基层矛盾、维护社会稳定的长效机制的主题。

总之，要从每一篇信息的具体内容和表现主题思想的实际出发，合理地安排主体结构，结构形式为内容服务，不能教条地生搬硬套。

（三）结尾

纪检监察信息的结尾要根据内容来确定。恰当的结尾可以使信息结构完整，逻辑严密，进一步体现主题思想。

1. 小结性结尾。对信息反映的内容加以概括、小结，使读者更加明确信息的目的，加深印象。

2. 指向性结尾。指明信息反映的问题，发展的趋向，引起读者的关注。

3. 评论性结尾。对信息反映的问题加以评论，表明立场、观点，帮助读者尽快把握信息的本质，特别是反映问题或预测性信息，在结尾时进行评论，强调解决问题的重要性。

三、几种常见信息的写作方法

（一）动态性信息写作

动态性信息是指反映某项工作、活动或事件发生、发展和变化客观情况的信息。它是最常见的一类信息。

动态性信息与其他信息相比，具有客观真实、讲究时效、广泛多样、初级加工的特征。

从党风廉政建设和反腐败工作的实际来看，纪检监察动态性信息可分为四种类型：会议动态信息、工作动态信息、社会动态信息和思想动态信息。

动态性信息的写作必须尊重事实、善于捕捉、快写快报、简明扼要。

比如《结合实际抓好省纪委六次全会精神的贯彻落实》的信息，这篇信息是在省纪委六次全会召开之后第二天编写上报的，结果立即就被采用，这就是抓住日常工作的信息点和工作动态，如果当时不能及时编写上报，过期就失去时效性，对这一类信息，就要有敏锐的捕捉力和闪电速度。

（二）负面信息写作

负面信息，也称问题性信息，是指反映本地区、本单位工作中存在的问题以及来自社会各方面的倾向性、苗头性问题的信息。

负面信息具有滞后性、阶段性、时效性特征。

负面信息是客观存在的，是领导决策不可缺少的参考资料。所以，如实地向上级领导机关反映下情，以高度的政治责任感，善于把握全局，敢于暴露矛盾，剖析问题实质，报真情说实话，增强报送负面信息的针对性、可用性，这是各级纪检监察信息工作部门的重要职责。

此外，报送负面信息还必须讲究工作方法和信息处理艺术，切实保证负面信息的质量。一要专题专报，观点明确。二要弄清情况，吃透实质。三要适度把握定性定量。定量分析要避免夸张式虚报。定性分析要揭示事物的本质。四要巧选角度，讲究艺术。五要信息反馈务求深入。

（三）调研性信息写作

没有调查，就没有发言权。可以说，没有调查就没有信息的编写权、反映权。经过深入系统调查研究得来的信息，这就是调研性信息。

调研性信息是在掌握初步情况的基础上，对其进一步追踪、深化，形成的有情况、有分析、有建议的高层次信息。它要求对情况有全面地反映，对问题有透彻的分析与判断，对工作有精确和恰当的对策与建议。其写作上一是要反映的事物和问题要具有典型性；二是调查的情况要客观；三是调查的内容要有思想性；四是提出的对策建议要有实用性。

例如，由于日本地震导致核原料泄露，网络流传碘具有防辐射作用，对这一问题，可以由此想到"豆你玩""蒜你狠""姜你军""糖高宗"等哄抬物价、制造谣言此类问题，大家可能认为这与纪委有什么关系，其实这些都是网络上的炒作，是一种舆情信息，而且由此提炼出的《对食盐抢购风潮等网络舆情处置的分析》的观点，被省委办公厅、省纪委采用，这就告诉我们要善于思考，注重归纳、分析和总结。再如《强农惠农政策中存在的问题与对策》被中纪委采用，首先谈惠农政策到底执行怎么样，存在什么样问题，针对这些问题有什么好的解决措施，根据这一思路形成调研框架。

（四）经验性信息写作

经验性信息是指反映人们的实践中创造出来的，对实践具有指导意义的做法、经验的信息。正确理解经验性信息的含义应把握三点：一是经验性信息来源于实践，但高于实践。它不是对实践活动的简单素描，而是对事物发展规律的认识和探索，对事物本质的深刻提示。二是经验性信息要全面、系统、准确地反映事物的概貌。无论是反映一个地区、一个部门、一个单位的全面工作经验，还是反映某一单项工作的经验，都要力求做到相对完整。这是经验性信息区别于其它信息的重要标志之一。三是对实际工作有指导、启迪和借鉴作用。这是经验性信息的核心，也是目的所在。一条经验性信息的质量好坏、价值高低，关键在于它的指导作用。

经验性信息按其用途可分为指导性经验信息、启发性经验信息、创造性经验信息三类。经验性信息不仅要注重总结经验，更要重视启发他人、指导工作，因此写作上有一定难度。要采编好经验性信息，首先要求信息工作者本身应具备较高的政治、业务素质，既要吃透上级精神，又要掌握本地区、本部门、本单位工作进展情况，要了解实际情况，善于积累，勤于思考。其次，经验性信息必须如实反映一个地区、一个部门、一个单位的典型经验和成功做法，因此，必须交待情况、述说做法、反映效果，从事实中引出道理，从个别中阐明规律。在撰写过程中应努力在以下三个方面下功夫：一是要在深入挖掘上下功夫，搞好深度加工，切忌浅尝辄止；要选好角度，突出特色。二是要在精细加工提炼上下功夫，要有新颖的主题，精炼的文字。三是要注重典型导向。

例如，《咸阳市国税系统推广"制度+科技"预防腐败 促进税收收入持续增长》，被省纪委采用，这条信息就是抓住资金监管中运用电子化手段预防监管漏洞，形成制度。再如永寿县编写的《不断改进信访工作方式方法 认真受理和解决群众信访问题》，主题以概括方式点明主旨，紧接着导语紧扣主题点明措施和成效，紧接着就是对主体展开论述。这一类信息上层也是高度关注的，但要总结出一篇经验性信息，需要有创新的思路，典型的做法以及鲜明的成效和事例支撑。

（五）突发性信息写作

突发性信息也叫紧急信息，是指反映人们事前没有预测到、具有较大偶然性的各类突然发生的重大紧急情况的信息。如重大自然灾害、重要的社情、重大刑事案件、重大伤亡事故、严重违法违纪案件等。突发性信息历来是各级领导高度重视的信息，也是信息工作人员应重点收集、报送的信息。

（六）综合性信息写作

综合性信息，是指将获取的各种初级信息按照需求和内在联系，围绕一个主题，进行综合处理，归纳整理形成的全面、准确反映某一特定事物全貌的系统性信息。在综合性信息的采编过程中，要在对信息材料的分析、研究、提炼和加工改造后，通过主题反映出事物的本质特点，提醒人们注意某一问题、动向和苗头。比如，《陕西农民对国家支农政策实施有"五盼"》，这篇信息将关系群众关心关注的问题面汇聚成一类问题，归纳总结形成了民生热点问题。

其实信息和宣传稿件在一定程度上是相通的，只不过信息语言比稿件要求更严一些。一篇好的信息，最重要的就是修改完善，反复琢磨，精雕细刻。应该做到以下修改：①观点是否明确突出，有无完整体现意图。②材料是否真实、典型、能够说明观点，尤其是数字是否准确。③提出的意见、措施、方法是否切合实际，④结构层次是否合理、清楚。⑤语言表达是否规范、严谨、简练。

第三节 纪检监察信息的管理

一、纪检监察信息的上报

上报信息，关键是要注意选好题，即要选择好上报信息的内容；要区分信息的适用性，关注工作的发展性和时效性，突出工作中心，抓住领导的关注点；要处理好数量和质量的关系，服从上级需求与突出地方特色的关系、正面与负面的关系等。

凡是上报的信息，一般都要经过有关部门和领导的审阅和把关，只有那些内容重要或领导关注的情况才会被送到领导手中，或用于决策，或用以指导工作。因此，上报信息应特别注意：一是报送上级领导需要的信息；二是报送本单位需要让上级领导知道的信息。

二、纪检监察信息的质量要求与控制

随着形势的发展、经济建设和改革开放的不断深入，党风廉政建设和反腐败工作的任务越来越繁重、越来越艰巨，纪检监察信息质量的高低直接影响领导决策的科学性和准确性。

衡量和评价信息质量高低主要有三个标准：

一是进入领导决策的程度；二是服务层次的针对性；三是产生效应的广泛性。

提高信息质量应做到"六抓"：一要抓"深"，就是对信息主题的提炼要深，通过提炼、加工、整理成为具有一定深度的信息，及时为决策提供服务。二要抓"实"，就是说信息反映要实。在编写有关信息，特别是负面信息中，要注意透过纷繁复杂的表面现象，牢牢抓住问题实质，一箭中的。三要抓"准"，就是说信息的主题要扣准，要真实客观地勾勒出事物的本来面貌。四要抓"广"，就是说信息的视野和信息的作用范围要广。从事信息工作不能仅局限于纪检监察系统，必须不断拓宽视野和渠道，全面获取各方情况，注意加强同其他系统内部的联系、交流和协作，各展所长，优势互补。五要抓"快"，就是说信息的反馈要快。"快"是对信息的基本要求，是信息的价值所在。在实际工作中，从事纪检监察信息工作的同志要注意快采、快写、快传。六要抓"精"，就是说信息文字要精炼。编写每一则信息，从标题到文字表述都要进行认真推敲，反复修改，努力讲求文法、修辞、层次和逻辑，直到达到要求和满意为止。

思考题

1. 纪检监察信息有哪些类别？
2. 纪检监察信息的写作注意事项。

党政机关公文处理工作条例

（中办发〔2012〕14 号）

（2012 年 4 月 16 日由中共中央办公厅和国务院办公厅联合印发）

第一章　总　则

第一条　为了适应中国共产党机关和国家行政机关（以下简称党政机关）工作需要，推进党政机关公文处理工作科学化、制度化、规范化，制定本条例。

第二条　本条例适用于各级党政机关公文处理工作。

第三条　党政机关公文是党政机关实施领导、履行职能、处理公务的具有特定效力和规范体式的文书，是传达贯彻党和国家的方针政策，公布法规和规章，指导、布置和商洽工作，请示和答复问题，报告、通报和交流情况等的重要工具。

第四条　公文处理工作是指公文拟制、办理、管理等一系列相互关联、衔接有序的工作。

第五条　公文处理工作应当坚持实事求是、准确规范、精简高效、安全保密的原则。

第六条　各级党政机关应当高度重视公文处理工作，加强组织领导，强化队伍建设，设立文秘部门或者由专人负责公文处理工作。

第七条　各级党政机关办公厅（室）主管本机关的公文处理工作，并对下级机关的公文处理工作进行业务指导和督促检查。

第二章　公文种类

第八条　公文种类主要有：

（一）决议。适用于会议讨论通过的重大决策事项。

（二）决定。适用于对重要事项作出决策和部署、奖惩有关单位和人员、变更或者撤销下级机关不适当的决定事项。

（三）命令（令）。适用于公布行政法规和规章、宣布施行重大强制性措施、批准授予和晋升衔级、嘉奖有关单位和人员。

（四）公报。适用于公布重要决定或者重大事项。

（五）公告。适用于向国内外宣布重要事项或者法定事项。

（六）通告。适用于在一定范围内公布应当遵守或者周知的事项。

（七）意见。适用于对重要问题提出见解和处理办法。

（八）通知。适用于发布、传达要求下级机关执行和有关单位周知或者执行的事项，批转、转发公文。

（九）通报。适用于表彰先进、批评错误、传达重要精神和告知重要情况。

（十）报告。适用于向上级机关汇报工作、反映情况，回复上级机关的询问。

（十一）请示。适用于向上级机关请求指示、批准。

（十二）批复。适用于答复下级机关请示事项。

（十三）议案。适用于各级人民政府按照法律程序向同级人民代表大会或者人民代表大会常务委员会提请审议事项。

（十四）函。适用于不相隶属机关之间商洽工作、询问和答复问题、请求批准和答复审批事项。

（十五）纪要。适用于记载会议主要情况和议定事项。

第三章　公文格式

第九条　公文一般由份号、密级和保密期限、紧急程度、发文机关标志、发文字号、签发人、标题、主送机关、正文、附件说明、发文机关署名、成文日期、印章、附注、附件、抄送机关、印发机关和印发日期、页码等组成。

（一）份号。公文印制份数的顺序号。涉密公文应当标注份号。

（二）密级和保密期限。公文的秘密等级和保密的期限。涉密公文应当根据涉密程度分别标注"绝密""机密""秘密"和保密期限。

（三）紧急程度。公文送达和办理的时限要求。根据紧急程度，紧急公文应当分别标注"特急""加急"，电报应当分别标注"特提""特急""加急""平急"。

（四）发文机关标志。由发文机关全称或者规范化简称加"文件"二字组成，也可以使用发文机关全称或者规范化简称。联合行文时，发文机关标志可以并用联合发文机关名称，也可以单独用主办机关名称。

（五）发文字号。由发文机关代字、年份、发文顺序号组成。联合行文时，使用主办机关的发文字号。

（六）签发人。上行文应当标注签发人姓名。

（七）标题。由发文机关名称、事由和文种组成。

（八）主送机关。公文的主要受理机关，应当使用机关全称、规范化简称或者同类型机关统称。

（九）正文。公文的主体，用来表述公文的内容。

（十）附件说明。公文附件的顺序号和名称。

（十一）发文机关署名。署发文机关全称或者规范化简称。

（十二）成文日期。署会议通过或者发文机关负责人签发的日期。联合行文时，署最后签发机关负责人签发的日期。

（十三）印章。公文中有发文机关署名的，应当加盖发文机关印章，并与署名机关相符。有特定发文机关标志的普发性公文和电报可以不加盖印章。

（十四）附注。公文印发传达范围等需要说明的事项。

（十五）附件。公文正文的说明、补充或者参考资料。

（十六）抄送机关。除主送机关外需要执行或者知晓公文内容的其他机关，应当使用机关全称、规范化简称或者同类型机关统称。

（十七）印发机关和印发日期。公文的送印机关和送印日期。

（十八）页码。公文页数顺序号。

第十条 公文的版式按照《党政机关公文格式》国家标准执行。

第十一条 公文使用的汉字、数字、外文字符、计量单位和标点符号等，按照有关国家标准和规定执行。民族自治地方的公文，可以并用汉字和当地通用的少数民族文字。

第十二条　公文用纸幅面采用国际标准 A4 型。特殊形式的公文用纸幅面，根据实际需要确定。

第四章　行文规则

第十三条　行文应当确有必要，讲求实效，注重针对性和可操作性。

第十四条　行文关系根据隶属关系和职权范围确定。一般不得越级行文，特殊情况需要越级行文的，应当同时抄送被越过的机关。

第十五条　向上级机关行文，应当遵循以下规则：

（一）原则上主送一个上级机关，根据需要同时抄送相关上级机关和同级机关，不抄送下级机关。

（二）党委、政府的部门向上级主管部门请示、报告重大事项，应当经本级党委、政府同意或者授权；属于部门职权范围内的事项应当直接报送上级主管部门。

（三）下级机关的请示事项，如需以本机关名义向上级机关请示，应当提出倾向性意见后上报，不得原文转报上级机关。

（四）请示应当一文一事。不得在报告等非请示性公文中夹带请示事项。

（五）除上级机关负责人直接交办事项外，不得以本机关名义向上级机关负责人报送公文，不得以本机关负责人名义向上级机关报送公文。

（六）受双重领导的机关向一个上级机关行文，必要时抄送另一个上级机关。

第十六条　向下级机关行文，应当遵循以下规则：

（一）主送受理机关，根据需要抄送相关机关。重要行文应当同时抄送发文机关的直接上级机关。

（二）党委、政府的办公厅（室）根据本级党委、政府授权，可以向下级党委、政府行文，其他部门和单位不得向下级党委、政府发布指令性公文或者在公文中向下级党委、政府提出指令性要求。需经政府审批的具体事项，经政府同意后可以由政府职能部门行文，文中须注明已经政府同意。

（三）党委、政府的部门在各自职权范围内可以向下级党委、政府的相关部门行文。

（四）涉及多个部门职权范围内的事务，部门之间未协商一致的，不得向下行文；擅自行文的，上级机关应当责令其纠正或者撤销。

（五）上级机关向受双重领导的下级机关行文，必要时抄送该下级机关的另一个上级机关。

第十七条 同级党政机关、党政机关与其他同级机关必要时可以联合行文。属于党委、政府各自职权范围内的工作，不得联合行文。

党委、政府的部门依据职权可以相互行文。

部门内设机构除办公厅（室）外不得对外正式行文。

第五章 公文拟制

第十八条 公文拟制包括公文的起草、审核、签发等程序。

第十九条 公文起草应当做到：

（一）符合党的理论路线方针政策和国家法律法规，完整准确体现发文机关意图，并同现行有关公文相衔接。

（二）一切从实际出发，分析问题实事求是，所提政策措施和办法切实可行。

（三）内容简洁，主题突出，观点鲜明，结构严谨，表述准确，文字精练。

（四）文种正确，格式规范。

（五）深入调查研究，充分进行论证，广泛听取意见。

（六）公文涉及其他地区或者部门职权范围内的事项，起草单位必须征求相关地区或者部门意见，力求达成一致。

（七）机关负责人应当主持、指导重要公文起草工作。

第二十条 公文文稿签发前，应当由发文机关办公厅（室）进行审核。审核的重点是：

（一）行文理由是否充分，行文依据是否准确。

（二）内容是否符合党的理论路线方针政策和国家法律法规；是否完整准确体现发文机关意图；是否同现行有关公文相衔接；所提政策措施和办法是否切实可行。

（三）涉及有关地区或者部门职权范围内的事项是否经过充分协商并达成一致意见。

（四）文种是否正确，格式是否规范；人名、地名、时间、数字、段落顺序、引文等是否准确；文字、数字、计量单位和标点符号等用法是否规范。

（五）其他内容是否符合公文起草的有关要求。

需要发文机关审议的重要公文文稿，审议前由发文机关办公厅（室）进行初核。

第二十一条　经审核不宜发文的公文文稿，应当退回起草单位并说明理由；符合发文条件但内容需作进一步研究和修改的，由起草单位修改后重新报送。

第二十二条　公文应当经本机关负责人审批签发。重要公文和上行文由机关主要负责人签发。党委、政府的办公厅（室）根据党委、政府授权制发的公文，由受权机关主要负责人签发或者按照有关规定签发。签发人签发公文，应当签署意见、姓名和完整日期；圈阅或者签名的，视为同意。联合发文由所有联署机关的负责人会签。

第六章　公文办理

第二十三条　公文办理包括收文办理、发文办理和整理归档。

第二十四条　收文办理主要程序是：

（一）签收。对收到的公文应当逐件清点，核对无误后签字或者盖章，并注明签收时间。

（二）登记。对公文的主要信息和办理情况应当详细记载。

（三）初审。对收到的公文应当进行初审。初审的重点是：是否应当由本机关办理，是否符合行文规则，文种、格式是否符合要求，涉及其他地区或者部门职权范围内的事项是否已经协商、会签，是否符合公文起草的其他要求。经初审不符合规定的公文，应当及时退回来文单位并说明理由。

（四）承办。阅知性公文应当根据公文内容、要求和工作需要确定范围后分送。批办性公文应当提出拟办意见报本机关负责人批示或者转有关部门办理；需要两个以上部门办理的，应当明确主办部门。紧急公文应当明确办理时限。承办部门对交办的公文应当及时办理，有明确办理时限要求的应当在规定时限内办理完毕。

（五）传阅。根据领导批示和工作需要将公文及时送传阅对象阅知或者批示。办理公文传阅应当随时掌握公文去向，不得漏传、误传、延误。

（六）催办。及时了解掌握公文的办理进展情况，督促承办部门按期办结。紧急公文或者重要公文应当由专人负责催办。

（七）答复。公文的办理结果应当及时答复来文单位，并根据需要告知相关单位。

第二十五条 发文办理主要程序是：

（一）复核。已经发文机关负责人签批的公文，印发前应当对公文的审批手续、内容、文种、格式等进行复核；需作实质性修改的，应当报原签批人复审。

（二）登记。对复核后的公文，应当确定发文字号、分送范围和印制份数并详细记载。

（三）印制。公文印制必须确保质量和时效。涉密公文应当在符合保密要求的场所印制。

（四）核发。公文印制完毕，应当对公文的文字、格式和印刷质量进行检查后分发。

第二十六条 涉密公文应当通过机要交通、邮政机要通信、城市机要文件交换站或者收发件机关机要收发人员进行传递，通过密码电报或者符合国家保密规定的计算机信息系统进行传输。

第二十七条 需要归档的公文及有关材料，应当根据有关档案法律法规以及机关档案管理规定，及时收集齐全、整理归档。两个以上机关联合办理的公文，原件由主办机关归档，相关机关保存复制件。机关负责人兼任其他机关职务的，在履行所兼职务过程中形成的公文，由其兼职机关归档。

第七章　公文管理

第二十八条 各级党政机关应当建立健全本机关公文管理制度，确保管理严格规范，充分发挥公文效用。

第二十九条 党政机关公文由文秘部门或者专人统一管理。设立党委（党组）的县级以上单位应当建立机要保密室和机要阅文室，并按照有关保密规定配备工作人员和必要的安全保密设施设备。

第三十条 公文确定密级前，应当按照拟定的密级先行采取保密措施。确定密级后，应当按照所定密级严格管理。绝密级公文应当由专人管理。

公文的密级需要变更或者解除的，由原确定密级的机关或者其上级机关决定。

第三十一条　公文的印发传达范围应当按照发文机关的要求执行；需要变更的，应当经发文机关批准。

涉密公文公开发布前应当履行解密程序。公开发布的时间、形式和渠道，由发文机关确定。

经批准公开发布的公文，同发文机关正式印发的公文具有同等效力。

第三十二条　复制、汇编机密级、秘密级公文，应当符合有关规定并经本机关负责人批准。绝密级公文一般不得复制、汇编，确有工作需要的，应当经发文机关或者其上级机关批准。复制、汇编的公文视同原件管理。

复制件应当加盖复制机关戳记。翻印件应当注明翻印的机关名称、日期。汇编本的密级按照编入公文的最高密级标注。

第三十三条　公文的撤销和废止，由发文机关、上级机关或者权力机关根据职权范围和有关法律法规决定。公文被撤销的，视为自始无效；公文被废止的，视为自废止之日起失效。

第三十四条　涉密公文应当按照发文机关的要求和有关规定进行清退或者销毁。

第三十五条　不具备归档和保存价值的公文，经批准后可以销毁。销毁涉密公文必须严格按照有关规定履行审批登记手续，确保不丢失、不漏销。个人不得私自销毁、留存涉密公文。

第三十六条　机关合并时，全部公文应当随之合并管理；机关撤销时，需要归档的公文经整理后按照有关规定移交档案管理部门。

工作人员离岗离职时，所在机关应当督促其将暂存、借用的公文按照有关规定移交、清退。

第三十七条　新设立的机关应当向本级党委、政府的办公厅（室）提出发文立户申请。经审查符合条件的，列为发文单位，机关合并或者撤销时，相应进行调整。

第八章　附　则

第三十八条　党政机关公文含电子公文。电子公文处理工作的具体办法另行制定。

第三十九条　法规、规章方面的公文，依照有关规定处理。外事方面的公文，依照外事主管部门的有关规定处理。

第四十条 其他机关和单位的公文处理工作，可以参照本条例执行。

第四十一条 本条例由中共中央办公厅、国务院办公厅负责解释。

第四十二条 本条例自 2012 年 7 月 1 日起施行。1996 年 5 月 3 日中共中央办公厅发布的《中国共产党机关公文处理条例》和 2000 年 8 月 24 日国务院发布的《国家行政机关公文处理办法》停止执行。

党政机关公文格式

GB/T 9704—2012

（2012 年 6 月 29 日）

目　次

1 范围

本标准规定了党政机关公文通用的纸张要求、排版和印制装订要求、公文格式各要素的编排规则，并给出了公文的式样。

本标准适用于各级党政机关制发的公文。其他机关和单位的公文可以参照执行。

使用少数民族文字印制的公文，其用纸、幅面尺寸及版面、印制等要求按照本标准执行，其余可以参照本标准并按照有关规定执行。

2 规范性引用文件

下列文件对于本标准的应用是必不可少的。凡是注日期的引用文件，仅所注日期的版本适用于本标准。凡是不注日期的引用文件，其最新版本（包括所有的修改单）适用于本标准。

GB/T 148　印刷、书写和绘图纸幅面尺寸

GB 3100　国际单位制及其应用

GB 3101　有关量、单位和符号的一般原则

GB 3102（所有部分）　量和单位

GB/T 15834　标点符号用法

GB/T 15835　出版物上数字用法

3 术语和定义

下列术语和定义适用于本标准。

3.1

字　word

标示公文中横向距离的长度单位。在本标准中，一字指一个汉字宽度的距离。

3.2

行　line

标示公文中纵向距离的长度单位。在本标准中，一行指一个汉字的高度加 3 号汉字高度的 7/8 的距离。

4　公文用纸主要技术指标

公文用纸一般使用纸张定量为 60 g/m^2～80 g/m^2 的胶版印刷纸或复印纸。纸张白度 80%～90%，横向耐折度≥15 次，不透明度≥85%，pH 值为 7.5～9.5。

5　公文用纸幅面尺寸及版面要求

5.1　幅面尺寸

公文用纸采用 GB/T 148 中规定的 A4 型纸，其成品幅面尺寸为：210 mm×297 mm。

GB/T 9704—2012

5.2　版面

5.2.1　页边与版心尺寸

公文用纸天头（上白边）为 37 mm±1 mm，公文用纸订口（左白边）为 28mm±1mm，版心尺寸为 156 mm×225 mm。

5.2.2　字体和字号

如无特殊说明，公文格式各要素一般用 3 号仿宋体字。特定情况可以作适当调整。

5.2.3　行数和字数

一般每面排 22 行，每行排 28 个字，并撑满版心。特定情况可以作适当调整。

5.2.4　文字的颜色

如无特殊说明，公文中文字的颜色均为黑色。

6　印制装订要求

6.1　制版要求

版面干净无底灰，字迹清楚无断划，尺寸标准，版心不斜，误差不超过 1 mm。

6.2　印刷要求

双面印刷；页码套正，两面误差不超过 2 mm。黑色油墨应当达到色谱所标 BL100%，红色油墨应当达到色谱所标 Y80%、M80%。印品着墨实、均匀；字面不花、不白、无断划。

6.3 装订要求

公文应当左侧装订，不掉页，两页页码之间误差不超过 4 mm，裁切后的成品尺寸允许误差±2mm，四角成 90°，无毛茬或缺损。

骑马订或平订的公文应当：

a）订位为两钉外订眼距版面上下边缘各 70 mm 处，允许误差±4mm；

b）无坏钉、漏钉、重钉，钉脚平伏牢固；

c）骑马订钉锯均订在折缝线上，平订钉锯与书脊间的距离为 3mm~5mm。

包本装订公文的封皮（封面、书脊、封底）与书芯应吻合、包紧、包平、不脱落。

7 公文格式各要素编排规则

7.1 公文格式各要素的划分

本标准将版心内的公文格式各要素划分为版头、主体、版记三部分。公文首页红色分隔线以上的部分称为版头；公文首页红色分隔线（不含）以下、公文末页首条分隔线（不含）以上的部分称为主体；公文末页首条分隔线以下、末条分隔线以上的部分称为版记。

页码位于版心外。   GB/T9704-2012

7.2 版头

7.2.1 份号

如需标注份号，一般用 6 位 3 号阿拉伯数字，顶格编排在版心左上角第一行。

7.2.2 密级和保密期限

如需标注密级和保密期限，一般用 3 号黑体字，顶格编排在版心左上角第二行；保密期限中的数字用阿拉伯数字标注。

7.2.3 紧急程度

如需标注紧急程度，一般用 3 号黑体字，顶格编排在版心左上角；如需同时标注份号、密级和保密期限、紧急程度，按照份号、密级和保密期限、紧急程度的顺序自上而下分行排列。

7.2.4 发文机关标志

由发文机关全称或者规范化简称加"文件"二字组成，也可以使用发文机关全称或者规范化简称。

发文机关标志居中排布，上边缘至版心上边缘为 35mm，推荐使用小标宋体字，颜色为红色，以醒目、美观、庄重为原则。

联合行文时，如需同时标注联署发文机关名称，一般应当将主办机关名称排列在前；如有"文件"二字，应当置于发文机关名称右侧，以联署发文机关名称为准上下居中排布。

7.2.5 发文字号

编排在发文机关标志下空二行位置，居中排布。年份、发文顺序号用阿拉伯数字标注；年份应标全称，用六角括号"〔〕"括入；发文顺序号不加"第"字，不编虚位（即 1 不编为 01），在阿拉伯数字后加"号"字。

上行文的发文字号居左空一字编排，与最后一个签发人姓名处在同一行。

7.2.6 签发人

由"签发人"三字加全角冒号和签发人姓名组成，居右空一字，编排在发文机关标志下空二行位置。"签发人"三字用 3 号仿宋体字，签发人姓名用 3 号楷体字。

如有多个签发人，签发人姓名按照发文机关的排列顺序从左到右、自上而下依次均匀编排，一般每行排两个姓名，回行时与上一行第一个签发人姓名对齐。

7.2.7 版头中的分隔线

发文字号之下 4 mm 处居中印一条与版心等宽的红色分隔线。

7.3 主体

7.3.1 标题

一般用 2 号小标宋体字，编排于红色分隔线下空二行位置，分一行或多行居中排布；回行时，要做到词意完整，排列对称，长短适宜，间距恰当，标题排列应当使用梯形或菱形。

7.3.2 主送机关

编排于标题下空一行位置，居左顶格，回行时仍顶格，最后一个机关名称后标全角冒号。如主送机关名称过多导致公文首页不能显示正文时，应当将主送机关名称移至版记，标注方法见 7.4.2。

7.3.3 正文

公文首页必须显示正文。一般用 3 号仿宋体字，编排于主送机关名称下一行，每个自然段左空二字，回行顶格。文中结构层次序数依次可以用

"一、""（一）""1.""（1）"标注；一般第一层用黑体字、第二层用楷体字、第三层和第四层用仿宋体字标注。

7.3.4　附件说明

如有附件，在正文下空一行左空二字编排"附件"二字，后标全角冒号和附件名称。如有多个附件，使用阿拉伯数字标注附件顺序号（如"附件：1.×××××"）；附件名称后不加标点符号。附件名称较长需回行时，应当与上一行附件名称的首字对齐。

7.3.5　发文机关署名、成文日期和印章

7.3.5.1　加盖印章的公文

成文日期一般右空四字编排，印章用红色，不得出现空白印章。

单一机关行文时，一般在成文日期之上、以成文日期为准居中编排发文机关署名，印章端正、居中下压发文机关署名和成文日期，使发文机关署名和成文日期居印章中心偏下位置，印章顶端应当上距正文（或附件说明）一行之内。

联合行文时，一般将各发文机关署名按照发文机关顺序整齐排列在相应位置，并将印章一一对应、端正、居中下压发文机关署名，最后一个印章端正、居中下压发文机关署名和成文日期，印章之间排列整齐、互不相交或相切，每排印章两端不得超出版心，首排印章顶端应当上距正文（或附件说明）一行之内。

7.3.5.2　不加盖印章的公文

单一机关行文时，在正文（或附件说明）下空一行右空二字编排发文机关署名，在发文机关署名下一行编排成文日期，首字比发文机关署名首字右移二字，如成文日期长于发文机关署名，应当使成文日期右空二字编排，并相应增加发文机关署名右空字数。

联合行文时，应当先编排主办机关署名，其余发文机关署名依次向下编排。

7.3.5.3　加盖签发人签名章的公文

单一机关制发的公文加盖签发人签名章时，在正文（或附件说明）下空二行右空四字加盖签发人签名章，签名章左空二字标注签发人职务，以签名章为准上下居中排布。在签发人签名章下空一行右空四字编排成文日期。

联合行文时，应当先编排主办机关签发人职务、签名章，其余机关签发

人职务、签名章依次向下编排，与主办机关签发人职务、签名章上下对齐；每行只编排一个机关的签发人职务、签名章；签发人职务应当标注全称。

签名章一般用红色。

7.3.5.4　成文日期中的数字

用阿拉伯数字将年、月、日标全，年份应标全称，月、日不编虚位（即1不编为01）。

7.3.5.5　特殊情况说明

当公文排版后所剩空白处不能容下印章或签发人签名章、成文日期时，可以采取调整行距、字距的措施解决。

7.3.6　附注

如有附注，居左空二字加圆括号编排在成文日期下一行。

7.3.7　附件

附件应当另面编排，并在版记之前，与公文正文一起装订。"附件"二字及附件顺序号用3号黑体字顶格编排在版心左上角第一行。附件标题居中编排在版心第三行。附件顺序号和附件标题应当与附件说明的表述一致。附件格式要求同正文。

如附件与正文不能一起装订，应当在附件左上角第一行顶格编排公文的发文字号并在其后标注"附件"二字及附件顺序号。

7.4　版记

7.4.1　版记中的分隔线

版记中的分隔线与版心等宽，首条分隔线和末条分隔线用粗线（推荐高度为0.35 mm），中间的分隔线用细线（推荐高度为0.25 mm）。首条分隔线位于版记中第一个要素之上，末条分隔线与公文最后一面的版心下边缘重合。

7.4.2　抄送机关

如有抄送机关，一般用4号仿宋体字，在印发机关和印发日期之上一行、左右各空一字编排。"抄送"二字后加全角冒号和抄送机关名称，回行时与冒号后的首字对齐，最后一个抄送机关名称后标句号。

如需把主送机关移至版记，除将"抄送"二字改为"主送"外，编排方法同抄送机关。既有主送机关又有抄送机关时，应当将主送机关置于抄送机关之上一行，之间不加分隔线。

7.4.3　印发机关和印发日期

印发机关和印发日期一般用 4 号仿宋体字，编排在末条分隔线之上，印发机关左空一字，印发日期右空一字，用阿拉伯数字将年、月、日标全，年份应标全称，月、日不编虚位（即 1 不编为 01），后加"印发"二字。

版记中如有其他要素，应当将其与印发机关和印发日期用一条细分隔线隔开。

7.5　页码

一般用 4 号半角宋体阿拉伯数字，编排在公文版心下边缘之下，数字左右各放一条一字线；一字线上距版心下边缘 7 mm。单页码居右空一字，双页码居左空一字。公文的版记页前有空白页的，空白页和版记页均不编排页码。公文的附件与正文一起装订时，页码应当连续编排。

8　公文中的横排表格

A4 纸型的表格横排时，页码位置与公文其他页码保持一致，单页码表头在订口一边，双页码表头在切口一边。

9　公文中计量单位、标点符号和数字的用法

公文中计量单位的用法应当符合 GB 3100、GB 3101 和 GB 3102（所有部分），标点符号的用法应当符合 GB/T 15834，数字用法应当符合 GB/T 15835。

10　公文的特定格式

10.1　信函格式

发文机关标志使用发文机关全称或者规范化简称，居中排布，上边缘至上页边为 30mm，推荐使用红色小标宋体字。联合行文时，使用主办机关标志。

发文机关标志下 4 mm 处印一条红色双线（上粗下细），距下页边 20 mm 处印一条红色双线（上细下粗），线长均为 170 mm，居中排布。

如需标注份号、密级和保密期限、紧急程度，应当顶格居版心左边缘编排在第一条红色双线下，按照份号、密级和保密期限、紧急程度的顺序自上而下分行排列，第一个要素与该线的距离为 3 号汉字高度的 7/8。

发文字号顶格居版心右边缘编排在第一条红色双线下，与该线的距离为 3

号汉字高度的 7/8。

标题居中编排，与其上最后一个要素相距二行。

第二条红色双线上一行如有文字，与该线的距离为 3 号汉字高度的 7/8。

首页不显示页码。

版记不加印发机关和印发日期、分隔线，位于公文最后一面版心内最下方。

10.2　命令（令）格式

发文机关标志由发文机关全称加"命令"或"令"字组成，居中排布，上边缘至版心上边缘为 20 mm，推荐使用红色小标宋体字。

发文机关标志下空二行居中编排令号，令号下空二行编排正文。

签发人职务、签名章和成文日期的编排见 7.3.5.3。

10.3　纪要格式

纪要标志由"×××××纪要"组成，居中排布，上边缘至版心上边缘为 35 mm，推荐使用红色小标宋体字。

标注出席人员名单，一般用 3 号黑体字，在正文或附件说明下空一行左空二字编排"出席"二字，后标全角冒号，冒号后用 3 号仿宋体字标注出席人单位、姓名，回行时与冒号后的首字对齐。

标注请假和列席人员名单，除依次另起一行并将"出席"二字改为"请假"或"列席"外，编排方法同出席人员名单。

纪要格式可以根据实际制定。

11　式样

A4 型公文用纸页边及版心尺寸见图 1；公文首页版式见图 2；联合行文公文首页版式 1 见图 3；联合行文公文首页版式 2 见图 4；公文末页版式 1 见图 5；公文末页版式 2 见图 6；联合行文公文末页版式 1 见图 7；联合行文公文末页版式 2 见图 8；附件说明页版式见图 9；带附件公文末页版式见图 10；信函格式首页版式见图 11；命令（令）格式首页版式见图 12。

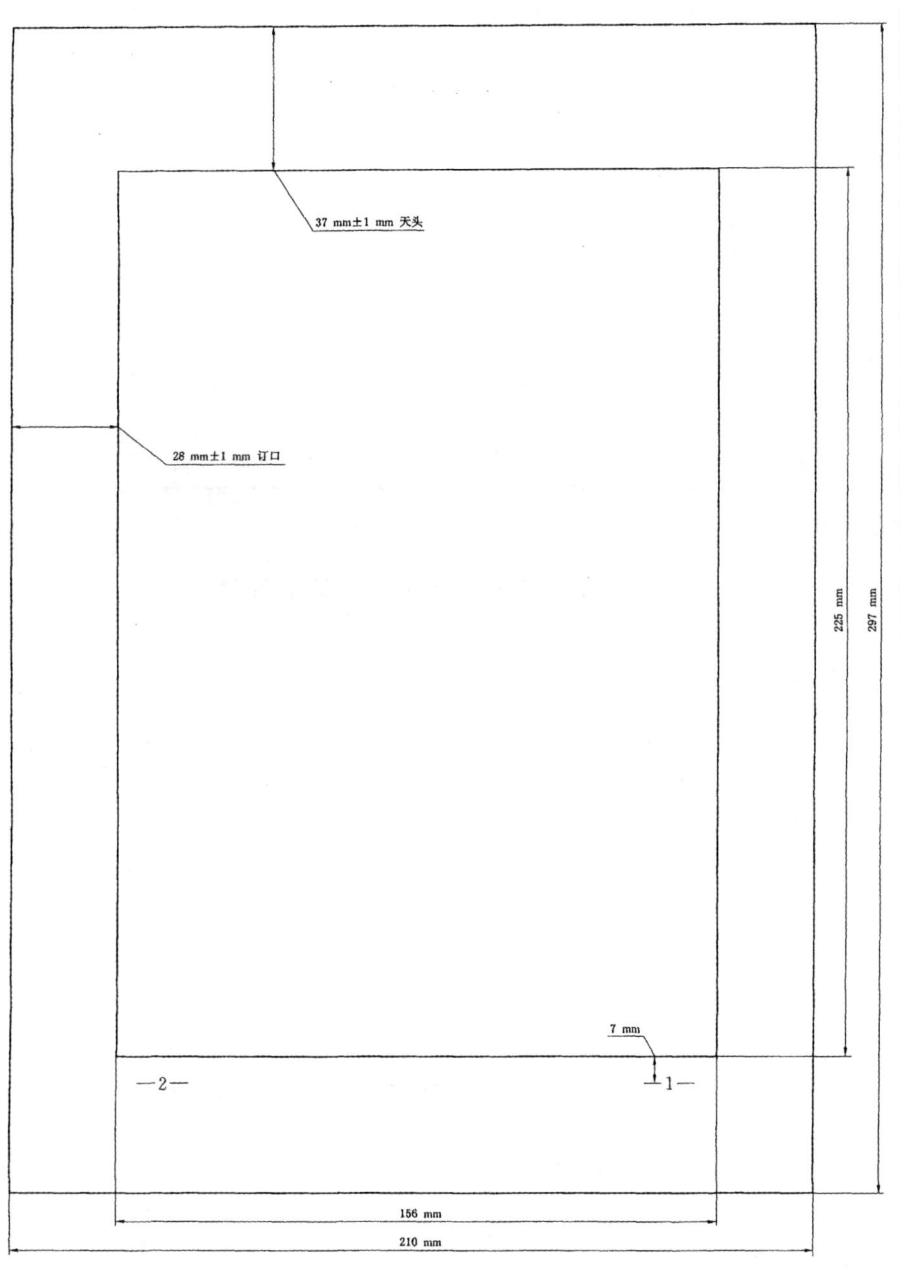

37 mm±1 mm 天头

28 mm±1 mm 订口

225 mm

297 mm

7 mm

—2—　　　　　　　　—1—

156 mm

210 mm

图 1　A4 型公文用纸页边及版心尺寸

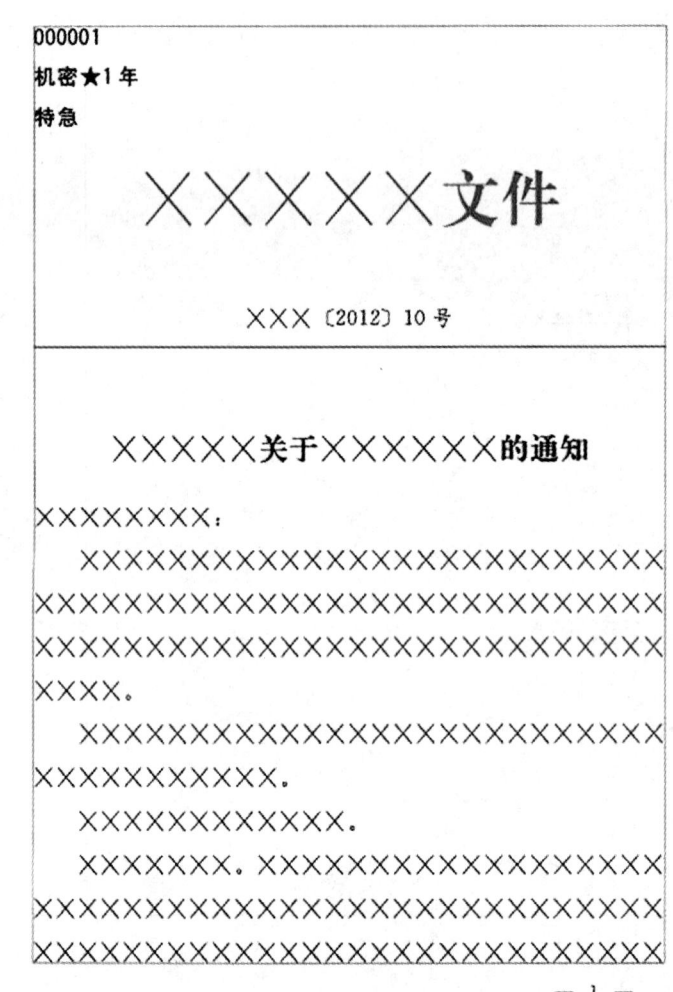

图2 公文首页版式

注：版心实线框仅为示意，在印制公文时并不印出。

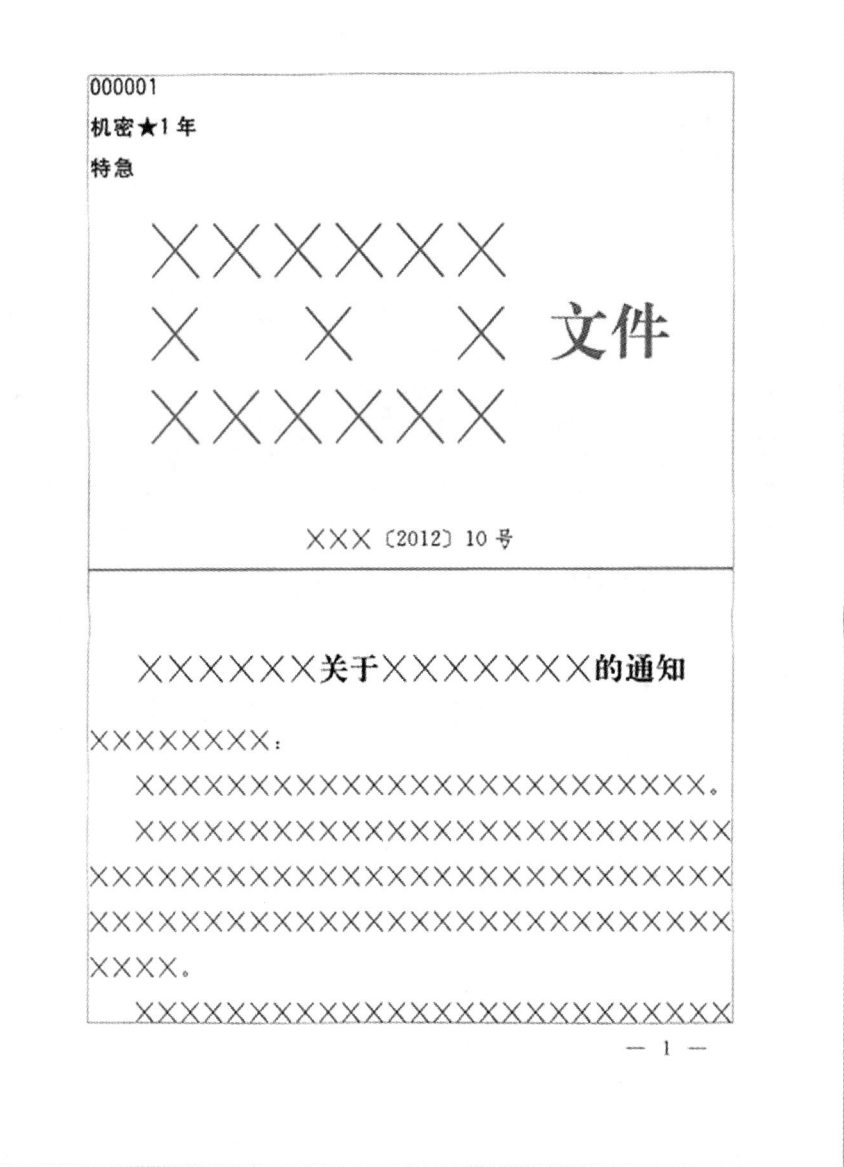

000001

机密★1年

特急

×××××

× × × 文件

××××××

××× 〔2012〕 10 号

×××××关于×××××××的通知

×××××××:

　　××××××××××××××××××××××××××。

　　××××××××××××××××××××××××××

××××××××××××××××××××××××××××

××××××××××××××××××××××××××××

××××。

　　××××××××××××××××××××××××××

— 1 —

图3　联合行文公文首页版式1

注：版心实线框仅为示意，在印制公文时并不印出。

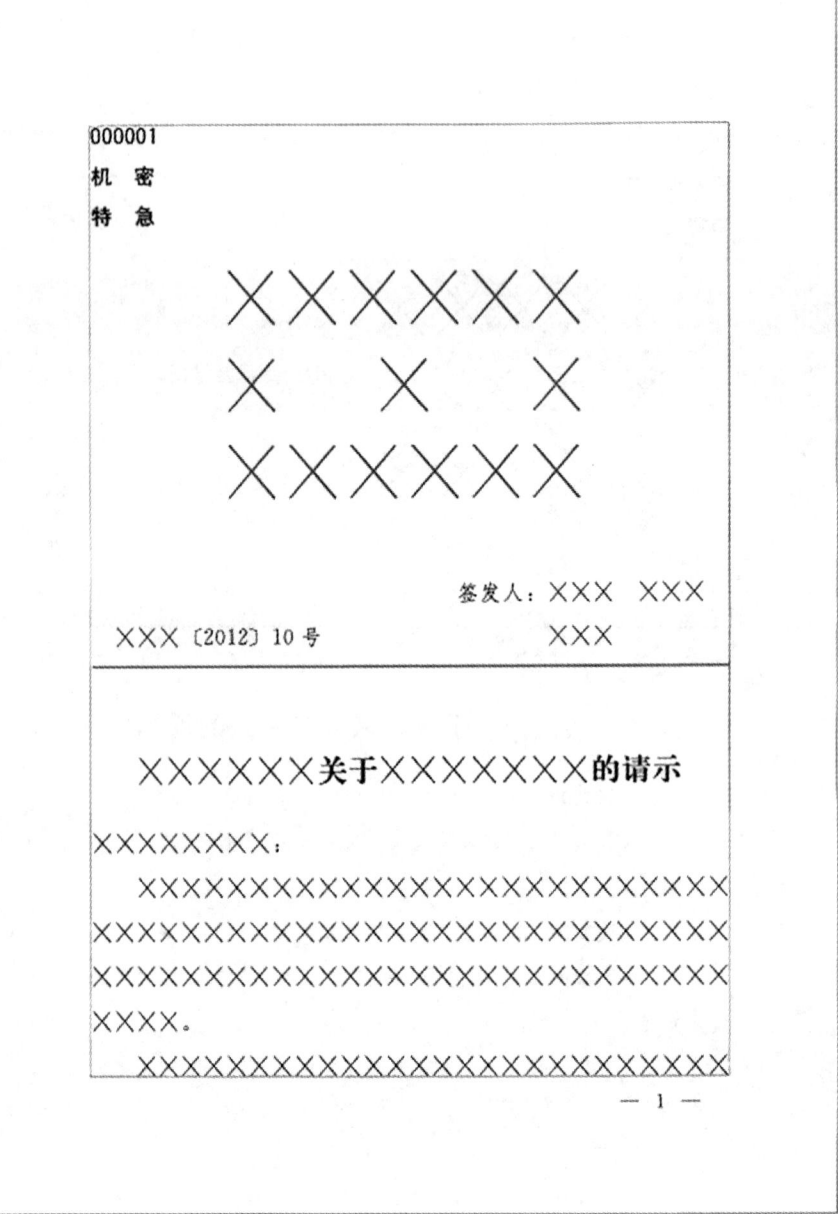

图 4　联合行文公文首页版式 2

注：版心实线框仅为示意，在印制公文时并不印出。

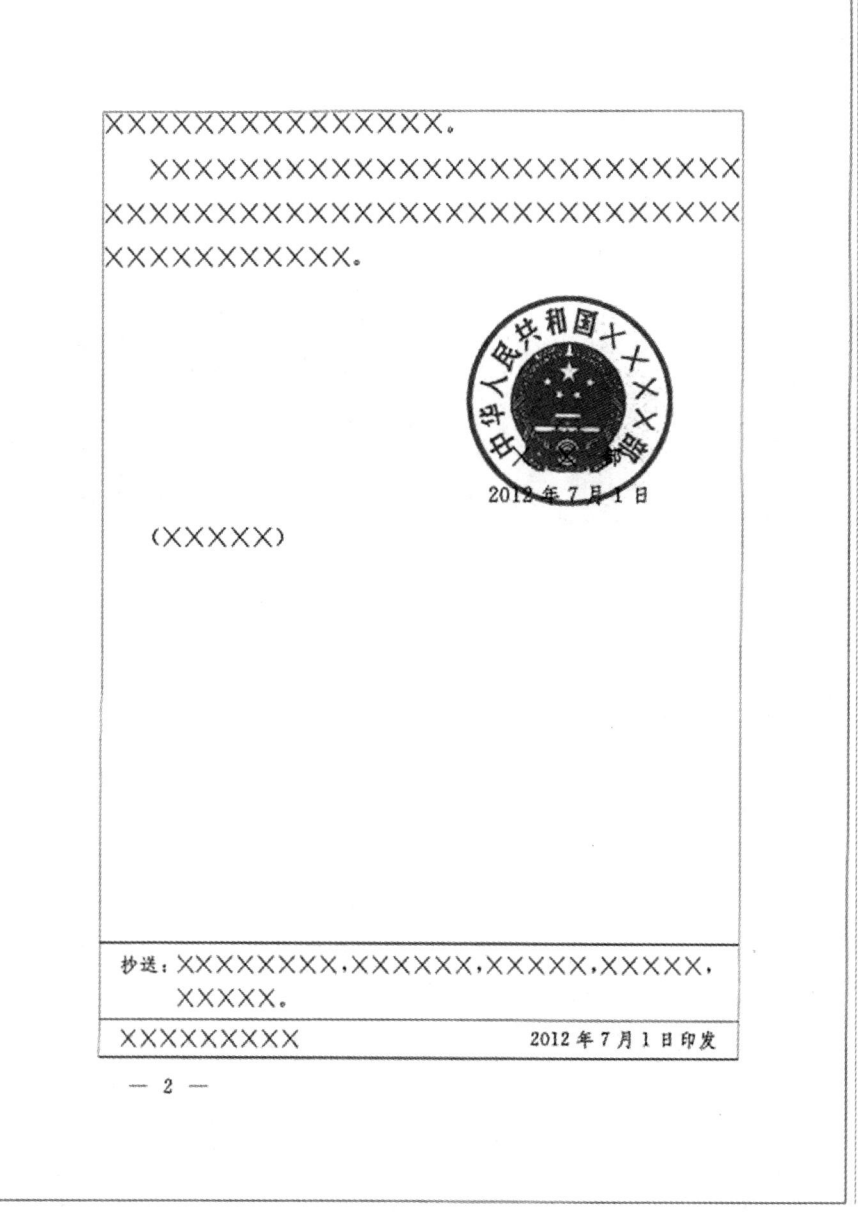

图5　公文末页版式1

注：版心实线框仅为示意，在印制公文时并不印出。

XXXXXXXXXXXXXX。

　XXXXXXXXXXXXXXXXXXXX

XXXXXXXXXXXXXXXXXXXXXXXX

XXXXXXXX。

　　　　　　XXXXXXXXXX

　　　　　　2012 年 7 月 1 日

（XXXXX）

抄送：XXXXXXXX，XXXXXX，XXXXX，XXXXX，

　　XXXXX。

XXXXXXXXX　　　　　　　2012 年 7 月 1 日印发

— 2 —

图 6　公文末页版式 2

注：版心实线框仅为示意，在印制公文时并不印出。

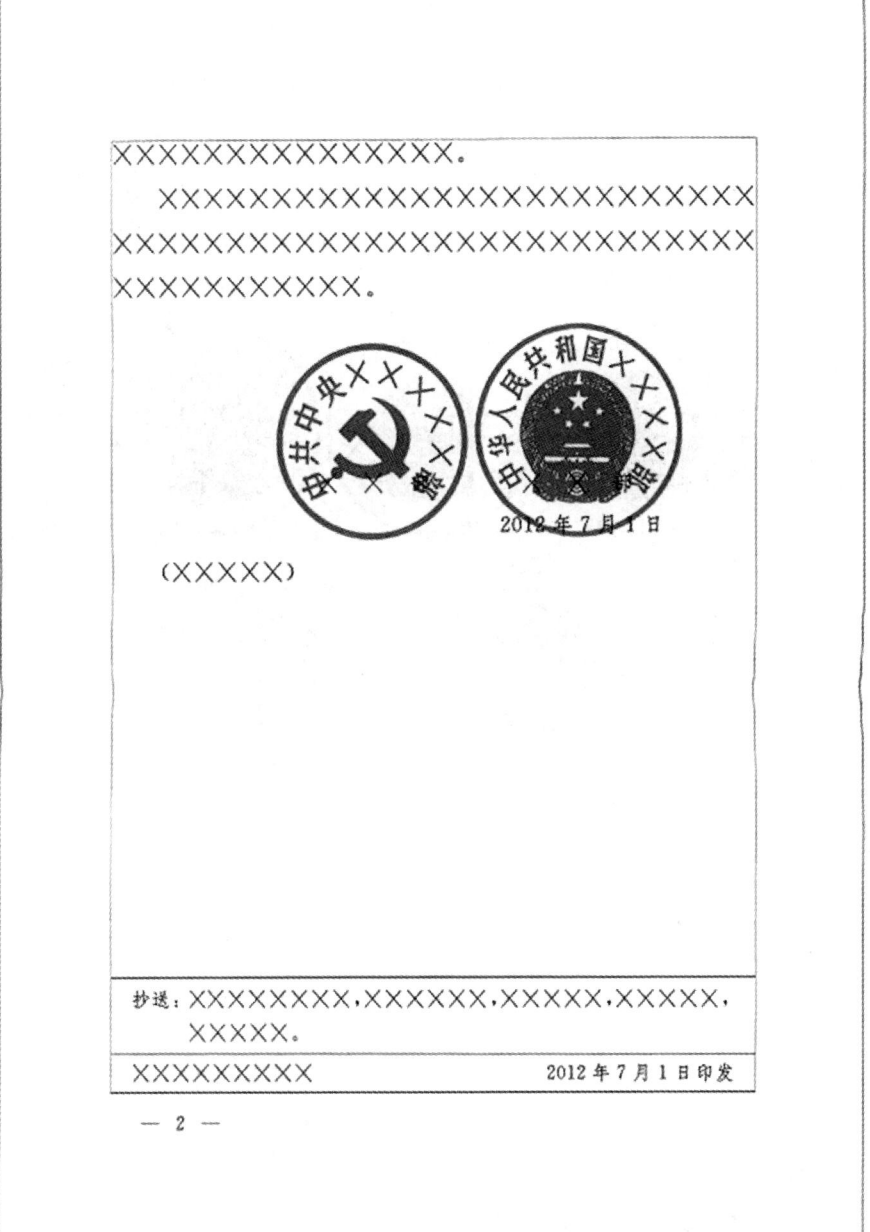

××××××××××××××．
　××××××××××××××××××××
×××××××××××××××××××××
××××××××××．

（×××××）

抄送：×××××××，×××××××，×××××，×××××，
　　×××××。

×××××××× 　　　　　　　　2012 年 7 月 1 日印发

— 2 —

图 7　联合行文公文末页版式 1

注：版心实线框仅为示意，在印制公文时并不印出。

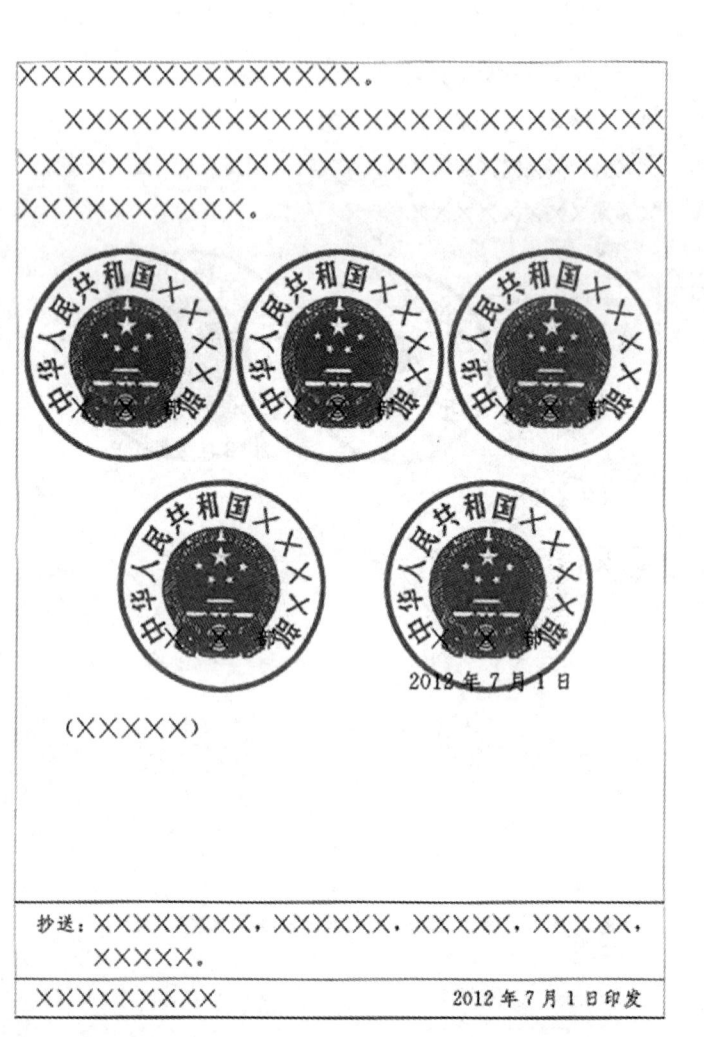

图 8　联合行文公文末页版式 2

注：版心实线框仅为示意，在印制公文时并不印出。

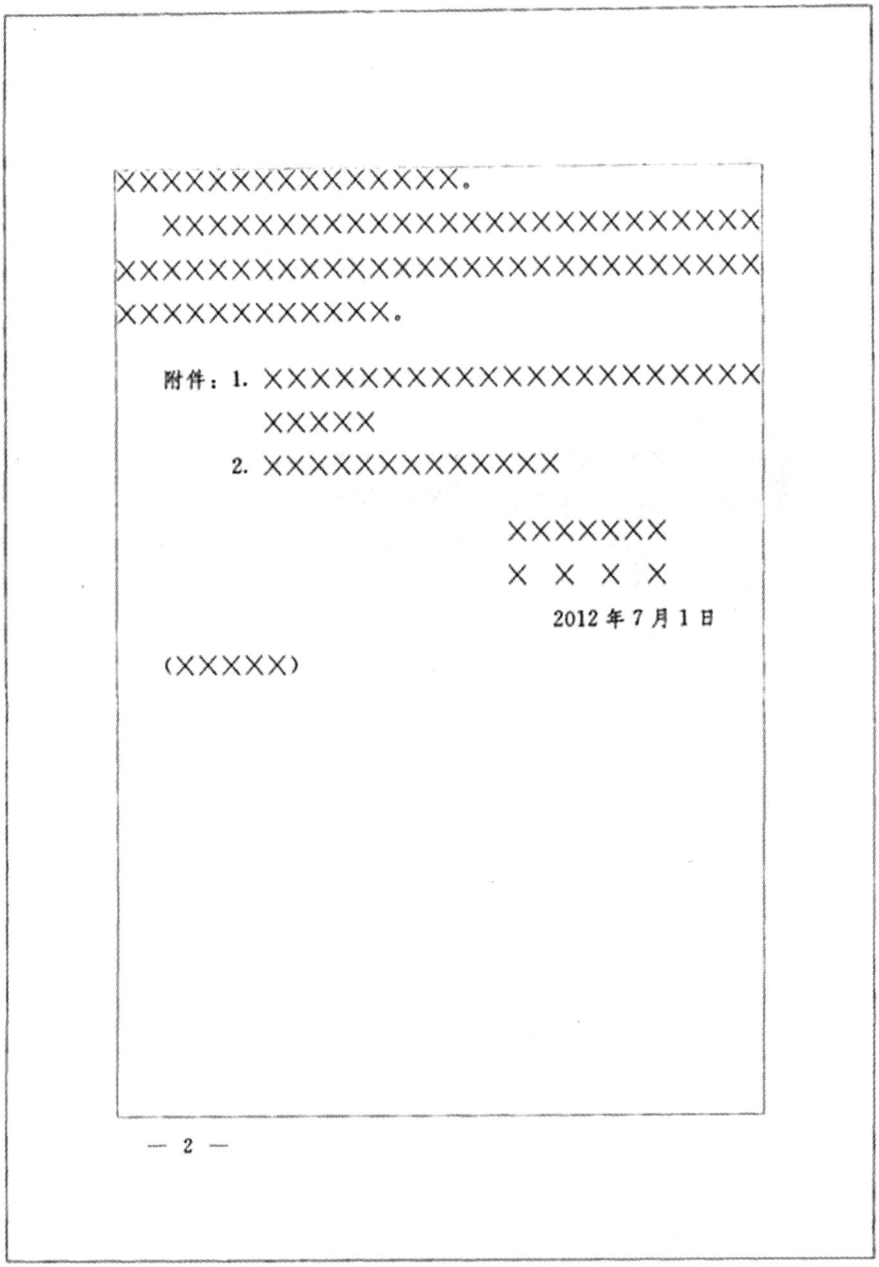

××××××××××××××。
　　××××××××××××××××××××××
××××××××××××××××××××××××
××××××××××××。

　　附件：1. ×××××××××××××××××××
　　　　　　××××
　　　　　2. ×××××××××××

　　　　　　　　　　　　　　×××××××
　　　　　　　　　　　　　　×　×　×　×
　　　　　　　　　　　　　　2012 年 7 月 1 日
（×××××）

图9　附件说明页版式

注：版心实线框仅为示意，在印制公文时并不印出。

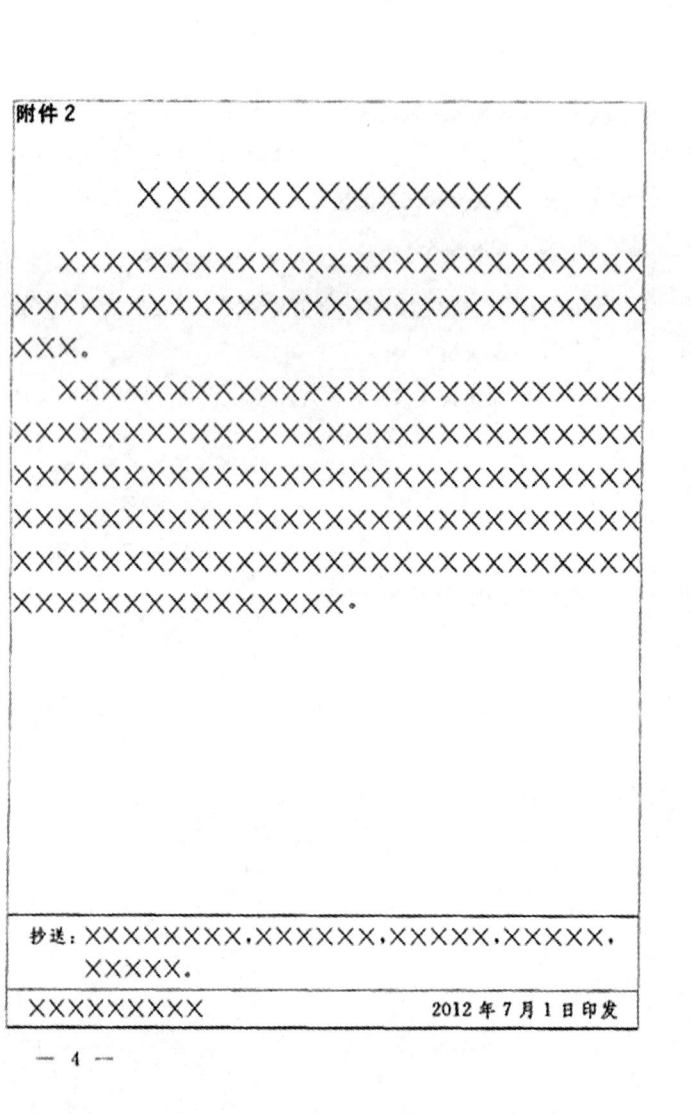

图 10　带附件公文末页版式

注：版心实线框仅为示意，在印制公文时并不印出。

中华人民共和国×××××部

000001　　　　　　　　　　　　×××〔2012〕10 号

机　密

特　急

×××××关于×××××××的通知

×××××××××：

　　×××。

　　×××。

　　×××。

图 11　信函格式首页版式

注：版心实线框仅为示意，在印制公文时并不印出。

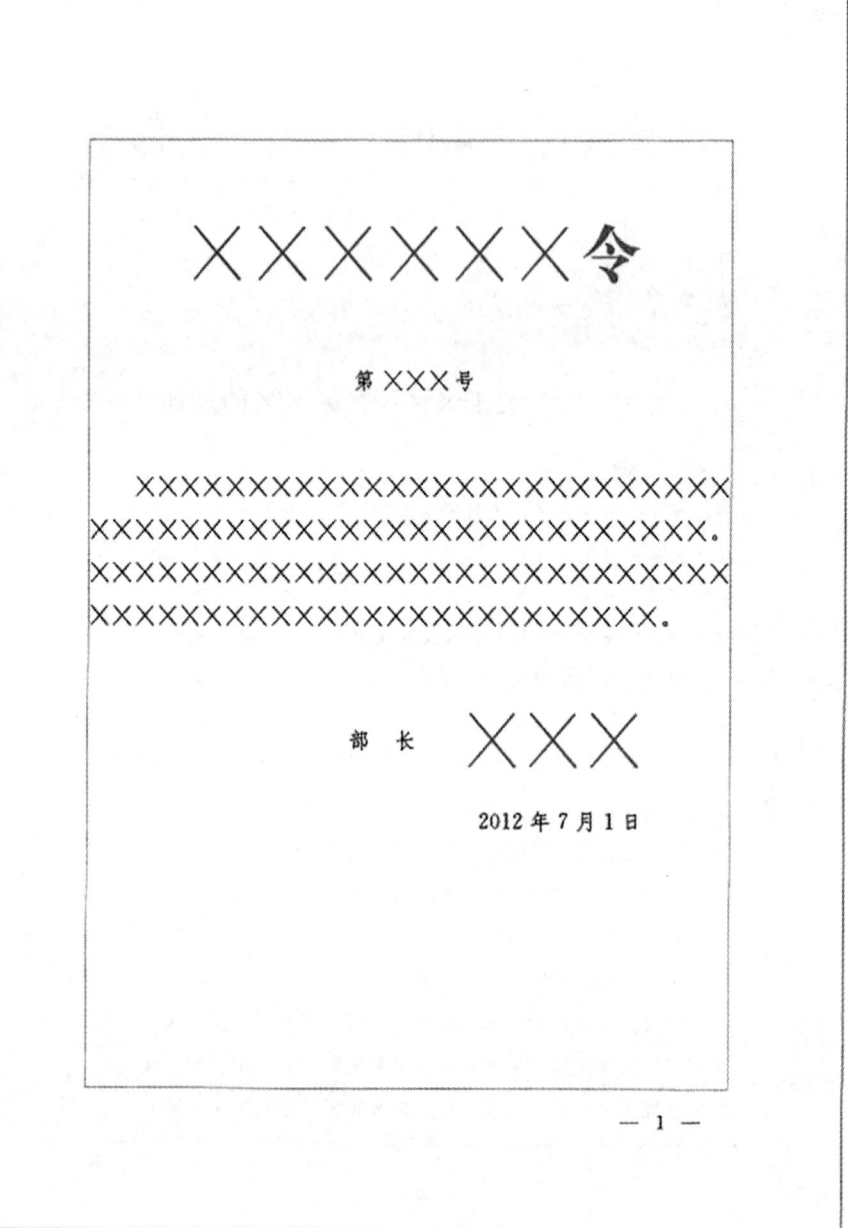

图 12 命令（令）格式首页版式

注：版心实线框仅为示意，在印制公文时并不印出。

中国共产党纪律检查机关监督执纪工作规则

第一章 总 则

第一条 为了加强党对纪律检查和国家监察工作的统一领导，加强党的纪律建设，推进全面从严治党，规范纪检监察机关监督执纪工作，根据《中国共产党章程》和有关法律，结合纪检监察体制改革和监督执纪工作实践，制定本规则。

第二条 坚持以马克思列宁主义、毛泽东思想、邓小平理论、"三个代表"重要思想、科学发展观、习近平新时代中国特色社会主义思想为指导，全面贯彻纪律检查委员会和监察委员会合署办公要求，依规依纪依法严格监督执纪，坚持打铁必须自身硬，把权力关进制度笼子，建设忠诚干净担当的纪检监察干部队伍。

第三条 监督执纪工作应当遵循以下原则：

（一）坚持和加强党的全面领导，牢固树立政治意识、大局意识、核心意识、看齐意识，坚定中国特色社会主义道路自信、理论自信、制度自信、文化自信，坚决维护习近平总书记党中央的核心、全党的核心地位，坚决维护党中央权威和集中统一领导，严守政治纪律和政治规矩，体现监督执纪工作的政治性，构建党统一指挥、全面覆盖、权威高效的监督体系；

（二）坚持纪律检查工作双重领导体制，监督执纪工作以上级纪委领导为主，线索处置、立案审查等在向同级党委报告的同时应当向上级纪委报告；

（三）坚持实事求是，以事实为依据，以党章党规党纪和国家法律法规为准绳，强化监督、严格执纪，把握政策、宽严相济，对主动投案、主动交代问题的宽大处理，对拒不交代、欺瞒组织的从严处理；

（四）坚持信任不能代替监督，执纪者必先守纪，以更高的标准、更严的要求约束自己，严格工作程序，有效管控风险，强化对监督执纪各环节的监督制约，确保监督执纪工作经得起历史和人民的检验。

第四条 坚持惩前毖后、治病救人，把纪律挺在前面，精准有效运用监督执纪"四种形态"，把思想政治工作贯穿监督执纪全过程，严管和厚爱结合，激励和约束并重，注重教育转化，促使党员自觉防止和纠正违纪行为，惩治极少数，教育大多数，实现政治效果、纪法效果和社会效果相统一。

第二章　领导体制

第五条　中央纪律检查委员会在党中央领导下进行工作。地方各级纪律检查委员会和基层纪律检查委员会在同级党的委员会和上级纪律检查委员会双重领导下进行工作。

党委应当定期听取、审议同级纪律检查委员会和监察委员会的工作报告，加强对纪委监委工作的领导、管理和监督。

第六条　党的纪律检查机关和国家监察机关是党和国家自我监督的专责机关，中央纪委和地方各级纪委贯彻党中央关于国家监察工作的决策部署，审议决定监委依法履职中的重要事项，把执纪和执法贯通起来，实现党内监督和国家监察的有机统一。

第七条　监督执纪工作实行分级负责制：

（一）中央纪委国家监委负责监督检查和审查调查中央委员、候补中央委员，中央纪委委员，中央管理的领导干部，党中央工作部门、党中央批准设立的党组（党委），各省、自治区、直辖市党委、纪委等党组织的涉嫌违纪或者职务违法、职务犯罪问题。

（二）地方各级纪委监委负责监督检查和审查调查同级党委委员、候补委员，同级纪委委员，同级党委管理的党员、干部以及监察对象，同级党委工作部门、党委批准设立的党组（党委），下一级党委、纪委等党组织的涉嫌违纪或者职务违法、职务犯罪问题。

（三）基层纪委负责监督检查和审查同级党委管理的党员，同级党委下属的各级党组织的涉嫌违纪问题；未设立纪律检查委员会的党的基层委员会，由该委员会负责监督执纪工作。

地方各级纪委监委依照规定加强对同级党委履行职责、行使权力情况的监督。

第八条　对党的组织关系在地方、干部管理权限在主管部门的党员、干部以及监察对象涉嫌违纪违法问题，应当按照谁主管谁负责的原则进行监督执纪，由设在主管部门、有管辖权的纪检监察机关进行审查调查，主管部门认为有必要的，可以与地方纪检监察机关联合审查调查。地方纪检监察机关接到问题线索反映的，经与主管部门协调，可以对其进行审查调查，也可以与主管部门组成联合审查调查组，审查调查情况及时向对方通报。

第九条　上级纪检监察机关有权指定下级纪检监察机关对其他下级纪检监察机关管辖的党组织和党员、干部以及监察对象涉嫌违纪或者职务违法、职务犯罪问题进行审查调查，必要时也可以直接进行审查调查。上级纪检监察机关可以将其直接管辖的事项指定下级纪检监察机关进行审查调查。

纪检监察机关之间对管辖事项有争议的，由其共同的上级纪检监察机关确定；认为所管辖的事项重大、复杂，需要由上级纪检监察机关管辖的，可以报请上级纪检监察机关管辖。

第十条　纪检监察机关应当严格执行请示报告制度。中央纪委定期向党中央报告工作，研究涉及全局的重大事项、遇有重要问题以及作出立案审查调查决定、给予党纪政务处分等事项应当及时向党中央请示报告，既要报告结果也要报告过程。执行党中央重要决定的情况应当专题报告。

地方各级纪检监察机关对作出立案审查调查决定、给予党纪政务处分等重要事项，应当向同级党委请示汇报并向上级纪委监委报告，形成明确意见后再正式行文请示。遇有重要事项应当及时报告。

纪检监察机关应当坚持民主集中制，对于线索处置、谈话函询、初步核实、立案审查调查、案件审理、处置执行中的重要问题，经集体研究后，报纪检监察机关相关负责人、主要负责人审批。

第十一条　纪检监察机关应当建立监督检查、审查调查、案件监督管理、案件审理相互协调、相互制约的工作机制。市地级以上纪委监委实行监督检查和审查调查部门分设，监督检查部门主要负责联系地区和部门、单位的日常监督检查和对涉嫌一般违纪问题线索处置，审查调查部门主要负责对涉嫌严重违纪或者职务违法、职务犯罪问题线索进行初步核实和立案审查调查；案件监督管理部门负责对监督检查、审查调查工作全过程进行监督管理，案件审理部门负责对需要给予党纪政务处分的案件审核把关。

纪检监察机关在工作中需要协助的，有关组织和机关、单位、个人应当依规依纪依法予以协助。

第十二条　纪检监察机关案件监督管理部门负责对监督执纪工作全过程进行监督管理，做好线索管理、组织协调、监督检查、督促办理、统计分析等工作。党风政风监督部门应当加强对党风政风建设的综合协调，做好督促检查、通报曝光和综合分析等工作。

第三章　监督检查

第十三条　党委（党组）在党内监督中履行主体责任，纪检监察机关履行监督责任，应当将纪律监督、监察监督、巡视监督、派驻监督结合起来，重点检查遵守、执行党章党规党纪和宪法法律法规，坚定理想信念，增强"四个意识"，坚定"四个自信"，维护习近平总书记核心地位，维护党中央权威和集中统一领导，贯彻执行党和国家的路线方针政策以及重大决策部署，坚持主动作为、真抓实干，落实全面从严治党责任、民主集中制原则、选人用人规定以及中央八项规定精神，巡视巡察整改，依法履职、秉公用权、廉洁从政从业以及恪守社会道德规范等情况，对发现的问题分类处置、督促整改。

第十四条　纪委监委（纪检监察组、纪检监察工委）报请或者会同党委（党组）定期召开专题会议，听取加强党内监督情况专题报告，综合分析所联系的地区、部门、单位政治生态状况，提出加强和改进的意见及工作措施，抓好组织实施和督促检查。

第十五条　纪检监察机关应当结合被监督对象的职责，加强对行使权力情况的日常监督，通过多种方式了解被监督对象的思想、工作、作风、生活情况，发现苗头性、倾向性问题或者轻微违纪问题，应当及时约谈提醒、批评教育、责令检查、诫勉谈话，提高监督的针对性和实效性。

第十六条　纪检监察机关应当畅通来信、来访、来电和网络等举报渠道，建设覆盖纪检监察系统的检举举报平台，及时受理检举控告，发挥党员和群众的监督作用。

第十七条　纪检监察机关应当建立健全党员领导干部廉政档案，主要内容包括：

（一）任免情况、人事档案情况、因不如实报告个人有关事项受到处理的情况等；

（二）巡视巡察、信访、案件监督管理以及其他方面移交的问题线索和处置情况；

（三）开展谈话函询、初步核实、审查调查以及其他工作形成的有关材料；

（四）党风廉政意见回复材料；

（五）其他反映廉政情况的材料。

廉政档案应当动态更新。

第十八条 纪检监察机关应当做好干部选拔任用党风廉政意见回复工作，对反映问题线索认真核查，综合用好巡视巡察等其他监督成果，严把政治关、品行关、作风关、廉洁关。

第十九条 纪检监察机关对监督中发现的突出问题，应当向有关党组织或者单位提出纪律检查建议或者监察建议，通过督促召开专题民主生活会、组织开展专项检查等方式，督查督办，推动整改。

第四章 线索处置

第二十条 纪检监察机关应当加强对问题线索的集中管理、分类处置、定期清理。信访举报部门归口受理同级党委管理的党组织和党员、干部以及监察对象涉嫌违纪或者职务违法、职务犯罪问题的信访举报，统一接收有关纪检监察机关、派驻或者派出机构以及其他单位移交的相关信访举报，移送本机关有关部门，深入分析信访形势，及时反映损害群众最关心、最直接、最现实的利益问题。

巡视巡察工作机构和审计机关、行政执法机关、司法机关等单位发现涉嫌违纪或者职务违法、职务犯罪问题线索，应当及时移交纪检监察机关案件监督管理部门统一办理。

监督检查部门、审查调查部门、干部监督部门发现的相关问题线索，属于本部门受理范围的，应当送案件监督管理部门备案；不属于本部门受理范围的，经审批后移送案件监督管理部门，由其按程序转交相关监督执纪部门办理。

第二十一条 纪检监察机关应当结合问题线索所涉及地区、部门、单位总体情况，综合分析，按照谈话函询、初步核实、暂存待查、予以了结4类方式进行处置。

线索处置不得拖延和积压，处置意见应当在收到问题线索之日起1个月内提出，并制定处置方案，履行审批手续。

第二十二条 纪检监察机关对反映同级党委委员、候补委员，纪委常委、监委委员，以及所辖地区、部门、单位主要负责人的问题线索和线索处置情况，应当及时向上级纪检监察机关报告。

第二十三条　案件监督管理部门对问题线索实行集中管理、动态更新、定期汇总核对，提出分办意见，报纪检监察机关主要负责人批准，按程序移送承办部门。承办部门应当指定专人负责管理问题线索，逐件编号登记、建立管理台账。线索管理处置各环节应当由经手人员签名，全程登记备查。

第二十四条　纪检监察机关应当根据工作需要，定期召开专题会议，听取问题线索综合情况汇报，进行分析研判，对重要检举事项和反映问题集中的领域深入研究，提出处置要求，做到件件有着落。

第二十五条　承办部门应当做好线索处置归档工作，归档材料齐全完整，载明领导批示和处置过程。案件监督管理部门定期汇总、核对问题线索及处置情况，向纪检监察机关主要负责人报告，并向相关部门通报。

第五章　谈话函询

第二十六条　各级党委（党组）和纪检监察机关应当推动加强和规范党内政治生活，经常拿起批评和自我批评的武器，及时开展谈话提醒、约谈函询，促使党员、干部以及监察对象增强党的观念和纪律意识。

第二十七条　纪检监察机关采取谈话函询方式处置问题线索，应当起草谈话函询报批请示，拟订谈话方案和相关工作预案，按程序报批。需要谈话函询下一级党委（党组）主要负责人的，应当报纪检监察机关主要负责人批准，必要时向同级党委主要负责人报告。

第二十八条　谈话应当由纪检监察机关相关负责人或者承办部门负责人进行，可以由被谈话人所在党委（党组）、纪委监委（纪检监察组、纪检监察工委）有关负责人陪同；经批准也可以委托被谈话人所在党委（党组）主要负责人进行。

谈话应当在具备安全保障条件的场所进行。由纪检监察机关谈话的，应当制作谈话笔录，谈话后可以视情况由被谈话人写出书面说明。

第二十九条　纪检监察机关进行函询应当以办公厅（室）名义发函给被反映人，并抄送其所在党委（党组）和派驻纪检监察组主要负责人。被函询人应当在收到函件后15个工作日内写出说明材料，由其所在党委（党组）主要负责人签署意见后发函回复。

被函询人为党委（党组）主要负责人的，或者被函询人所作说明涉及党委（党组）主要负责人的，应当直接发函回复纪检监察机关。

第三十条　承办部门应当在谈话结束或者收到函询回复后1个月内写出

情况报告和处置意见，按程序报批。根据不同情形作出相应处理：

（一）反映不实，或者没有证据证明存在问题的，予以采信了结，并向被函询人发函反馈。

（二）问题轻微，不需要追究纪律责任的，采取谈话提醒、批评教育、责令检查、诫勉谈话等方式处理。

（三）反映问题比较具体，但被反映人予以否认且否认理由不充分具体的，或者说明存在明显问题的，一般应当再次谈话或者函询；发现被反映人涉嫌违纪或者职务违法、职务犯罪问题需要追究纪律和法律责任的，应当提出初步核实的建议。

（四）对诬告陷害者，依规依纪依法予以查处。

必要时可以对被反映人谈话函询的说明情况进行抽查核实。

谈话函询材料应当存入廉政档案。

第三十一条　被谈话函询的党员干部应当在民主生活会、组织生活会上就本年度或者上年度谈话函询问题进行说明，讲清组织予以采信了结的情况；存在违纪问题的，应当进行自我批评，作出检讨。

第六章　初步核实

第三十二条　党委（党组）、纪委监委（纪检监察组）应当对具有可查性的涉嫌违纪或者职务违法、职务犯罪问题线索，扎实开展初步核实工作，收集客观性证据，确保真实性和准确性。

第三十三条　纪检监察机关采取初步核实方式处置问题线索，应当制定工作方案，成立核查组，履行审批程序。被核查人为下一级党委（党组）主要负责人的，纪检监察机关应当报同级党委主要负责人批准。

第三十四条　核查组经批准可以采取必要措施收集证据，与相关人员谈话了解情况，要求相关组织作出说明，调取个人有关事项报告，查阅复制文件、账目、档案等资料，查核资产情况和有关信息，进行鉴定勘验。对被核查人及相关人员主动上交的财物，核查组应当予以暂扣。

需要采取技术调查或者限制出境等措施的，纪检监察机关应当严格履行审批手续，交有关机关执行。

第三十五条　初步核实工作结束后，核查组应当撰写初步核实情况报告，列明被核查人基本情况、反映的主要问题、办理依据以及初步核实结果、存在疑点、处理建议，由核查组全体人员签名备查。

承办部门应当综合分析初步核实情况，按照拟立案审查调查、予以了结、谈话提醒、暂存待查，或者移送有关党组织处理等方式提出处置建议。

初步核实情况报告应当报纪检监察机关主要负责人审批，必要时向同级党委主要负责人报告。

第七章　审查调查

第三十六条　党委（党组）应当按照管理权限，加强对党员、干部以及监察对象涉嫌严重违纪或者职务违法、职务犯罪问题审查调查处置工作，定期听取重大案件情况报告，加强反腐败协调机构的机制建设，坚定不移、精准有序惩治腐败。

第三十七条　纪检监察机关经过初步核实，对党员、干部以及监察对象涉嫌违纪或者职务违法、职务犯罪，需要追究纪律或者法律责任的，应当立案审查调查。

凡报请批准立案的，应当已经掌握部分违纪或者职务违法、职务犯罪事实和证据，具备进行审查调查的条件。

第三十八条　对符合立案条件的，承办部门应当起草立案审查调查呈批报告，经纪检监察机关主要负责人审批，报同级党委主要负责人批准，予以立案审查调查。

立案审查调查决定应当向被审查调查人宣布，并向被审查调查人所在党委（党组）主要负责人通报。

第三十九条　对涉嫌严重违纪或者职务违法、职务犯罪人员立案审查调查，纪检监察机关主要负责人应当主持召开由纪检监察机关相关负责人参加的专题会议，研究批准审查调查方案。

纪检监察机关相关负责人批准成立审查调查组，确定审查调查谈话方案、外查方案，审批重要信息查询、涉案财物查扣等事项。

监督检查、审查调查部门主要负责人组织研究提出审查调查谈话方案、外查方案和处置意见建议，审批一般信息查询，对调查取证审核把关。

审查调查组组长应当严格执行审查调查方案，不得擅自更改；以书面形式报告审查调查进展情况，遇有重要事项及时请示。

第四十条　审查调查组可以依照党章党规和监察法，经审批进行谈话、讯问、询问、留置、查询、冻结、搜查、调取、查封、扣押（暂扣、封存）、勘验检查、鉴定，提请有关机关采取技术调查、通缉、限制出境等措施。

承办部门应当建立台账，记录使用措施情况，向案件监督管理部门定期备案。

案件监督管理部门应当核对检查，定期汇总重要措施使用情况并报告纪委监委领导和上一级纪检监察机关，发现违规违纪违法使用措施的，区分不同情况进行处理，防止擅自扩大范围、延长时限。

第四十一条　需要对被审查调查人采取留置措施的，应当依据监察法进行，在 24 小时内通知其所在单位和家属，并及时向社会公开发布。因可能毁灭、伪造证据，干扰证人作证或者串供等有碍调查情形而不宜通知或者公开的，应当按程序报批并记录在案。有碍调查的情形消失后，应当立即通知被留置人员所在单位和家属。

第四十二条　审查调查工作应当依照规定由两人以上进行，按照规定出示证件，出具书面通知。

第四十三条　立案审查调查方案批准后，应当由纪检监察机关相关负责人或者部门负责人与被审查调查人谈话，宣布立案决定，讲明党的政策和纪律，要求被审查调查人端正态度、配合审查调查。

审查调查应当充分听取被审查调查人陈述，保障其饮食、休息，提供医疗服务，确保安全。严格禁止使用违反党章党规党纪和国家法律的手段，严禁逼供、诱供、侮辱、打骂、虐待、体罚或者变相体罚。

第四十四条　审查调查期间，对被审查调查人以同志相称，安排学习党章党规党纪以及相关法律法规，开展理想信念宗旨教育，通过深入细致的思想政治工作，促使其深刻反省、认识错误、交代问题，写出忏悔反思材料。

第四十五条　外查工作必须严格按照外查方案执行，不得随意扩大审查调查范围、变更审查调查对象和事项，重要事项应当及时请示报告。

外查工作期间，未经批准，监督执纪人员不得单独接触任何涉案人员及其特定关系人，不得擅自采取审查调查措施，不得从事与外查事项无关的活动。

第四十六条　纪检监察机关应当严格依规依纪依法收集、鉴别证据，做到全面、客观，形成相互印证、完整稳定的证据链。

调查取证应当收集原物原件，逐件清点编号，现场登记，由在场人员签字盖章，原物不便搬运、保存或者取得原件确有困难的，可以将原物封存并拍照录像或者调取原件副本、复印件；谈话应当现场制作谈话笔录并由被谈话人阅看后签字。已调取证据必须及时交审查调查组统一保管。

严禁以威胁、引诱、欺骗以及其他违规违纪违法方式收集证据；严禁隐匿、损毁、篡改、伪造证据。

第四十七条 查封、扣押（暂扣、封存）、冻结、移交涉案财物，应当严格履行审批手续。

执行查封、扣押（暂扣、封存）措施，监督执纪人员应当会同原财物持有人或者保管人、见证人，当面逐一拍照、登记、编号，现场填写登记表，由在场人员签名。对价值不明物品应当及时鉴定，专门封存保管。

纪检监察机关应当设立专用账户、专门场所，指定专门人员保管涉案财物，严格履行交接、调取手续，定期对账核实。严禁私自占有、处置涉案财物及其孳息。

第四十八条 对涉嫌严重违纪或者职务违法、职务犯罪问题的审查调查谈话、搜查、查封、扣押（暂扣、封存）涉案财物等重要取证工作应当全过程进行录音录像，并妥善保管，及时归档，案件监督管理部门定期核查。

第四十九条 对涉嫌严重违纪或者职务违法、职务犯罪问题的审查调查，监督执纪人员未经批准并办理相关手续，不得将被审查调查人或者其他重要的谈话、询问对象带离规定的谈话场所，不得在未配置监控设备的场所进行审查调查谈话或者其他重要的谈话、询问，不得在谈话期间关闭录音录像设备。

第五十条 监督检查、审查调查部门主要负责人、分管领导应当定期检查审查调查期间的录音录像、谈话笔录、涉案财物登记资料，发现问题及时纠正并报告。

纪检监察机关相关负责人应当通过调取录音录像等方式，加强对审查调查全过程的监督。

第五十一条 查明涉嫌违纪或者职务违法、职务犯罪问题后，审查调查组应当撰写事实材料，与被审查调查人见面，听取意见。被审查调查人应当在事实材料上签署意见，对签署不同意见或者拒不签署意见的，审查调查组应当作出说明或者注明情况。

审查调查工作结束，审查调查组应当集体讨论，形成审查调查报告，列明被审查调查人基本情况、问题线索来源及审查调查依据、审查调查过程、主要违纪或者职务违法、职务犯罪事实，被审查调查人的态度和认识，处理建议及党纪法律依据，并由审查调查组组长以及有关人员签名。

对审查调查过程中发现的重要问题和意见建议，应当形成专题报告。

第五十二条 审查调查报告以及忏悔反思材料，违纪或者职务违法、职务犯罪事实材料，涉案财物报告等，应当按程序报纪检监察机关主要负责人批准，连同全部证据和程序材料，依照规定移送审理。

审查调查全过程形成的材料应当案结卷成、事毕归档。

第八章　审理

第五十三条 纪检监察机关应当对涉嫌违纪或者违法、犯罪案件严格依规依纪依法审核把关，提出纪律处理或者处分的意见，做到事实清楚、证据确凿、定性准确、处理恰当、手续完备、程序合规。

纪律处理或者处分必须坚持民主集中制原则，集体讨论决定，不允许任何个人或者少数人决定和批准。

第五十四条 坚持审查调查与审理相分离的原则，审查调查人员不得参与审理。纪检监察机关案件审理部门对涉嫌违纪或者职务违法、职务犯罪问题，依照规定应当给予纪律处理或者处分的案件和复议复查案件进行审核处理。

第五十五条 审理工作按照以下程序进行：

（一）案件审理部门收到审查调查报告后，经审核符合移送条件的予以受理，不符合移送条件的可以暂缓受理或者不予受理。

（二）对于重大、复杂、疑难案件，监督检查、审查调查部门已查清主要违纪或者职务违法、职务犯罪事实并提出倾向性意见的；对涉嫌违纪或者职务违法、职务犯罪行为性质认定分歧较大的，经批准案件审理部门可以提前介入。

（三）案件审理部门受理案件后，应当成立由两人以上组成的审理组，全面审理案卷材料，提出审理意见。

（四）坚持集体审议原则，在民主讨论基础上形成处理意见；对争议较大的应当及时报告，形成一致意见后再作出决定。案件审理部门根据案件审理情况，应当与被审查调查人谈 话，核对违纪或者职务违法、职务犯罪事实，听取辩解意见，了解有关情况。

（五）对主要事实不清、证据不足的，经纪检监察机关主要负责人批准，退回监督检查、审查调查部门重新审查调查；需要补充完善证据的，经纪检监察机关相关负责人批准，退回监督检查、审查调查部门补充审查调查。

（六）审理工作结束后应当形成审理报告，内容包括被审查调查人基本情况、审查调查简况、违纪违法或者职务犯罪事实、涉案财物处置、监督检查或者审查调查部门意见、审理意见等。审理报告应当体现党内审查特色，依据《中国共产党纪律处分条例》认定违纪事实性质，分析被审查调查人违反党章、背离党的性质宗旨的错误本质，反映其态度、认识以及思想转变过程。涉嫌职务犯罪需要追究刑事责任的，还应当形成《起诉意见书》，作为审理报告附件。

对给予同级党委委员、候补委员，同级纪委委员、监委委员处分的，在同级党委审议前，应当与上级纪委监委沟通并形成处理意见。

审理工作应当在受理之日起1个月内完成，重大复杂案件经批准可以适当延长。

第五十六条 审理报告报经纪检监察机关主要负责人批准后，提请纪委常委会会议审议。需报同级党委审批的，应当在报批前以纪检监察机关办公厅（室）名义征求同级党委组织部门和被审查调查人所在党委（党组）意见。

处分决定作出后，纪检监察机关应当通知受处分党员所在党委（党组），抄送同级党委组织部门，并依照规定在1个月内向其所在党的基层组织中的全体党员以及本人宣布。处分决定执行情况应当及时报告。

第五十七条 被审查调查人涉嫌职务犯罪的，应当由案件监督管理部门协调办理移送司法机关事宜。对于采取留置措施的案件，在人民检察院对犯罪嫌疑人先行拘留后，留置措施自动解除。

案件移送司法机关后，审查调查部门应当跟踪了解处理情况，发现问题及时报告，不得违规过问、干预处理工作。

审理工作完成后，对涉及的其他问题线索，经批准应当及时移送有关纪检监察机关处置。

第五十八条 对被审查调查人违规违纪违法所得财物，应当依规依纪依法予以收缴、责令退赔或者登记上交。

对涉嫌职务犯罪所得财物，应当随案移送司法机关。

对经认定不属于违规违纪违法所得的，应当在案件审结后依规依纪依法予以返还，并办理签收手续。

第五十九条　对不服处分决定的申诉，由批准或者决定处分的党委（党组）或者纪检监察机关受理；需要复议复查的，由纪检监察机关相关负责人批准后受理。

申诉办理部门成立复查组，调阅原案案卷，必要时可以进行取证，经集体研究后，提出办理意见，报纪检监察机关相关负责人批准或者纪委常委会会议研究决定，作出复议复查决定。决定应当告知申诉人，抄送相关单位，并在一定范围内宣布。

坚持复议复查与审查审理分离，原案审查、审理人员不得参与复议复查。

复议复查工作应当在 3 个月内办结。

第九章　监督管理

第六十条　纪检监察机关应当严格依照党内法规和国家法律，在行使权力上慎之又慎，在自我约束上严之又严，强化自我监督，健全内控机制，自觉接受党内监督、社会监督、群众监督，确保权力受到严格约束，坚决防止"灯下黑"。

纪检监察机关应当加强对监督执纪工作的领导，切实履行自身建设主体责任，严格教育、管理、监督，使纪检监察干部成为严守纪律、改进作风、拒腐防变的表率。

第六十一条　纪检监察机关应当严格干部准入制度，严把政治安全关，纪检监察干部必须忠诚坚定、担当尽责、遵纪守法、清正廉洁，具备履行职责的基本条件。

第六十二条　纪检监察机关应当加强党的政治建设、思想建设、组织建设，突出政治功能，强化政治引领。审查调查组有正式党员 3 人以上的，应当设立临时党支部，加强对审查调查组成员的教育、管理、监督，开展政策理论学习，做好思想政治工作，及时发现问题、进行批评纠正，发挥战斗堡垒作用。

第六十三条　纪检监察机关应当加强干部队伍作风建设，树立依规依法、纪律严明、作风深入、工作扎实、谦虚谨慎、秉公执纪的良好形象，力戒形式主义、官僚主义，力戒特权思想，力戒口大气粗、颐指气使，不断提高思想政治水平和把握政策能力，建设让党放心、人民信赖的纪检监察干部队伍。

第六十四条 对纪检监察干部打听案情、过问案件、说情干预的，受请托人应当向审查调查组组长和监督检查、审查调查部门主要负责人报告并登记备案。

发现审查调查组成员未经批准接触被审查调查人、涉案人员及其特定关系人，或者存在交往情形的，应当及时向审查调查组组长和监督检查、审查调查部门主要负责人直至纪检监察机关主要负责人报告并登记备案。

第六十五条 严格执行回避制度。审查调查审理人员是被审查调查人或者检举人近亲属、本案证人、利害关系人，或者存在其他可能影响公正审查调查审理情形的，不得参与相关审查调查审理工作，应当主动申请回避，被审查调查人、检举人以及其他有关人员也有权要求其回避。选用借调人员、看护人员、审查场所，应当严格执行回避制度。

第六十六条 审查调查组需要借调人员的，一般应当从审查调查人才库选用，由纪检监察机关组织部门办理手续，实行一案一借，不得连续多次借调。加强对借调人员的管理监督，借调结束后由审查调查组写出鉴定。借调单位和党员干部不得干预借调人员岗位调整、职务晋升等事项。

第六十七条 监督执纪人员应当严格执行保密制度，控制审查调查工作事项知悉范围和时间，不准私自留存、隐匿、查阅、摘抄、复制、携带问题线索和涉案资料，严禁泄露审查调查工作情况。

审查调查组成员工作期间，应当使用专用手机、电脑、电子设备和存储介质，实行编号管理，审查调查工作结束后收回检查。

汇报案情、传递审查调查材料应当使用加密设施，携带案卷材料应当专人专车、卷不离身。

第六十八条 纪检监察机关相关涉密人员离岗离职后，应当遵守脱密期管理规定，严格履行保密义务，不得泄露相关秘密。

监督执纪人员辞职、退休3年内，不得从事与纪检监察和司法工作相关联、可能发生利益冲突的职业。

第六十九条 纪检监察机关开展谈话应当做到全程可控。谈话前做好风险评估、医疗保障、安全防范工作以及应对突发事件的预案；谈话中及时研判谈话内容以及案情变化，发现严重职务违法、职务犯罪，依照监察法需要采取留置措施的，应当及时采取留置措施；谈话结束前做好被谈话人思想工作，谈话后按程序与相关单位或者人员交接，并做好跟踪回访等工作。

第七十条　建立健全安全责任制，监督检查、审查调查部门主要负责人和审查调查组组长是审查调查安全第一责任人，审查调查组应当指定专人担任安全员。被审查调查人发生安全事故的，应当在 24 小时内逐级上报至中央纪委，及时做好舆论引导。

发生严重安全事故的，或者存在严重违规违纪违法行为的，省级纪检监察机关主要负责人应当向中央纪委作出检讨，并予以通报、严肃问责追责。

案件监督管理部门应当组织开展经常性检查和不定期抽查，发现问题及时报告并督促整改。

第七十一条　对纪检监察干部越权接触相关地区、部门、单位党委（党组）负责人，私存线索、跑风漏气、违反安全保密规定，接受请托、干预审查调查、以案谋私、办人情案，侮辱、打骂、虐待、体罚或者变相体罚被审查调查人，以违规违纪违法方式收集证据，截留挪用、侵占私分涉案财物，接受宴请和财物等行为，依规依纪严肃处理；涉嫌职务违法、职务犯罪的，依法追究法律责任。

第七十二条　纪检监察机关在维护监督执纪工作纪律方面失职失责的，予以严肃问责。

第七十三条　对案件处置出现重大失误，纪检监察干部涉嫌严重违纪或者职务违法、职务犯罪的，开展"一案双查"，既追究直接责任，还应当严肃追究有关领导人员责任。

建立办案质量责任制，对滥用职权、失职失责造成严重后果的，实行终身问责。

第十章　附　则

第七十四条　各省（自治区、直辖市）党委、中央和国家机关工委可以根据本规则，结合工作实际，制定实施细则。

中央军事委员会可以根据本规则，制定相关规定。

第七十五条　纪委监委派驻纪检监察组、纪检监察工委除执行本规则外，还应当执行党中央以及中央纪委相关规定。

国有企事业单位纪检监察机构结合实际执行本规则。

第七十六条 本规则由中央纪律检查委员会负责解释。

第七十七条 本规则自 2019 年 1 月 1 日起施行。2017 年 1 月 15 日中央纪委印发的《中国共产党纪律检查机关监督执纪工作规则（试行）》同时废止。此前发布的其他有关纪检监察机关监督执纪工作的规定，凡与本规则不一致的，按照本规则执行。

中国共产党纪律处分条例

第一编　总　则

第一章　指导思想、原则和适用范围

第一条　为了维护党章和其他党内法规，严肃党的纪律，纯洁党的组织，保障党员民主权利，教育党员遵纪守法，维护党的团结统一，保证党的路线、方针、政策、决议和国家法律法规的贯彻执行，根据《中国共产党章程》，制定本条例。

第二条　党的纪律建设必须坚持以马克思列宁主义、毛泽东思想、邓小平理论、"三个代表"重要思想、科学发展观、习近平新时代中国特色社会主义思想为指导，坚持和加强党的全面领导，坚决维护习近平总书记党中央的核心、全党的核心地位，坚决维护党中央权威和集中统一领导，落实新时代党的建设总要求和全面从严治党战略部署，全面加强党的纪律建设。

第三条　党章是最根本的党内法规，是管党治党的总规矩。党的纪律是党的各级组织和全体党员必须遵守的行为规则。党组织和党员必须牢固树立政治意识、大局意识、核心意识、看齐意识，自觉遵守党章，严格执行和维护党的纪律，自觉接受党的纪律约束，模范遵守国家法律法规。

第四条　党的纪律处分工作应当坚持以下原则：

（一）坚持党要管党、全面从严治党。加强对党的各级组织和全体党员的教育、管理和监督，把纪律挺在前面，注重抓早抓小、防微杜渐。

（二）党纪面前一律平等。对违犯党纪的党组织和党员必须严肃、公正执行纪律，党内不允许有任何不受纪律约束的党组织和党员。

（三）实事求是。对党组织和党员违犯党纪的行为，应当以事实为依据，以党章、其他党内法规和国家法律法规为准绳，准确认定违纪性质，区别不同情况，恰当予以处理。

（四）民主集中制。实施党纪处分，应当按照规定程序经党组织集体讨论

决定，不允许任何个人或者少数人擅自决定和批准。上级党组织对违犯党纪的党组织和党员作出的处理决定，下级党组织必须执行。

（五）惩前毖后、治病救人。处理违犯党纪的党组织和党员，应当实行惩戒与教育相结合，做到宽严相济。

第五条　运用监督执纪"四种形态"，经常开展批评和自我批评、约谈函询，让"红红脸、出出汗"成为常态；党纪轻处分、组织调整成为违纪处理的大多数；党纪重处分、重大职务调整的成为少数；严重违纪涉嫌违法立案审查的成为极少数。

第六条　本条例适用于违犯党纪应当受到党纪责任追究的党组织和党员。

第二章　违纪与纪律处分

第七条　党组织和党员违反党章和其他党内法规，违反国家法律法规，违反党和国家政策，违反社会主义道德，危害党、国家和人民利益的行为，依照规定应当给予纪律处理或者处分的，都必须受到追究。

重点查处党的十八大以来不收敛、不收手，问题线索反映集中、群众反映强烈，政治问题和经济问题交织的腐败案件，违反中央八项规定精神的问题。

第八条　对党员的纪律处分种类：

（一）警告；

（二）严重警告；

（三）撤销党内职务；

（四）留党察看；

（五）开除党籍。

第九条　对于违犯党的纪律的党组织，上级党组织应当责令其作出检查或者进行通报批评。对于严重违犯党的纪律、本身又不能纠正的党组织，上一级党的委员会在查明核实后，根据情节严重的程度，可以予以：

（一）改组；

（二）解散。

第十条　党员受到警告处分一年内、受到严重警告处分一年半内，不得在党内提升职务和向党外组织推荐担任高于其原任职务的党外职务。

第十一条　撤销党内职务处分，是指撤销受处分党员由党内选举或者组织任命的党内职务。对于在党内担任两个以上职务的，党组织在作处分决定时，应当明确是撤销其一切职务还是一个或者几个职务。如果决定撤销其一个职务，必须撤销其担任的最高职务。如果决定撤销其两个以上职务，则必须从其担任的最高职务开始依次撤销。对于在党外组织担任职务的，应当建议党外组织依照规定作出相应处理。

对于应当受到撤销党内职务处分，但是本人没有担任党内职务的，应当给予其严重警告处分。同时，在党外组织担任职务的，应当建议党外组织撤销其党外职务。

党员受到撤销党内职务处分，或者依照前款规定受到严重警告处分的，二年内不得在党内担任和向党外组织推荐担任与其原任职务相当或者高于其原任职务的职务。

第十二条　留党察看处分，分为留党察看一年、留党察看二年。对于受到留党察看处分一年的党员，期满后仍不符合恢复党员权利条件的，应当延长一年留党察看期限。留党察看期限最长不得超过二年。

党员受留党察看处分期间，没有表决权、选举权和被选举权。留党察看期间，确有悔改表现的，期满后恢复其党员权利；坚持不改或者又发现其他应当受到党纪处分的违纪行为的，应当开除党籍。

党员受到留党察看处分，其党内职务自然撤销。对于担任党外职务的，应当建议党外组织撤销其党外职务。受到留党察看处分的党员，恢复党员权利后二年内，不得在党内担任和向党外组织推荐担任与其原任职务相当或者高于其原任职务的职务。

第十三条　党员受到开除党籍处分，五年内不得重新入党，也不得推荐担任与其原任职务相当或者高于其原任职务的党外职务。另有规定不准重新入党的，依照规定。

第十四条　党的各级代表大会的代表受到留党察看以上（含留党察看）处分的，党组织应当终止其代表资格。

第十五条　对于受到改组处理的党组织领导机构成员，除应当受到撤销党内职务以上（含撤销党内职务）处分的外，均自然免职。

第十六条　对于受到解散处理的党组织中的党员，应当逐个审查。其中，符合党员条件的，应当重新登记，并参加新的组织过党的生活；不符合党员条件的，应当对其进行教育、限期改正，经教育仍无转变的，予以劝退或者除名；有违纪行为的，依照规定予以追究。

第三章 纪律处分运用规则

第十七条 有下列情形之一的，可以从轻或者减轻处分：

（一）主动交代本人应当受到党纪处分的问题的；

（二）在组织核实、立案审查过程中，能够配合核实审查工作，如实说明本人违纪违法事实的；

（三）检举同案人或者其他人应当受到党纪处分或者法律追究的问题，经查证属实的；

（四）主动挽回损失、消除不良影响或者有效阻止危害结果发生的；

（五）主动上交违纪所得的；

（六）有其他立功表现的。

第十八条 根据案件的特殊情况，由中央纪委决定或者经省（部）级纪委（不含副省级市纪委）决定并呈报中央纪委批准，对违纪党员也可以在本条例规定的处分幅度以外减轻处分。

第十九条 对于党员违犯党纪应当给予警告或者严重警告处分，但是具有本条例第十七条规定的情形之一或者本条例分则中另有规定的，可以给予批评教育、责令检查、诫勉或者组织处理，免予党纪处分。对违纪党员免予处分，应当作出书面结论。

第二十条 有下列情形之一的，应当从重或者加重处分：

（一）强迫、唆使他人违纪的；

（二）拒不上交或者退赔违纪所得的；

（三）违纪受处分后又因故意违纪应当受到党纪处分的；

（四）违纪受到党纪处分后，又被发现其受处分前的违纪行为应当受到党纪处分的；

（五）本条例另有规定的。

第二十一条 从轻处分，是指在本条例规定的违纪行为应当受到的处分幅度以内，给予较轻的处分。

从重处分，是指在本条例规定的违纪行为应当受到的处分幅度以内，给予较重的处分。

第二十二条 减轻处分，是指在本条例规定的违纪行为应当受到的处分幅度以外，减轻一档给予处分。

加重处分，是指在本条例规定的违纪行为应当受到的处分幅度以外，加重一档给予处分。

本条例规定的只有开除党籍处分一个档次的违纪行为，不适用第一款减轻处分的规定。

第二十三条　一人有本条例规定的两种以上（含两种）应当受到党纪处分的违纪行为，应当合并处理，按其数种违纪行为中应当受到的最高处分加重一档给予处分；其中一种违纪行为应当受到开除党籍处分的，应当给予开除党籍处分。

第二十四条　一个违纪行为同时触犯本条例两个以上（含两个）条款的，依照处分较重的条款定性处理。

一个条款规定的违纪构成要件全部包含在另一个条款规定的违纪构成要件中，特别规定与一般规定不一致的，适用特别规定。

第二十五条　二人以上（含二人）共同故意违纪的，对为首者，从重处分，本条例另有规定的除外；对其他成员，按照其在共同违纪中所起的作用和应负的责任，分别给予处分。

对于经济方面共同违纪的，按照个人所得数额及其所起作用，分别给予处分。对违纪集团的首要分子，按照集团违纪的总数额处分；对其他共同违纪的为首者，情节严重的，按照共同违纪的总数额处分。

教唆他人违纪的，应当按照其在共同违纪中所起的作用追究党纪责任。

第二十六条　党组织领导机构集体作出违犯党纪的决定或者实施其他违犯党纪的行为，对具有共同故意的成员，按共同违纪处理；对过失违纪的成员，按照各自在集体违纪中所起的作用和应负的责任分别给予处分。

第四章　对违法犯罪党员的纪律处分

第二十七条　党组织在纪律审查中发现党员有贪污贿赂、滥用职权、玩忽职守、权力寻租、利益输送、徇私舞弊、浪费国家资财等违反法律涉嫌犯罪行为的，应当给予撤销党内职务、留党察看或者开除党籍处分。

第二十八条　党组织在纪律审查中发现党员有刑法规定的行为，虽不构成犯罪但须追究党纪责任的，或者有其他违法行为，损害党、国家和人民利益的，应当视具体情节给予警告直至开除党籍处分。

第二十九条　党组织在纪律审查中发现党员严重违纪涉嫌违法犯罪的，原则上先作出党纪处分决定，并按照规定给予政务处分后，再移送有关国家机关依法处理。

第三十条　党员被依法留置、逮捕的，党组织应当按照管理权限中止其表决权、选举权和被选举权等党员权利。根据监察机关、司法机关处理结果，可以恢复其党员权利的，应当及时予以恢复。

第三十一条　党员犯罪情节轻微，人民检察院依法作出不起诉决定的，或者人民法院依法作出有罪判决并免予刑事处罚的，应当给予撤销党内职务、留党察看或者开除党籍处分。

党员犯罪，被单处罚金的，依照前款规定处理。

第三十二条　党员犯罪，有下列情形之一的，应当给予开除党籍处分：

（一）因故意犯罪被依法判处刑法规定的主刑（含宣告缓刑）的；

（二）被单处或者附加剥夺政治权利的；

（三）因过失犯罪，被依法判处三年以上（不含三年）有期徒刑的。

因过失犯罪被判处三年以下（含三年）有期徒刑或者被判处管制、拘役的，一般应当开除党籍。对于个别可以不开除党籍的，应当对照处分党员批准权限的规定，报请再上一级党组织批准。

第三十三条　党员依法受到刑事责任追究的，党组织应当根据司法机关的生效判决、裁定、决定及其认定的事实、性质和情节，依照本条例规定给予党纪处分，是公职人员的由监察机关给予相应政务处分。

党员依法受到政务处分、行政处罚，应当追究党纪责任的，党组织可以根据生效的政务处分、行政处罚决定认定的事实、性质和情节，经核实后依照规定给予党纪处分或者组织处理。

党员违反国家法律法规，违反企事业单位或者其他社会组织的规章制度受到其他纪律处分，应当追究党纪责任的，党组织在对有关方面认定的事实、性质和情节进行核实后，依照规定给予党纪处分或者组织处理。

党组织作出党纪处分或者组织处理决定后，司法机关、行政机关等依法改变原生效判决、裁定、决定等，对原党纪处分或者组织处理决定产生影响的，党组织应当根据改变后的生效判决、裁定、决定等重新作出相应处理。

第五章　其他规定

第三十四条　预备党员违犯党纪，情节较轻，可以保留预备党员资格的，党组织应当对其批评教育或者延长预备期；情节较重的，应当取消其预备党员资格。

第三十五条　对违纪后下落不明的党员，应当区别情况作出处理：

（一）对有严重违纪行为，应当给予开除党籍处分的，党组织应当作出决定，开除其党籍；

（二）除前项规定的情况外，下落不明时间超过六个月的，党组织应当按照党章规定对其予以除名。

第三十六条　违纪党员在党组织作出处分决定前死亡，或者在死亡之后发现其曾有严重违纪行为，对于应当给予开除党籍处分的，开除其党籍；对于应当给予留党察看以下（含留党察看）处分的，作出违犯党纪的书面结论和相应处理。

第三十七条　违纪行为有关责任人员的区分：

（一）直接责任者，是指在其职责范围内，不履行或者不正确履行自己的职责，对造成的损失或者后果起决定性作用的党员或者党员领导干部。

（二）主要领导责任者，是指在其职责范围内，对直接主管的工作不履行或者不正确履行职责，对造成的损失或者后果负直接领导责任的党员领导干部。

（三）重要领导责任者，是指在其职责范围内，对应管的工作或者参与决定的工作不履行或者不正确履行职责，对造成的损失或者后果负次要领导责任的党员领导干部。

本条例所称领导责任者，包括主要领导责任者和重要领导责任者。

第三十八条　本条例所称主动交代，是指涉嫌违纪的党员在组织初核前向有关组织交代自己的问题，或者在初核和立案审查其问题期间交代组织未掌握的问题。

第三十九条　计算经济损失主要计算直接经济损失。直接经济损失，是指与违纪行为有直接因果关系而造成财产损失的实际价值。

第四十条　对于违纪行为所获得的经济利益，应当收缴或者责令退赔。

对于违纪行为所获得的职务、职称、学历、学位、奖励、资格等其他利益，应当由承办案件的纪检机关或者由其上级纪检机关建议有关组织、部门、单位按照规定予以纠正。

对于依照本条例第三十五条、第三十六条规定处理的党员，经调查确属其实施违纪行为获得的利益，依照本条规定处理。

第四十一条　党纪处分决定作出后，应当在一个月内向受处分党员所在党的基层组织中的全体党员及其本人宣布，是领导班子成员的还应当向所在党组织领导班子宣布，并按照干部管理权限和组织关系将处分决定材料归入受处分者档案；对于受到撤销党内职务以上（含撤销党内职务）处分的，还应当在一个月内办理职务、工资、工作及其他有关待遇等相应变更手续；涉及撤销或者调整其党外职务的，应当建议党外组织及时撤销或者调整其党外职务。特殊情况下，经作出或者批准作出处分决定的组织批准，可以适当延长办理期限。办理期限最长不得超过六个月。

第四十二条　执行党纪处分决定的机关或者受处分党员所在单位，应当在六个月内将处分决定的执行情况向作出或者批准处分决定的机关报告。

党员对所受党纪处分不服的，可以依照党章及有关规定提出申诉。

第四十三条　本条例总则适用于有党纪处分规定的其他党内法规，但是中共中央发布或者批准发布的其他党内法规有特别规定的除外。

第二编　分　则

第六章　对违反政治纪律行为的处分

第四十四条　在重大原则问题上不同党中央保持一致且有实际言论、行为或者造成不良后果的，给予警告或者严重警告处分；情节较重的，给予撤销党内职务或者留党察看处分；情节严重的，给予开除党籍处分。

第四十五条　通过网络、广播、电视、报刊、传单、书籍等，或者利用讲座、论坛、报告会、座谈会等方式，公开发表坚持资产阶级自由化立场、反对四项基本原则，反对党的改革开放决策的文章、演说、宣言、声明等的，给予开除党籍处分。

发布、播出、刊登、出版前款所列文章、演说、宣言、声明等或者为上述行为提供方便条件的，对直接责任者和领导责任者，给予严重警告或者撤销党内职务处分；情节严重的，给予留党察看或者开除党籍处分。

第四十六条　通过网络、广播、电视、报刊、传单、书籍等，或者利用讲座、论坛、报告会、座谈会等方式，有下列行为之一，情节较轻的，给予警告或者严重警告处分；情节较重的，给予撤销党内职务或者留党察看处分；情节严重的，给予开除党籍处分：

（一）公开发表违背四项基本原则，违背、歪曲党的改革开放决策，或者其他有严重政治问题的文章、演说、宣言、声明等的；

（二）妄议党中央大政方针，破坏党的集中统一的；

（三）丑化党和国家形象，或者诋毁、诬蔑党和国家领导人、英雄模范，或者歪曲党的历史、中华人民共和国历史、人民军队历史的。

发布、播出、刊登、出版前款所列内容或者为上述行为提供方便条件的，对直接责任者和领导责任者，给予严重警告或者撤销党内职务处分；情节严重的，给予留党察看或者开除党籍处分。

第四十七条　制作、贩卖、传播第四十五条、第四十六条所列内容之一的书刊、音像制品、电子读物、网络音视频资料等，情节较轻的，给予警告或者严重警告处分；情节较重的，给予撤销党内职务或者留党察看处分；情节严重的，给予开除党籍处分。

私自携带、寄递第四十五条、第四十六条所列内容之一的书刊、音像制品、电子读物等入出境，情节较重的，给予警告或者严重警告处分；情节严重的，给予撤销党内职务、留党察看或者开除党籍处分。

第四十八条　在党内组织秘密集团或者组织其他分裂党的活动的，给予开除党籍处分。

参加秘密集团或者参加其他分裂党的活动的，给予留党察看或者开除党籍处分。

第四十九条　在党内搞团团伙伙、结党营私、拉帮结派、培植个人势力等非组织活动，或者通过搞利益交换、为自己营造声势等活动捞取政治资本的，给予严重警告或者撤销党内职务处分；导致本地区、本部门、本单位政治生态恶化的，给予留党察看或者开除党籍处分。

第五十条　党员领导干部在本人主政的地方或者分管的部门自行其是，搞山头主义，拒不执行党中央确定的大政方针，甚至背着党中央另搞一套的，给予撤销党内职务、留党察看或者开除党籍处分。

落实党中央决策部署不坚决，打折扣、搞变通，在政治上造成不良影响或者严重后果的，给予警告或者严重警告处分；情节严重的，给予撤销党内职务、留党察看或者开除党籍处分。

第五十一条 对党不忠诚不老实，表里不一，阳奉阴违，欺上瞒下，搞两面派，做两面人，情节较轻的，给予警告或者严重警告处分；情节较重的，给予撤销党内职务或者留党察看处分；情节严重的，给予开除党籍处分。

第五十二条 制造、散布、传播政治谣言，破坏党的团结统一的，给予警告或者严重警告处分；情节较重的，给予撤销党内职务或者留党察看处分；情节严重的，给予开除党籍处分。

政治品行恶劣，匿名诬告，有意陷害或者制造其他谣言，造成损害或者不良影响的，依照前款规定处理。

第五十三条 擅自对应当由党中央决定的重大政策问题作出决定、对外发表主张的，对直接责任者和领导责任者，给予严重警告或者撤销党内职务处分；情节严重的，给予留党察看或者开除党籍处分。

第五十四条 不按照有关规定向组织请示、报告重大事项，情节较重的，给予警告或者严重警告处分；情节严重的，给予撤销党内职务或者留党察看处分。

第五十五条 干扰巡视巡察工作或者不落实巡视巡察整改要求，情节较轻的，给予警告或者严重警告处分；情节较重的，给予撤销党内职务或者留党察看处分；情节严重的，给予开除党籍处分。

第五十六条 对抗组织审查，有下列行为之一的，给予警告或者严重警告处分；情节较重的，给予撤销党内职务或者留党察看处分；情节严重的，给予开除党籍处分：

（一）串供或者伪造、销毁、转移、隐匿证据的；

（二）阻止他人揭发检举、提供证据材料的；

（三）包庇同案人员的；

（四）向组织提供虚假情况，掩盖事实的；

（五）有其他对抗组织审查行为的。

第五十七条 组织、参加反对党的基本理论、基本路线、基本方略或者重大方针政策的集会、游行、示威等活动的，或者以组织讲座、论坛、报告会、座谈会等方式，反对党的基本理论、基本路线、基本方略或者重大方针政策，造成严重不良影响的，对策划者、组织者和骨干分子，给予开除党籍处分。

对其他参加人员或者以提供信息、资料、财物、场地等方式支持上述活动者，情节较轻的，给予警告或者严重警告处分；情节较重的，给予撤销党内职务或者留党察看处分；情节严重的，给予开除党籍处分。

对不明真相被裹挟参加，经批评教育后确有悔改表现的，可以免予处分或者不予处分。

未经组织批准参加其他集会、游行、示威等活动，情节较轻的，给予警告或者严重警告处分；情节较重的，给予撤销党内职务或者留党察看处分；情节严重的，给予开除党籍处分。

第五十八条 组织、参加旨在反对党的领导、反对社会主义制度或者敌视政府等组织的，对策划者、组织者和骨干分子，给予开除党籍处分。

对其他参加人员，情节较轻的，给予警告或者严重警告处分；情节较重的，给予撤销党内职务或者留党察看处分；情节严重的，给予开除党籍处分。

第五十九条 组织、参加会道门或者邪教组织的，对策划者、组织者和骨干分子，给予开除党籍处分。

对其他参加人员，情节较轻的，给予警告或者严重警告处分；情节较重的，给予撤销党内职务或者留党察看处分；情节严重的，给予开除党籍处分。

对不明真相的参加人员，经批评教育后确有悔改表现的，可以免予处分或者不予处分。

第六十条 从事、参与挑拨破坏民族关系制造事端或者参加民族分裂活动的，对策划者、组织者和骨干分子，给予开除党籍处分。

对其他参加人员，情节较轻的，给予警告或者严重警告处分；情节较重的，给予撤销党内职务或者留党察看处分；情节严重的，给予开除党籍处分。

对不明真相被裹挟参加，经批评教育后确有悔改表现的，可以免予处分或者不予处分。

有其他违反党和国家民族政策的行为，情节较轻的，给予警告或者严重警告处分；情节较重的，给予撤销党内职务或者留党察看处分；情节严重的，给予开除党籍处分。

第六十一条 组织、利用宗教活动反对党的路线、方针、政策和决议，破坏民族团结的，对策划者、组织者和骨干分子，给予开除党籍处分。

对其他参加人员，给予撤销党内职务或者留党察看处分；情节严重的，给予开除党籍处分。

对不明真相被裹挟参加，经批评教育后确有悔改表现的，可以免予处分或者不予处分。

有其他违反党和国家宗教政策的行为，情节较轻的，给予警告或者严重警告处分；情节较重的，给予撤销党内职务或者留党察看处分；情节严重的，给予开除党籍处分。

第六十二条 对信仰宗教的党员，应当加强思想教育，经党组织帮助教育仍没有转变的，应当劝其退党；劝而不退的，予以除名；参与利用宗教搞煽动活动的，给予开除党籍处分。

第六十三条 组织迷信活动的，给予撤销党内职务或者留党察看处分；情节严重的，给予开除党籍处分。

参加迷信活动，造成不良影响的，给予警告或者严重警告处分；情节较重的，给予撤销党内职务或者留党察看处分；情节严重的，给予开除党籍处分。

对不明真相的参加人员，经批评教育后确有悔改表现的，可以免予处分或者不予处分。

第六十四条 组织、利用宗族势力对抗党和政府，妨碍党和国家的方针政策以及决策部署的实施，或者破坏党的基层组织建设的，对策划者、组织者和骨干分子，给予开除党籍处分。

对其他参加人员，给予撤销党内职务或者留党察看处分；情节严重的，给予开除党籍处分。

对不明真相被裹挟参加，经批评教育后确有悔改表现的，可以免予处分或者不予处分。

第六十五条 在国（境）外、外国驻华使（领）馆申请政治避难，或者违纪后逃往国（境）外、外国驻华使（领）馆的，给予开除党籍处分。

在国（境）外公开发表反对党和政府的文章、演说、宣言、声明等的，依照前款规定处理。

故意为上述行为提供方便条件的，给予留党察看或者开除党籍处分。

第六十六条 在涉外活动中，其言行在政治上造成恶劣影响，损害党和国家尊严、利益的，给予撤销党内职务或者留党察看处分；情节严重的，给予开除党籍处分。

第六十七条　不履行全面从严治党主体责任、监督责任或者履行全面从严治党主体责任、监督责任不力，给党组织造成严重损害或者严重不良影响的，对直接责任者和领导责任者，给予警告或者严重警告处分；情节严重的，给予撤销党内职务或者留党察看处分。

第六十八条　党员领导干部对违反政治纪律和政治规矩等错误思想和行为不报告、不抵制、不斗争，放任不管，搞无原则一团和气，造成不良影响的，给予警告或者严重警告处分；情节严重的，给予撤销党内职务或者留党察看处分。

第六十九条　违反党的优良传统和工作惯例等党的规矩，在政治上造成不良影响的，给予警告或者严重警告处分；情节较重的，给予撤销党内职务或者留党察看处分；情节严重的，给予开除党籍处分。

第七章　对违反组织纪律行为的处分

第七十条　违反民主集中制原则，有下列行为之一的，给予警告或者严重警告处分；情节严重的，给予撤销党内职务或者留党察看处分：

（一）拒不执行或者擅自改变党组织作出的重大决定的；

（二）违反议事规则，个人或者少数人决定重大问题的；

（三）故意规避集体决策，决定重大事项、重要干部任免、重要项目安排和大额资金使用的；

（四）借集体决策名义集体违规的。

第七十一条　下级党组织拒不执行或者擅自改变上级党组织决定的，对直接责任者和领导责任者，给予警告或者严重警告处分；情节严重的，给予撤销党内职务或者留党察看处分。

第七十二条　拒不执行党组织的分配、调动、交流等决定的，给予警告、严重警告或者撤销党内职务处分。

在特殊时期或者紧急状况下，拒不执行党组织决定的，给予留党察看或者开除党籍处分。

第七十三条　有下列行为之一，情节较重的，给予警告或者严重警告处分：

（一）违反个人有关事项报告规定，隐瞒不报的；

（二）在组织进行谈话、函询时，不如实向组织说明问题的；

（三）不按要求报告或者不如实报告个人去向的；

（四）不如实填报个人档案资料的。

篡改、伪造个人档案资料的，给予严重警告处分；情节严重的，给予撤销党内职务或者留党察看处分。

隐瞒入党前严重错误的，一般应当予以除名；对入党后表现尚好的，给予严重警告、撤销党内职务或者留党察看处分。

第七十四条 党员领导干部违反有关规定组织、参加自发成立的老乡会、校友会、战友会等，情节严重的，给予警告、严重警告或者撤销党内职务处分。

第七十五条 有下列行为之一的，给予警告或者严重警告处分；情节较重的，给予撤销党内职务或者留党察看处分；情节严重的，给予开除党籍处分：

（一）在民主推荐、民主测评、组织考察和党内选举中搞拉票、助选等非组织活动的；

（二）在法律规定的投票、选举活动中违背组织原则搞非组织活动，组织、怂恿、诱使他人投票、表决的；

（三）在选举中进行其他违反党章、其他党内法规和有关章程活动的。

搞有组织的拉票贿选，或者用公款拉票贿选的，从重或者加重处分。

第七十六条 在干部选拔任用工作中，有任人唯亲、排斥异己、封官许愿、说情干预、跑官要官、突击提拔或者调整干部等违反干部选拔任用规定行为，对直接责任者和领导责任者，情节较轻的，给予警告或者严重警告处分；情节较重的，给予撤销党内职务或者留党察看处分；情节严重的，给予开除党籍处分。

用人失察失误造成严重后果的，对直接责任者和领导责任者，依照前款规定处理。

第七十七条 在干部、职工的录用、考核、职务晋升、职称评定和征兵、安置复转军人等工作中，隐瞒、歪曲事实真相，或者利用职权或者职务上的影响违反有关规定为本人或者其他人谋取利益的，给予警告或者严重警告处分；情节较重的，给予撤销党内职务或者留党察看处分；情节严重的，给予开除党籍处分。

弄虚作假，骗取职务、职级、职称、待遇、资格、学历、学位、荣誉或者其他利益的，依照前款规定处理。

第七十八条 侵犯党员的表决权、选举权和被选举权，情节较重的，给予警告或者严重警告处分；情节严重的，给予撤销党内职务处分。

以强迫、威胁、欺骗、拉拢等手段，妨害党员自主行使表决权、选举权和被选举权的，给予撤销党内职务、留党察看或者开除党籍处分。

第七十九条 有下列行为之一的，给予警告或者严重警告处分；情节较重的，给予撤销党内职务或者留党察看处分；情节严重的，给予开除党籍处分：

（一）对批评、检举、控告进行阻挠、压制，或者将批评、检举、控告材料私自扣压、销毁，或者故意将其泄露给他人的；

（二）对党员的申辩、辩护、作证等进行压制，造成不良后果的；

（三）压制党员申诉，造成不良后果的，或者不按照有关规定处理党员申诉的；

（四）有其他侵犯党员权利行为，造成不良后果的。

对批评人、检举人、控告人、证人及其他人员打击报复的，从重或者加重处分。

党组织有上述行为的，对直接责任者和领导责任者，依照第一款规定处理。

第八十条 违反党章和其他党内法规的规定，采取弄虚作假或者其他手段把不符合党员条件的人发展为党员，或者为非党员出具党员身份证明的，对直接责任者和领导责任者，给予警告或者严重警告处分；情节严重的，给予撤销党内职务处分。

违反有关规定程序发展党员的，对直接责任者和领导责任者，依照前款规定处理。

第八十一条 违反有关规定取得外国国籍或者获取国（境）外永久居留资格、长期居留许可的，给予撤销党内职务、留党察看或者开除党籍处分。

第八十二条 违反有关规定办理因私出国（境）证件、前往港澳通行证，或者未经批准出入国（边）境，情节较轻的，给予警告或者严重警告处分；情节较重的，给予撤销党内职务处分；情节严重的，给予留党察看处分。

第八十三条 驻外机构或者临时出国（境）团（组）中的党员擅自脱离

组织，或者从事外事、机要、军事等工作的党员违反有关规定同国（境）外机构、人员联系和交往的，给予警告、严重警告或者撤销党内职务处分。

第八十四条 驻外机构或者临时出国（境）团（组）中的党员，脱离组织出走时间不满六个月又自动回归的，给予撤销党内职务或者留党察看处分；脱离组织出走时间超过六个月的，按照自行脱党处理，党内予以除名。

故意为他人脱离组织出走提供方便条件的，给予警告、严重警告或者撤销党内职务处分。

第八章　对违反廉洁纪律行为的处分

第八十五条 党员干部必须正确行使人民赋予的权力，清正廉洁，反对任何滥用职权、谋求私利的行为。

利用职权或者职务上的影响为他人谋取利益，本人的配偶、子女及其配偶等亲属和其他特定关系人收受对方财物，情节较重的，给予警告或者严重警告处分；情节严重的，给予撤销党内职务、留党察看或者开除党籍处分。

第八十六条 相互利用职权或者职务上的影响为对方及其配偶、子女及其配偶等亲属、身边工作人员和其他特定关系人谋取利益搞权权交易的，给予警告或者严重警告处分；情节较重的，给予撤销党内职务或者留党察看处分；情节严重的，给予开除党籍处分。

第八十七条 纵容、默许配偶、子女及其配偶等亲属、身边工作人员和其他特定关系人利用党员干部本人职权或者职务上的影响谋取私利，情节较轻的，给予警告或者严重警告处分；情节较重的，给予撤销党内职务或者留党察看处分；情节严重的，给予开除党籍处分。

党员干部的配偶、子女及其配偶等亲属和其他特定关系人不实际工作而获取薪酬或者虽实际工作但领取明显超出同职级标准薪酬，党员干部知情未予纠正的，依照前款规定处理。

第八十八条 收受可能影响公正执行公务的礼品、礼金、消费卡和有价证券、股权、其他金融产品等财物，情节较轻的，给予警告或者严重警告处分；情节较重的，给予撤销党内职务或者留党察看处分；情节严重的，给予开除党籍处分。

收受其他明显超出正常礼尚往来的财物的，依照前款规定处理。

第八十九条 向从事公务的人员及其配偶、子女及其配偶等亲属和其他特定关系人赠送明显超出正常礼尚往来的礼品、礼金、消费卡和有价证券、股权、其他金融产品等财物，情节较重的，给予警告或者严重警告处分；情节严重的，给予撤销党内职务或者留党察看处分。

第九十条　借用管理和服务对象的钱款、住房、车辆等，影响公正执行公务，情节较重的，给予警告或者严重警告处分；情节严重的，给予撤销党内职务、留党察看或者开除党籍处分。

通过民间借贷等金融活动获取大额回报，影响公正执行公务的，依照前款规定处理。

第九十一条　利用职权或者职务上的影响操办婚丧喜庆事宜，在社会上造成不良影响的，给予警告或者严重警告处分；情节严重的，给予撤销党内职务处分；借机敛财或者有其他侵犯国家、集体和人民利益行为的，从重或者加重处分，直至开除党籍。

第九十二条　接受、提供可能影响公正执行公务的宴请或者旅游、健身、娱乐等活动安排，情节较重的，给予警告或者严重警告处分；情节严重的，给予撤销党内职务或者留党察看处分。

第九十三条　违反有关规定取得、持有、实际使用运动健身卡、会所和俱乐部会员卡、高尔夫球卡等各种消费卡，或者违反有关规定出入私人会所，情节较重的，给予警告或者严重警告处分；情节严重的，给予撤销党内职务或者留党察看处分。

第九十四条　违反有关规定从事营利活动，有下列行为之一，情节较轻的，给予警告或者严重警告处分；情节较重的，给予撤销党内职务或者留党察看处分；情节严重的，给予开除党籍处分：

（一）经商办企业的；

（二）拥有非上市公司（企业）的股份或者证券的；

（三）买卖股票或者进行其他证券投资的；

（四）从事有偿中介活动的；

（五）在国（境）外注册公司或者投资入股的；

（六）有其他违反有关规定从事营利活动的。

利用参与企业重组改制、定向增发、兼并投资、土地使用权出让等决策、审批过程中掌握的信息买卖股票，利用职权或者职务上的影响通过购买信托产品、基金等方式非正常获利的，依照前款规定处理。

违反有关规定在经济组织、社会组织等单位中兼职，或者经批准兼职但获取薪酬、奖金、津贴等额外利益的，依照第一款规定处理。

第九十五条 利用职权或者职务上的影响，为配偶、子女及其配偶等亲属和其他特定关系人在审批监管、资源开发、金融信贷、大宗采购、土地使用权出让、房地产开发、工程招投标以及公共财政支出等方面谋取利益，情节较轻的，给予警告或者严重警告处分；情节较重的，给予撤销党内职务或者留党察看处分；情节严重的，给予开除党籍处分。

利用职权或者职务上的影响，为配偶、子女及其配偶等亲属和其他特定关系人吸收存款、推销金融产品等提供帮助谋取利益的，依照前款规定处理。

第九十六条 党员领导干部离职或者退（离）休后违反有关规定接受原任职务管辖的地区和业务范围内的企业和中介机构的聘任，或者个人从事与原任职务管辖业务相关的营利活动，情节较轻的，给予警告或者严重警告处分；情节较重的，给予撤销党内职务处分；情节严重的，给予留党察看处分。

党员领导干部离职或者退（离）休后违反有关规定担任上市公司、基金管理公司独立董事、独立监事等职务，情节较轻的，给予警告或者严重警告处分；情节较重的，给予撤销党内职务处分；情节严重的，给予留党察看处分。

第九十七条 党员领导干部的配偶、子女及其配偶，违反有关规定在该党员领导干部管辖的地区和业务范围内从事可能影响其公正执行公务的经营活动，或者在该党员领导干部管辖的地区和业务范围内的外商独资企业、中外合资企业中担任由外方委派、聘任的高级职务或者违规任职、兼职取酬的，该党员领导干部应当按照规定予以纠正；拒不纠正的，其本人应当辞去现任职务或者由组织予以调整职务；不辞去现任职务或者不服从组织调整职务的，给予撤销党内职务处分。

第九十八条 党和国家机关违反有关规定经商办企业的，对直接责任者和领导责任者，给予警告或者严重警告处分；情节严重的，给予撤销党内职务处分。

第九十九条 党员领导干部违反工作、生活保障制度，在交通、医疗、警卫等方面为本人、配偶、子女及其配偶等亲属和其他特定关系人谋求特殊待遇，情节较重的，给予警告或者严重警告处分；情节严重的，给予撤销党内职务或者留党察看处分。

第一百条　在分配、购买住房中侵犯国家、集体利益，情节较轻的，给予警告或者严重警告处分；情节较重的，给予撤销党内职务或者留党察看处分；情节严重的，给予开除党籍处分。

第一百零一条　利用职权或者职务上的影响，侵占非本人经管的公私财物，或者以象征性地支付钱款等方式侵占公私财物，或者无偿、象征性地支付报酬接受服务、使用劳务，情节较轻的，给予警告或者严重警告处分；情节较重的，给予撤销党内职务或者留党察看处分；情节严重的，给予开除党籍处分。

利用职权或者职务上的影响，将本人、配偶、子女及其配偶等亲属应当由个人支付的费用，由下属单位、其他单位或者他人支付、报销的，依照前款规定处理。

第一百零二条　利用职权或者职务上的影响，违反有关规定占用公物归个人使用，时间超过六个月，情节较重的，给予警告或者严重警告处分；情节严重的，给予撤销党内职务处分。

占用公物进行营利活动的，给予警告或者严重警告处分；情节较重的，给予撤销党内职务或者留党察看处分；情节严重的，给予开除党籍处分。

将公物借给他人进行营利活动的，依照前款规定处理。

第一百零三条　违反有关规定组织、参加用公款支付的宴请、高消费娱乐、健身活动，或者用公款购买赠送或者发放礼品、消费卡（券）等，对直接责任者和领导责任者，情节较轻的，给予警告或者严重警告处分；情节较重的，给予撤销党内职务或者留党察看处分；情节严重的，给予开除党籍处分。

第一百零四条　违反有关规定自定薪酬或者滥发津贴、补贴、奖金等，对直接责任者和领导责任者，情节较轻的，给予警告或者严重警告处分；情节较重的，给予撤销党内职务或者留党察看处分；情节严重的，给予开除党籍处分。

第一百零五条　有下列行为之一，对直接责任者和领导责任者，情节较轻的，给予警告或者严重警告处分；情节较重的，给予撤销党内职务或者留党察看处分；情节严重的，给予开除党籍处分：

（一）公款旅游或者以学习培训、考察调研、职工疗养等为名变相公款旅游的；

（二）改变公务行程，借机旅游的；

（三）参加所管理企业、下属单位组织的考察活动，借机旅游的。

以考察、学习、培训、研讨、招商、参展等名义变相用公款出国（境）旅游的，依照前款规定处理。

第一百零六条 违反公务接待管理规定，超标准、超范围接待或者借机大吃大喝，对直接责任者和领导责任者，情节较重的，给予警告或者严重警告处分；情节严重的，给予撤销党内职务处分。

第一百零七条 违反有关规定配备、购买、更换、装饰、使用公务交通工具或者有其他违反公务交通工具管理规定的行为，对直接责任者和领导责任者，情节较重的，给予警告或者严重警告处分；情节严重的，给予撤销党内职务或者留党察看处分。

第一百零八条 违反会议活动管理规定，有下列行为之一，对直接责任者和领导责任者，情节较重的，给予警告或者严重警告处分；情节严重的，给予撤销党内职务处分：

（一）到禁止召开会议的风景名胜区开会的；

（二）决定或者批准举办各类节会、庆典活动的。

擅自举办评比达标表彰活动或者借评比达标表彰活动收取费用的，依照前款规定处理。

第一百零九条 违反办公用房管理等规定，有下列行为之一，对直接责任者和领导责任者，情节较重的，给予警告或者严重警告处分；情节严重的，给予撤销党内职务处分：

（一）决定或者批准兴建、装修办公楼、培训中心等楼堂馆所的；

（二）超标准配备、使用办公用房的；

（三）用公款包租、占用客房或者其他场所供个人使用的。

第一百一十条 搞权色交易或者给予财物搞钱色交易的，给予警告或者严重警告处分；情节较重的，给予撤销党内职务或者留党察看处分；情节严重的，给予开除党籍处分。

第一百一十一条 有其他违反廉洁纪律规定行为的，应当视具体情节给予警告直至开除党籍处分。

第九章 对违反群众纪律行为的处分

第一百一十二条 有下列行为之一，对直接责任者和领导责任者，情节较轻的，给予警告或者严重警告处分；情节较重的，给予撤销党内职务或者留党察看处分；情节严重的，给予开除党籍处分：

（一）超标准、超范围向群众筹资筹劳、摊派费用，加重群众负担的；

（二）违反有关规定扣留、收缴群众款物或者处罚群众的；

（三）克扣群众财物，或者违反有关规定拖欠群众钱款的；

（四）在管理、服务活动中违反有关规定收取费用的；

（五）在办理涉及群众事务时刁难群众、吃拿卡要的；

（六）有其他侵害群众利益行为的。

在扶贫领域有上述行为的，从重或者加重处分。

第一百一十三条 干涉生产经营自主权，致使群众财产遭受较大损失的，对直接责任者和领导责任者，给予警告或者严重警告处分；情节严重的，给予撤销党内职务或者留党察看处分。

第一百一十四条 在社会保障、政策扶持、扶贫脱贫、救灾救济款物分配等事项中优亲厚友、明显有失公平的，给予警告或者严重警告处分；情节较重的，给予撤销党内职务或者留党察看处分；情节严重的，给予开除党籍处分。

第一百一十五条 利用宗族或者黑恶势力等欺压群众，或者纵容涉黑涉恶活动、为黑恶势力充当"保护伞"的，给予撤销党内职务或者留党察看处分；情节严重的，给予开除党籍处分。

第一百一十六条 有下列行为之一，对直接责任者和领导责任者，情节较重的，给予警告或者严重警告处分；情节严重的，给予撤销党内职务或者留党察看处分：

（一）对涉及群众生产、生活等切身利益的问题依照政策或者有关规定能解决而不及时解决，庸懒无为、效率低下，造成不良影响的；

（二）对符合政策的群众诉求消极应付、推诿扯皮，损害党群、干群关系的；

（三）对待群众态度恶劣、简单粗暴，造成不良影响的；

（四）弄虚作假，欺上瞒下，损害群众利益的；

（五）有其他不作为、乱作为等损害群众利益行为的。

第一百一十七条 盲目举债、铺摊子、上项目，搞劳民伤财的"形象工程""政绩工程"，致使国家、集体或者群众财产和利益遭受较大损失的，对直接责任者和领导责任者，给予警告或者严重警告处分；情节严重的，给予撤销党内职务、留党察看或者开除党籍处分。

第一百一十八条 遇到国家财产和群众生命财产受到严重威胁时，能救而不救，情节较重的，给予警告、严重警告或者撤销党内职务处分；情节严重的，给予留党察看或者开除党籍处分。

第一百一十九条 不按照规定公开党务、政务、厂务、村（居）务等，侵犯群众知情权，对直接责任者和领导责任者，情节较重的，给予警告或者严重警告处分；情节严重的，给予撤销党内职务或者留党察看处分。

第一百二十条 有其他违反群众纪律规定行为的，应当视具体情节给予警告直至开除党籍处分。

第十章　对违反工作纪律行为的处分

第一百二十一条 工作中不负责任或者疏于管理，贯彻执行、检查督促落实上级决策部署不力，给党、国家和人民利益以及公共财产造成较大损失的，对直接责任者和领导责任者，给予警告或者严重警告处分；造成重大损失的，给予撤销党内职务、留党察看或者开除党籍处分。

贯彻创新、协调、绿色、开放、共享的发展理念不力，对职责范围内的问题失察失责，造成较大损失或者重大损失的，从重或者加重处分。

第一百二十二条 有下列行为之一，造成严重不良影响，对直接责任者和领导责任者，情节较轻的，给予警告或者严重警告处分；情节较重的，给予撤销党内职务或者留党察看处分；情节严重的，给予开除党籍处分：

（一）贯彻党中央决策部署只表态不落实的；

（二）热衷于搞舆论造势、浮在表面的；

（三）单纯以会议贯彻会议、以文件落实文件，在实际工作中不见诸行动的；

（四）工作中有其他形式主义、官僚主义行为的。

第一百二十三条 党组织有下列行为之一，对直接责任者和领导责任者，情节较重的，给予警告或者严重警告处分；情节严重的，给予撤销党内职务或者留党察看处分：

（一）党员被依法判处刑罚后，不按照规定给予党纪处分，或者对违反国家法律法规的行为，应当给予党纪处分而不处分的；

（二）党纪处分决定或者申诉复查决定作出后，不按照规定落实决定中关于被处分人党籍、职务、职级、待遇等事项的；

（三）党员受到党纪处分后，不按照干部管理权限和组织关系对受处分党员开展日常教育、管理和监督工作的。

第一百二十四条　因工作不负责任致使所管理的人员叛逃的，对直接责任者和领导责任者，给予警告或者严重警告处分；情节严重的，给予撤销党内职务处分。

因工作不负责任致使所管理的人员出走，对直接责任者和领导责任者，情节较重的，给予警告或者严重警告处分；情节严重的，给予撤销党内职务处分。

第一百二十五条　在上级检查、视察工作或者向上级汇报、报告工作时对应当报告的事项不报告或者不如实报告，造成严重损害或者严重不良影响的，对直接责任者和领导责任者，给予警告或者严重警告处分；情节严重的，给予撤销党内职务或者留党察看处分。

在上级检查、视察工作或者向上级汇报、报告工作时纵容、唆使、暗示、强迫下级说假话、报假情的，从重或者加重处分。

第一百二十六条　党员领导干部违反有关规定干预和插手市场经济活动，有下列行为之一，造成不良影响的，给予警告或者严重警告处分；情节较重的，给予撤销党内职务或者留党察看处分；情节严重的，给予开除党籍处分：

（一）干预和插手建设工程项目承发包、土地使用权出让、政府采购、房地产开发与经营、矿产资源开发利用、中介机构服务等活动的；

（二）干预和插手国有企业重组改制、兼并、破产、产权交易、清产核资、资产评估、资产转让、重大项目投资以及其他重大经营活动等事项的；

（三）干预和插手批办各类行政许可和资金借贷等事项的；

（四）干预和插手经济纠纷的；

（五）干预和插手集体资金、资产和资源的使用、分配、承包、租赁等事项的。

第一百二十七条　党员领导干部违反有关规定干预和插手司法活动、执纪执法活动，向有关地方或者部门打听案情、打招呼、说情，或者以其他方式对司法活动、执纪执法活动施加影响，情节较轻的，给予严重警告处分；情节较重的，给予撤销党内职务或者留党察看处分；情节严重的，给予开除党籍处分。

党员领导干部违反有关规定干预和插手公共财政资金分配、项目立项评审、政府奖励表彰等活动，造成重大损失或者不良影响的，依照前款规定处理。

第一百二十八条 泄露、扩散或者打探、窃取党组织关于干部选拔任用、纪律审查、巡视巡察等尚未公开事项或者其他应当保密的内容的，给予警告或者严重警告处分；情节较重的，给予撤销党内职务或者留党察看处分；情节严重的，给予开除党籍处分。

私自留存涉及党组织关于干部选拔任用、纪律审查、巡视巡察等方面资料，情节较重的，给予警告或者严重警告处分；情节严重的，给予撤销党内职务处分。

第一百二十九条 在考试、录取工作中，有泄露试题、考场舞弊、涂改考卷、违规录取等违反有关规定行为的，给予警告或者严重警告处分；情节较重的，给予撤销党内职务或者留党察看处分；情节严重的，给予开除党籍处分。

第一百三十条 以不正当方式谋求本人或者其他人用公款出国（境），情节较轻的，给予警告处分；情节较重的，给予严重警告处分；情节严重的，给予撤销党内职务处分。

第一百三十一条 临时出国（境）团（组）或者人员中的党员，擅自延长在国（境）外期限，或者擅自变更路线的，对直接责任者和领导责任者，给予警告或者严重警告处分；情节严重的，给予撤销党内职务处分。

第一百三十二条 驻外机构或者临时出国（境）团（组）中的党员，触犯驻在国家、地区的法律、法令或者不尊重驻在国家、地区的宗教习俗，情节较重的，给予警告或者严重警告处分；情节严重的，给予撤销党内职务、留党察看或者开除党籍处分。

第一百三十三条 在党的纪律检查、组织、宣传、统一战线工作以及机关工作等其他工作中，不履行或者不正确履行职责，造成损失或者不良影响的，应当视具体情节给予警告直至开除党籍处分。

第十一章　对违反生活纪律行为的处分

第一百三十四条　生活奢靡、贪图享乐、追求低级趣味，造成不良影响的，给予警告或者严重警告处分；情节严重的，给予撤销党内职务处分。

第一百三十五条　与他人发生不正当性关系，造成不良影响的，给予警告或者严重警告处分；情节较重的，给予撤销党内职务或者留党察看处分；情节严重的，给予开除党籍处分。

利用职权、教养关系、从属关系或者其他相类似关系与他人发生性关系的，从重处分。

第一百三十六条　党员领导干部不重视家风建设，对配偶、子女及其配偶失管失教，造成不良影响或者严重后果的，给予警告或者严重警告处分；情节严重的，给予撤销党内职务处分。

第一百三十七条　违背社会公序良俗，在公共场所有不当行为，造成不良影响的，给予警告或者严重警告处分；情节较重的，给予撤销党内职务或者留党察看处分；情节严重的，给予开除党籍处分。

第一百三十八条　有其他严重违反社会公德、家庭美德行为的，应当视具体情节给予警告直至开除党籍处分。

第三编　附　则

第一百三十九条　各省、自治区、直辖市党委可以根据本条例，结合各自工作的实际情况，制定单项实施规定。

第一百四十条　中央军事委员会可以根据本条例，结合中国人民解放军和中国人民武装警察部队的实际情况，制定补充规定或者单项规定。

第一百四十一条　本条例由中央纪律检查委员会负责解释。

第一百四十二条　本条例自 2018 年 10 月 1 日起施行。

本条例施行前，已结案的案件如需进行复查复议，适用当时的规定或者政策。尚未结案的案件，如果行为发生时的规定或者政策不认为是违纪，而本条例认为是违纪的，依照当时的规定或者政策处理；如果行为发生时的规定或者政策认为是违纪的，依照当时的规定或者政策处理，但是如果本条例不认为是违纪或者处理较轻的，依照本条例规定处理。

主要参考文献

［1］《中国共产党党章》，人民出版社 2017 年版。

［2］《中国共产党纪律处分条例》，中国法制出版社 2018 年版。

［3］《中国共产党廉洁自律准则》，中国法制出版社 2015 年版。

［4］张宝忠：《党政机关公文处理工作条例释义与实务全书》，人民出版社 2012 年版。

［5］《党政机关公文格式》（GB/T9704-2012）

［6］《中国共产党纪律检查机关监督执纪工作规则（试行），中国共产党党内监督条例，中国共产党问责条例》，法律出版社 2017 年版。

［7］《中华人民共和国监察法》，中国法制出版社 2018 年版。

［8］《中国共产党纪律检查机关监督执纪工作规则（试行）》逐条相关法规速查，法律出版社 2018 版。

［9］《中国共产党纪律检察机关案件检查工作条例》，中国法制出版社 2018 年版。

［10］《中国共产党纪律检察机关案件检查工作条例实施细则》

［11］岳海翔：《中国党政机关事务公文写作技巧与范例指导全书》，浙江人民出版社 2016 年版。

［12］岳海翔：《中国党政机关公文写作与处理答疑解惑指导全书》，浙江人民出版社 2016 年版。

［13］里程、辛方：《纪检监察公文》（修订版），中国方正出版社 2005 年版。

［14］中央纪委监察部案件审理室：《纪检监察常用审理文书格式》，中国方正出版社 2000 年版。

［15］中央纪委信访室：《纪检监察机关信访公文与业务流程规范》，中国方正出版社 2005 年版。

［16］欧桂英：《监察文书的写作和运用》，中国方正出版社 2006 年版。

［17］刘丽英：《案件检查文书的写作和运用》，中国方正出版社 2004 年版。

［18］编写组：《常用执纪审查文书格式》，中国方正出版社 2016 年版。

［19］编写组：《常用执纪审理文书格式》，中国方正出版社 2017 年版。

［21］谢新茂、邓梦兰：《行政公文写作与范例大全》，中国言实出版社 2017 年版。

［22］编写组：《纪检监察工作常用法规实用全书》，法律出版社 201 年版。

［23］张月明：《纪检监察工作手册》，清华大学出版社 2018 年版。

［24］编写组：《党政机关公文处理与写作手册》，中国文史出版社 2014 年版。

［25］张玲英：《新编公务员应用文全书》，黑龙江科学技术出版社 2017 年版。

［26］李星：《新编公文写作全能一本通格式技巧与范例大全》，人民邮电出版社 2018 年版。

［27］编写组：《监督执纪问责实务问答》，中国方正出版社 2016 年版。

后　记

　　《纪检监察公文写作》一书是在西安市纪委的部署指导下，在西安文理学院马克思主义学院的具体领导之下，旨在满足纪检监察方向本科学生的教学需要而编写的西安文理学院纪检监察专业系列教材之一。

　　从组建编写团队、拟定编写大纲、完成书稿的编撰及校对到最终出版，这本教材历经了两年多的时间，凝聚了诸多人的心血和劳动！从最初组建编写团队，到收集相关资料，完成编写大纲的初步拟定，团队成员进行了多次的讨论和协商。在这期间，由西安文理学院马克思主义学院出面多次提交不同外审专家对大纲进行审核，提出了许多宝贵的意见和建议。在编写的分工上，西安文理学院的周桂英老师负责大纲的起草、主要编撰工作以及统稿和全书的校对，西安医学院马克思主义学院的刘晨老师完成了本教材第一章和第四章约计8万字内容的编撰，西安文理学院马克思主义学院刘丽群老师负责了本教材资料的收集、整理及书稿的校对工作。在编写的过程中，各位参编教师查阅了大量的文献资料，付出了辛勤的劳动，在这里表示真挚的感谢！

　　在编写的过程中，西安文理学院马克思主义学院的领导和老师们为此书的编写提供了最大的便利，没有他们的帮助和支持，这本教材也难以完成编撰和出版。自项目立项以来，西安文理学院马克思主义学院张军学院长、巩建萍书记、王舵副院长、狄曼副院长、向华副院长对于教材的编写和出版一直跟进指导，帮助主编联系专家、解决实际问题。学院的杨永庚老师在专业和技术上给了许多积极的建议和意见。尤其是时任马克思主义学院副院长的钱晓萍博士，在这本教材编写、出版的各个阶段都付出了辛勤的汗水，可以说，没有她的督促和指导，这本教材是难以成形的。

　　本书在编写的过程中参考了大量相关领域的著作和文章，诸如此类不一一赘述，在此，对以上专家以及在参考文献中提及的其他作者表示诚挚的谢意！

中国政法大学出版社相关工作人员和编辑李花卉老师对本书的出版付出了大量的心血，在此一并表示感谢！

由于编撰时间仓促，加之水平所限，本书可能存在疏漏之处，错误和问题在所难免，恳请各位读者批评指正，以便于再版时及时修订。

周桂英
2018 年 12 月